Politik als Beruf

Herausgegeben von
Prof. Dr. Klaus Schubert
Institut für Politikwissenschaft, Westfälische Wilhelms-Universität Münster

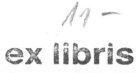

Die Reihe „Politik als Beruf" richtet sich an Personen, die professionell Politik betreiben – sei es haupt- oder nebenberuflich oder zunächst ehrenamtlich, in den Legislativen, Exekutiven oder Verwaltungen, in politisch einflussreichen oder entscheidenden Funktionen von Bund, Ländern und Kommunen, Parteien, Verbänden und Organisationen. Sie richtet sich gleichermaßen an den rapide wachsenden Kreis von Personen, die professionell in den weiten Gefilden der Politikberatung tätig sind. Die Bücher dieser Reihe sind insbesondere auch für diejenigen von Interesse, die sich auf dem Weg in politische Funktionen und Ämter befinden oder eine politisch beratende Berufstätigkeit anstreben.

Politiker/Politikerin ist kein Ausbildungsberuf. Gleichzeitig findet gerade in diesem Tätigkeitsbereich eine rapide zunehmende Professionalisierung statt – von der internationalen Ebene mit ihren staatlichen, multi- und suprastaatlichen Einrichtungen und Akteuren und den Nicht-Regierungsorganisationen bis hin zur Ebene der kommunalen Politik und ihren vielfältigen Sach- und Interessenlagen. Die Reihe „Politik als Beruf" stellt für diesen Personenkreis – systematisiert und kompakt – grundlegendes Wissen zur Verfügung, das als gute Basis für erfolgreiche politische Arbeit genutzt werden kann. Die Reihe bietet darüber hinaus auch Raum für aktuelle Denkanstöße, innovative Anregungen und interessante Diskussionen rund um das Thema „Politik als Beruf".

Herausgegeben von
Prof. Dr. Klaus Schubert
Institut für Politikwissenschaft
Westfälische Wilhelms-Universität
Münster

Walter Reese-Schäfer · Christian Mönter

Politische Ethik

Philosophie, Theorie, Regeln

Prof. Dr. Walter Reese-Schäfer
Dr. Christian Mönter
Georg-August-Universität Göttingen, Deutschland

ISBN 978-3-531-17852-3   ISBN 978-3-531-94257-5 (eBook)
DOI 10.1007/978-3-531-94257-5

Die Deutsche Nationalbibliothek verzeichnet diese Publikation in der Deutschen Nationalbibliografie; detaillierte bibliografische Daten sind im Internet über http://dnb.d-nb.de abrufbar.

Springer VS
© Springer Fachmedien Wiesbaden 2013
Das Werk einschließlich aller seiner Teile ist urheberrechtlich geschützt. Jede Verwertung, die nicht ausdrücklich vom Urheberrechtsgesetz zugelassen ist, bedarf der vorherigen Zustimmung des Verlags. Das gilt insbesondere für Vervielfältigungen, Bearbeitungen, Übersetzungen, Mikroverfilmungen und die Einspeicherung und Verarbeitung in elektronischen Systemen.

Die Wiedergabe von Gebrauchsnamen, Handelsnamen, Warenbezeichnungen usw. in diesem Werk berechtigt auch ohne besondere Kennzeichnung nicht zu der Annahme, dass solche Namen im Sinne der Warenzeichen- und Markenschutz-Gesetzgebung als frei zu betrachten wären und daher von jedermann benutzt werden dürften.

Gedruckt auf säurefreiem und chlorfrei gebleichtem Papier

Springer VS ist eine Marke von Springer DE. Springer DE ist Teil der Fachverlagsgruppe Springer Science+Business Media.
www.springer-vs.de

Inhalt

1 Einleitung: Wozu politische Ethik?   7

2 Grundfragen politischer Ethik an Problemsituationen und Fällen durchdiskutiert (mit Handlungsempfehlungen für den Praktiker und Politikberater)   11

Gewaltlose Strategien der Demokratisierung   11
Idealisten an der Macht. Von Joschka Fischer bis Barack Obama   20
Die Kunst des Lügens und die Pflicht zur Lüge   23
Die Pflicht zur Wahrheit vor dem Untersuchungsausschuss   32
Totalisierung des Spitzelwesens: Die Welt der Staatssicherheit   35
Warum Egoismus auch sein Gutes hat: Begründungen des Kapitalismus vor seinem Sieg   36
Aufgeklärtes Eigeninteresse oder ist Rationalität moralisch?   40
Die moralische Verpflichtung, intelligent zu sein   44
Die multikulturalistische Hypothese   48
Verantwortung als Grundbegriff politischer Ethik   58
Der Skandal als Ort politischer Ethik   62
Risikobewertung   68
Kernthema Korruption: Empörung   72
Regierungsethik und Ethik-Codes   81
Gewissen: Die Vier   86
Was ist Zivilcourage?   101
Ist Ungleichheit ein moralisches Problem?   105
Respekt als archaische Formel   109
Frantz Fanon und der Aufruf zur antikolonialen Gewalt   110

	Das kleinere Übel und seine Abgründe	123
	Rassismus: Das antiethische Prinzip	133
	Vergangenheitspolitik und Politik der Erinnerung	138
3	**Zur Rolle und Funktionsweise von Ethikkommissionen**	**141**
	Zum Ort von Ethikkommissionen im ethischen Diskurs – ein Integrationsmodell	142
	Ethikkommissionen als Reaktion auf moralische Unsicherheit	147
	Ziele und Aufgaben	154
	Mitglieder	155
	Entscheidungsfindung	158
	Kriterien zur Leistungsbeurteilung von Ethikkommissionen	161
	Bisheriger Erfolg von Ethikkommissionen	163
	Religionsvertreter in Ethikkommissionen	167
	Zum tatsächlichen Verhalten der Religionsvertreter im Nationalen Ethikrat	172
	Religion und diskursive Vernunft	180
	Problemlösen und Entscheiden in Gruppen	184
	Vorteile und Probleme von Gruppenarbeit	187
4	**Systematischer Schlußteil: System und Individuum**	**197**
	Gerechtigkeit als Grundprinzip politischer Ethik	197
	Kritik der politischen Ethik	200
	Politische Ethik als Tugendethik individuellen Verhaltens in der Öffentlichkeit, innerhalb von Institutionen und im Privatbereich	204
	Politische Ethik als Institutionenethik und als Ethik der Gesetzgebung	205
5	**Literatur**	**209**
6	**Zu den Autoren**	**219**

Einleitung: Wozu politische Ethik?

Die politische Ethik ist ein Bereich von Verpflichtungen und Verantwortlichkeiten, die eigenständig politisch begründet werden müssen. Ein Grundfehler vieler auf die Politik einwirkender Moralvorstellungen ist ihre Fremdsteuerung, sei es durch Religion, Theologie, Metaphysik oder interessierte Professionsethiken.

Politische Ethik ist Bestandteil der Politik und muss daher eine zivile Ethik, genauer gesagt, eine Ethik der Zivilität sein. Bei der Lektüre der folgenden Analysen ist zu beachten, dass sie zwar von zwei Autoren aus dem Bereich der politischen Theorie vorgelegt werden, aber an praktischen Fragen entwickelt sind. Die theoretische Grundlegung eines gegenwartsangemessenen Ethikdiskurses liegt vor in dem von Walter Reese-Schäfer veröffentlichten Band „Grenzgötter der Moral". Dort wurde erstens eine Theorie der konsequenten Trennung von Bereichen entworfen[1] und zweitens die Ableitung von praktisch-politischen Regeln aus einem einheitlichen oder wenigen Grundprinzipien, sei es aus dem Nutzen, sei es aus dem kategorischen Imperativ, sei es aus den Gerechtigkeitsprinzipien von John Rawls verworfen. Deshalb mussten wir in diesem Buch nun den umgekehrten Weg gehen, d.h. die Problemata der Praxis als Ausgangspunkt nehmen und von ihnen aus in reflexiver Analyse versuchen, eine Identifikation allgemeiner anwendbarer Regeln kurzer und mittlerer Reichweite zu ermöglichen. Die in früheren Jahren vorangegangene theoretische Analyse war jedoch keineswegs vergeblich. Ganz im Sinne von Karl Poppers Wissenschaftslehre ermöglicht sie immerhin die Kritik und Falsifizierung von Regeln, auch wenn sie deren stringente Deduzierbarkeit im Sinne des frühen John Rawls oder Baruch Spinozas bestreitet.

Die folgenden Analysen werden jeweils die Gestalt eines Problemaufrisses und einer Problemdiskussion haben. Dabei können wechselnde Perspektiven durchgespielt werden, so dass am Ende des Diskussionsprozesses ähnlich wie im platonischen Dialog durchaus etwas ganz anderes herauskommen kann, als am Anfang das rasche Vorurteil nahegelegt haben mochte. Da es

---

[1] Walter Reese-Schäfer, Grenzgötter der Moral. Der neuere europäisch-amerikanische Diskurs zur politischen Ethik, Neuauflage Wiesbaden: VS Verlag, 2012.

sich in dieser Buchreihe um Handreichungen für den politischen Praktiker, sei es in Basisorganisationen oder der institutionalisierten Politik handelt, haben wir aber gelegentlich nicht darauf verzichtet, am Ende der Abschnitte einige teils ernst gemeinte, teils auch ironische Regeln zu formulieren, dabei immer einkalkulierend, dass jedes Einzelproblem, vor das sich ein Praktiker gestellt sieht, nicht nach der Bedienungsanleitung, sondern nur aus der eigenen improvisierenden, durch die Kenntnis der Probleme und einiger illustrierender Fälle aber aufgeklärten Urteilskraft zu lösen ist. Wir werden darüber hinaus in bestimmten Fällen vor jenen Problemen warnen, die gar nicht zu lösen sind. Die gelegentlichen Ironien (hoffentlich werden Sie nicht alle bemerken und die, die Ihnen nicht gefallen, freundlich überlesen) sind unvermeidlich als Schutz gegen den penetrant überbordenden Moralismus des herkömmlichen Ethikdiskurses, dessen, was Ludwig Wittgenstein das „Geschwätz über Ethik" genannt hat.[2] Eine politische Ethik muss sich hiervon systemisch (also methodisch) und systematisch (also inhaltlich) distanzieren.

Die politische Ethik steht unter der nüchternen, kantischen Prämisse einer Institutionenethik ohne moralisierende Überladung: „Das Problem der Staatserrichtung ist, so hart es auch klingt, selbst für ein Volk von Teufeln (wenn sie nur Verstand haben) auflösbar."[3] Die Probleme der politischen Ethik sind lösbar, ohne dass die Teufel zu guten Menschen werden müssen, ohne eine moralische Umkehr, ohne den Terror, welcher der Forderung nach einem neuen Menschen auf dem Fuße folgt. Was Kant in der Institutionenethik verlangt (in seiner Individualethik argumentiert er anders), ist nichts weiter als ein klar das Eigeninteresse kalkulierender Verstand. Die Staatseinrichtung löst das moralische Dilemma der unbegrenzten Handlungsfreiheit, indem sie durch Gesetze sowie deren Durchsetzung die Schädigung des anderen sanktioniert. Erst dadurch wird die Freiheit erträglich, weil sie nur genossen werden kann, wenn man nicht ständig gegen ihre Gefährdung durch die anderen gewappnet sein muss. Dies ist für jeden vorteilhaft. Es handelt sich in der modernen Sprache der Spieltheorie um eine *win-win*-Situation. Eine staatliche Rechtsgarantie bzw. deren funktionales Äquivalent ist dabei unabdingbar. Die Grundsituation lässt sich als typisches Dilemma rekonstruieren. Die ungeregelte Freiheitskonkurrenz, in der jeder in die Frei-

---

[2] Ludwig Wittgenstein: Schriften Bd. 3, Wittgenstein und der Wiener Kreis. Aus dem Nachlaß von Friedrich Waismann. Hg. von B. F. McGuinness, Frankfurt am Main 1967, S. 69 (Wittgenstein im Gespräch 30. Dez. 1929)
[3] Immanuel Kant, Zum ewigen Frieden, Abschn. 2, Zweiter Zusatz , in ders.: Kleinere Schriften zur Geschichtsphilosophie, Ethik und Politik, Hg. Karl Vorländer, Hamburg 1973, S. 148-150.

heiten des anderen eingreifen kann, ist für alle unattraktiv. Der wechselseitige gleiche Freiheitsverzicht ist für alle die vorteilhafteste Lösung. Die dritte Möglichkeit, nämlich der Freiheitsverzicht der anderen bei – womöglich verdeckter – Beibehaltung der eigenen Spielräume, wäre aber individuell gesehen die attraktivste Lösung: Schwarzfahren auf Kosten der anderen. An diesem Punkt kommen staatliche Institutionen bzw. deren funktionale Äquivalente ins Spiel, die dazu dienen, die Kosten für das Schwarzfahren bzw. die Freiheitsübernutzung auf Kosten anderer so zu erhöhen, dass es sich nicht lohnt.[4] Der generelle Gewinn von Rechtssicherheit und Lebenssicherheit ermöglicht erst die Entfaltung von relativ breitem Wohlstand in einer Gesellschaft.

Politik hat die Aufgabe, die Grundfragen des Zusammenlebens durch Gesetze und andere Maßnahmen fair zu regeln. Die ideologischen Ethiker dagegen sehen ihre Hauptaufgabe in der Agitation und der Predigt, z.B. gegen die Boshaftigkeit der Globalisierung, gegen Abtreibungen, gegen Sterbehilfe oder Genforschung, während die Politik hier und in allen anderen Fragen einen vernünftigen und im Zweifel eher unaufgeregt kommunizierbaren Werteausgleich zwischen Freiheit und Repression, zwischen Humanität und Rigorosität finden muss. Sie ist darüber hinaus zu einem fairen Interessenausgleich im Interesse der allgemeinen Wohlfahrt verpflichtet, während der Ideologe und Prediger eher auf der Reinheit seiner Überzeugungen in einer Welt des Schmutzes und der Verderbnis bestehen wird.

Politische Ethik ist zwar vor allem eine Lehre von den großen Fragen, z.B. von Krieg und Frieden, welche die Öffentlichkeit bewegen und in Atem halten, aber auch der kleinen, des alltäglichen Verhaltens von Politikern sowie der Journalisten, welche über sie berichten. Thomas Ellwein wollte im Jahre 1964 sogar Verhaltensregeln für Staatsbürger aufstellen und zum Gegenstand des politischen Unterrichts machen.[5] Die selbstbewussten Bürger kommen heute ohne solche Regeln aus, auch wenn sie sich gelegentlich dafür die Kritik gefallen lassen müssen, sie würden eher Wutbürger als konstruktive Mitgestalter der Zivilgesellschaft sein.

Im letzten Teil des Buches wird dann der Versuch gemacht, in einem kurzen, eher theoretisch ausgerichteten Abriss einige Grundelemente politischer Ethik im Unterschied zur anderen Formen, wie z.B. der Individualethik, zu entwickeln, um wenigstens zu skizzieren, aus welcher Denkperspektive hier

---

[4] So rekonstruiert Otfried Höffe Kants Argument. Vgl. Otfried Höffe, Den Staat braucht selbst ein Volk von Teufeln, Stuttgart 1988, S. 70-78.
[5] Thomas Ellwein, Politische Verhaltenslehre, 7. Aufl. Stuttgart 1983 (1. Aufl. 1964).

operiert wird. Die philosophisch-theoretisch interessierten Leser werden sich vielleicht besser fühlen, wenn sie diesen Teil zuerst lesen; die Praktiker können ihn weglassen oder als Notizpapier für konkrete Folgerungen nutzen. Die ausführliche Darstellung der zugrundeliegenden theoretischen politischen Ethik findet sich in den Grenzgöttern der Moral von Walter Reese-Schäfer.[6]

---

[6] siehe Anm. 2.

Grundfragen politischer Ethik an Problemsituationen und Fällen durchdiskutiert (mit Handlungsempfehlungen für den Praktiker und Politikberater) 2

Die folgenden Analysen verstehen sich als beispielhafte Anwendungsmodelle politischer Ethik in zentralen Politikfeldern. Dabei wird immer auch kritisch-reflexiv die Anstrengung unternommen, den bequemen Fluss gängigen Moralisierens zu durchbrechen und die üblichen Heucheleien nicht als akzeptables Maß politischer Moralität zu nehmen, sondern eher als Hinweis dafür zu verwenden, wo die Probleme liegen.

Gewaltlose Strategien der Demokratisierung

Die Demokratisierungswellen unserer Zeit, die zunächst asiatische Länder wie Südkorea und Taiwan ergriffen hatten, danach den europäischen Osten und schließlich sogar die arabische Welt, ermöglichen einen neuen Blick auf die Effizienz und Wirkungsmächtigkeit gewaltloser Strategien. Vom Ziel her betrachtet, nämlich tatsächlich demokratische Zustände zu erreichen und nicht etwa nur eine alte Tyrannis durch eine neue zu ersetzen, haben sich gewaltsame Kampfformen als weniger erfolgreich erwiesen. Nach dem eindrucksvollen Erfolg des Mahatma Gandhi in Indien hat man den gewaltlosen Widerstand gerne mit einer moralisierenden Aureole umgeben, während ein realistischer politischer Stratege wie George Orwell in seinen „Reflections on Gandhi" zu dem Ergebnis kam, dass Gewaltlosigkeit vielleicht gegen das dem Druck der öffentlichen Meinung ausgesetzte britische Empire erfolgreich sein könne, nicht aber gegenüber einer brutalen und rücksichtslosen Tyrannis des stalinistischen Typs.[7] Die Entwicklungen seit den 80er Jahren haben nun auch die realistische Politiktheorie zum Umdenken veranlasst. Der gewaltlose Aufstand wird nun nicht mehr nur von Gurus gepredigt und von

---

[7] George Orwell, Reflections on Gandhi, (1949), in ders., The Collected Essays, Journalism, and Letters of George Orwell, London 1968, Bd. 4, S. 523-531.

Pazifisten beschworen, sondern von kühlen Politikwissenschaftlern strategisch durchdacht und durchgeplant, ja sogar in Demokratieinstituten praktisch gelehrt und eingeübt. Der amerikanische Politikwissenschaftler Gene Sharp hat seit den 80er Jahren eine Reihe von Schriften zur gewaltfreien Aktion veröffentlicht. Seine „Politics of Nonviolent Action" ist schon in den 80er Jahren von Petra Kelly in die DDR geschmuggelt worden. 1983 hat Sharp einen später noch vielfach überarbeiteten und in sehr viele Sprachen übersetzen strategischen Handlungsleitfaden verfasst: „From dictatorship to democracy: A conceptual framework for liberation."[8] Insbesondere das Belgrader *Otpor* (deutsch: Widerstand), ursprünglich eine Studentenorganisation, die maßgeblich zum Sturz des Diktators Slobodan Milosevic im Jahre 2000 beigetragen hatte, hat dieses Konzept aufgegriffen und in praktische Trainingseinheiten umgewandelt, die gerne auch von Studierenden aus der arabischen Welt belegt worden sind.

Die Argumente Sharps für den gewaltlosen Widerstand sind für das Verständnis politischer Ethik deshalb besonders wichtig, weil sie statt auf moralische Gewaltverbote auf eine realistische Abwägung setzen. Um einen Eindruck von der Art seines Denkens zu gewinnen, seien die folgenden Passagen zitiert: „Als Reaktion auf die Brutalitäten, auf Folter, Verschleppungen und Morde kamen die Menschen verständlicherweise oftmals zu dem Schluss, eine Diktatur lasse sich nur mit Gewalt beenden. (...) In manchen Fällen konnten sie bemerkenswerte Erfolge erzielen, doch nur selten errangen sie die Freiheit. Gewaltsame Rebellionen können eine brutale Unterdrückung auslösen, die das gemeine Volk häufig noch hilfloser macht als zuvor. Bei allen Verdiensten der Gewaltoption ist jedoch eines klar. Wenn man auf gewaltsame Mittel vertraut, entscheidet man sich genau für die Art von Kampf, bei der die Unterdrücker so gut wie immer überlegen sind. Die Diktatoren verfügen über die Ausrüstung, um auf überwältigende Art Gewalt auszuüben. Ganz gleich, wie lange oder kurz diese Demokraten durchhalten, am Ende entscheiden in der Regel die harten militärischen Realitäten."[9] Sharp sieht es als einen strategischen Fehler an, den Gegner mit den Mitteln anzugreifen, in deren Anwendung er am stärksten und erfahrensten ist. Auch der Guerillakrieg ist für Sharp keine erfolgversprechende Option, weil er sich häufig sehr lange hinzieht und sehr hohe Opfer unter den eigenen Leuten fordert, vor allem aber, weil die unterdrückte Bevölkerung nur sehr selten

---

[8] Gene Sharp, Von der Diktatur zur Demokratie. Ein Leitfaden für die Befreiung, München 2. Aufl. 2011 (auch als pdf zum Herunterladen verfügbar bei der Albert Einstein Institution).

[9] Gene Sharp, Von der Diktatur, S. 16f.

von ihm profitiert und er meist auch nicht zur Demokratie führt. „Selbst wenn sie von Erfolg gekrönt sind, haben Guerillakriege auf lange Sicht oftmals äußerst negative strukturelle Folgen. Unmittelbar ist es so, dass das angegriffene Regime infolge seiner Gegenmaßnahmen noch diktatorischer wird. Sollten die Guerillakämpfer am Ende siegen, ist das daraus hervorgehende neue Regime oft noch diktatorischer als seine Vorgänger."[10]

Auch ein Militärputsch gegen eine Diktatur vermag zwar häufig rasch einen besonders widerwärtigen Diktator zu beseitigen und deshalb zunächst ein Gefühl der Erleichterung auslösen, aber Putsche bewirken meist nur, dass eine neue Gruppe oder Clique an die Macht kommt. Auch ausländische Retter sind problematisch, weil sie meist eigene Interessen und eine eigene Agenda verfolgen, so dass die Bevölkerung eines Landes im wesentlichen darauf angewiesen ist, eigene demokratische und zivilgesellschaftliche Potentiale zu entwickeln.

Auf der anderen Seite verwirft Sharp Verhandlungen mit den Machthabern außer in ganz bestimmten Fällen als problematisch und wirkungslos. Denn in der Frage Diktatur oder Demokratie handelt es sich um einen prinzipiellen Konflikt, in dem es keinen Kompromiss geben kann. „Nur eine Verschiebung der Machtverhältnisse zugunsten der Demokratie kann diesen grundsätzlichen Problemen gerecht werden. Und zu einer solchen Verschiebung wird es nur durch Kampf, nicht durch Verhandlungen kommen. Das heißt nicht, dass man sich des Verhandlungswegs niemals bedienen sollte. Es geht vielmehr darum, dass Verhandlungen keinen realistischen Weg darstellen, um eine starke Diktatur zu beseitigen, wenn eine machtvolle demokratische Opposition fehlt."[11] Mehr noch: „Im Verhandlungszimmer können Gefahren lauern."[12] Denn unter dem Deckmantel des allseits gewollten „Friedens" können die Demokraten zur Kapitulation veranlasst werden, oder es kann darum gehen, so viel Macht und Reichtum wie möglich für die Diktatoren zu erhalten, während deren Gewalt gegen die Bewegung weitergeht. Sharp empfiehlt Verhandlungen allenfalls für die Schlussphase des Kampfes, wenn es für die Diktatoren vielleicht nur noch um sicheres Geleit zum Flughafen geht. Verhandlungen sind deshalb so wenig aussichtsreich, weil ihr Ergebnis vom Machtverhältnis der beiden Seiten abhängt und ja immer darin bestehen müsste, auch Teilziele der Diktatoren selbst zu akzeptieren. „Welche Ziele der Diktatoren sollen die demokratischen Kräfte akzeptieren? Sol-

---

[10] Sharp, a.a. O. S. 17.
[11] Sharp, a.a.O. S. 23f.
[12] Ebenda S. 25.

len die Demokraten den Diktatoren (ob einer politischen Partei oder einer Militärclique) in einer künftigen Regierung eine verfassungsmäßig verbürgte dauerhafte Rolle zugestehen? Was soll daran dann noch demokratisch sein?"[13] Gene Sharp empfiehlt deshalb den fortgesetzten, anhaltenden gewaltfreien, aber oft nicht ohne auch schwere Opfer möglichen Widerstand, der nicht durch Vereinbarungen Erfolg haben wird, sondern allein „durch den klugen Einsatz der geeignetsten und wirkungsvollsten Widerstandsmethoden."[14]

Häufig wird eingewendet, dass gewaltlose Widerstandsmethoden zu viel Zeit benötigen, während Gegengewalt rascher funktioniere. Dies lässt sich empirisch nicht halten. „Die jüngste Geschichte zeigt die Verwundbarkeit von Diktaturen und macht deutlich, dass sie binnen kurzer Zeit zusammenbrechen können: Während es in Polen zehn Jahre dauerte – von 1980 bis 1990 –, die kommunistische Diktatur zu stürzen, gelang das in der DDR und in der Tschechoslowakei innerhalb weniger Wochen. In El Salvador und Guatemala dauerte der Kampf gegen die brutalen Militärdiktatoren 1944 jeweils gut zwei Wochen. Das militärisch mächtige Schah-Regime im Iran wurde innerhalb weniger Monate aus den Angeln gehoben. Die Marcos-Diktatur auf den Philippinen hielt der Macht des Volkes 1986 nur wenige Wochen stand: die US-Regierung ließ Präsident Marcos rasch fallen, sobald die Stärke der Opposition deutlich wurde. Der Putschversuch in der Sowjetunion im August 1991 wurde binnen Tagen mittels politischem Widerstand verhindert. Danach erlangten viele der lange Zeit unterdrückten Sowjetnationen binnen Tagen, Wochen und Monaten ihre Unabhängigkeit zurück."[15] Diktatoren, die sich mit den Mitteln des Bürgerkriegs an der Macht zu halten versuchen, wie Ghaddafi und Assad, sind bislang eher die Ausnahme.

Es kommt darauf an zu verstehen, worauf Macht basiert, wenn man sie stürzen will. Alle Quellen der politischen Macht wie Autorität, menschliche Ressourcen, Fertigkeiten und Wissen, psychologische und ideelle Bindungen, Zugang zu materiellen Ressourcen sowie zum Straf- und Sanktionsapparat „hängen jedoch von der Akzeptanz des Regimes ab, von der Ergebenheit und dem Gehorsam der Bevölkerung sowie von der Kooperation unzähliger Menschen und der vielen gesellschaftlichen Institutionen. All das ist keines-

---

[13] Sharp a.a.O. s. 25f.
[14] Ebenda S. 28.
[15] Sharp a.a.O. S.29

wegs garantiert."[16] Durch Nichtkooperation in der Bevölkerung und im Institutionensystem werden diese Machtquellen eingeschränkt und können sogar teilweise oder ganz versiegen. Gene Sharp weist darauf hin, dass dies natürlich auch den Diktatoren bekannt ist, weshalb sie bei den ersten Anzeichen von Streiks oder Ungehorsam strafend eingreifen werden. „Damit ist die Geschichte freilich noch nicht zu Ende. Denn Repression und brutales Vorgehen sorgt keineswegs immer dafür, dass das für das Funktionieren des Regimes notwendige Maß an Ergebenheit und Zusammenarbeit wiederhergestellt wird."[17] Das kann zu Empörungsreaktion oder zum schleichenden, lähmenden Ungehorsam sogar noch beitragen. Dies hatte Nicoló Machiavelli sehr präzise erkannt, als er feststellte, der Fürst, „der die Masse zum Feinde hat, sichert sich nie, und je mehr Grausamkeiten er begeht, desto schwächer wird seine Herrschaft."[18] In der Auseinandersetzung mit den totalitären Regimen des 20. Jahrhunderts hatte der Politikwissenschaftler Karl W. Deutsch das noch pointierter formuliert: „Totalitäre Macht ist nur dann stark, wenn man sie nicht zu oft anwenden muss. Wenn totalitäre Macht ständig gegen die gesamte Bevölkerung angewandt werden muss, ist es höchst unwahrscheinlich, dass sie lange wirkungsvoll bleibt. Da totalitäre Regime im Umgang mit ihren Untergebenen mehr Macht brauchen als andere Regierungsformen, sind sie in höherem Maße auf breites und verlässliches willfähriges Verhalten in der Bevölkerung angewiesen; das ist wichtiger, als dass sie im Notfall auf die aktive Unterstützung zumindest wesentlicher Teile der Bevölkerung zählen können."[19]

Der Machtbedarf von Diktaturen ist also höher, und sie werden in stärkerem Maße versuchen, die Bevölkerung zu atomisieren, wie es bei Hannah Arendt und anderen Totalitarismustheoretikern heißt, sie also in eine Masse isolierter Einzelner zu verwandeln, wo das Vertrauenspotential als Grundlage möglichen gemeinsamen Handelns nicht vorhanden ist. Es kommt also darauf an, wieder Organisationsformen gesellschaftlicher Gegenmacht zunächst ansatzweise zu schaffen und später gegenüber Repressionsversuchen zu erhalten und möglichst noch auszubauen.

---

[16] Sharp a.a.O. S. 33. Vgl. David Humes berühmten Satz „All governments are based on opinion". David Hume, Über die ursprünglichen Prinzipien der Regierung in ders., Politische und ökonomische Essays, Hg. Udo Bermbach, Bd. 1, , Hamburg 1988, S. 25.
[17] Ebenda S. 34
[18] Machiavelli, Discorsi I,16, vgl. Sharp S. 35.
[19] Karl W. Deutsch, Cracks in the Monolith, in Carl J. Friedrich (Hg.), Totalitarianism, Cambridge/Mass. 1954, S. 313f, vgl. Sharp S.34.

Sharp und ähnliche Theoretiker empfehlen einen realistischen Blick auf diese Strukturen. Man sollte nicht den Fehler machen, die hypertrophierte Macht der Tyrannis für hohl zu halten, weil sie in so vielen spektakulären Fällen rasch zusammengebrochen ist: „Selbstverständlich bedeutet all das nicht, dass sich Diktaturen leicht schwächen und zerschlagen lassen, und es wird auch nicht jeder Versuch von Erfolg gekrönt sein. Es heißt mit Sicherheit nicht, dass der Kampf keine Opfer fordern wird, denn diejenigen, die den Diktatoren weiterhin dienen, werden mit einiger Wahrscheinlichkeit zurückschlagen und bemüht sein, die Bevölkerung wieder zu Zusammenarbeit und Gehorsam zu zwingen."[20]

Es bedarf deshalb einer durchdachten und überlegten Strategie. Auch wenn Volksaufstände oftmals ein spontanes Erscheinungsbild haben, ist es doch hilfreich und notwendig, wenn in der Vorbereitungsphase einige, die später dann Anführer- oder Beraterrollen einnehmen können, die strategischen Implikationen gewaltloser Aktionen durchdacht haben. Auch wenn Diktaturen äußerlich festgefügt und unverwundbar wirken, haben sie doch oft eine Achillesferse. Sharp zählt ohne Anspruch auf Vollständigkeit siebzehn Möglichkeiten auf, die hier nicht alle wiedergegeben werden sollen. Um aber einen Eindruck zu vermitteln, wie dieser Machiavelli der Gewaltlosigkeit vorgeht, sollen wenigstens einige davon erwähnt werden. Der Zentralismus des Systems hindert es, sich an neue Entwicklungen anzupassen, eine Dezentralisierung aber kann zum Kontrollverlust führen. Eine stark ideologische Orientierung der Macht führt zum Realitätsverlust. Rivalitäten innerhalb der Führung können ausgenutzt werden. Regionale Besonderheiten, aber auch soziale, kulturelle, nationale Differenzen können zu Auslösern von Unzufriedenheit werden. Es geht immer darum, den Angriff auf die Schwachstellen zu konzentrieren, nicht aber auf die Punkte, in denen das Regime am stärksten ist, vor allem im Bereich der Gewalt.

„Politischer Widerstand funktioniert jedoch völlig anders als Gewalt. (...) Der gewaltlose Kampf ist eine weitaus komplexere und vielfältigere Methode als Gewalt. Er wird mittels psychologischer, sozialer, ökonomischer und politischer Waffen geführt, die von der Bevölkerung und den gesellschaftlichen Institutionen in Anschlag gebracht werden. Sie sind unter den verschiedensten Bezeichnungen bekannt: Protest, Streik, Nichtzusammenarbeit, Boykott, Verdrossenheit und Macht des Volkes."[21] Auch vom Ende her gedacht hat ein solches Vorgehen Vorteile: es kann von wenigen ausgehen,

---

[20] Sharp S. 37.
[21] Ebenda S. 44.

wird aber im Falle erfolgreicher Mobilisierung nicht nur breite Bevölkerungskreise einbeziehen, sondern diesen auch die praktischen Erfahrungen und Machtmittel in die Hand geben, um ihrerseits wieder einer neuerlichen Diktatur oder Restaurationsversuchen widerstehen zu können.

Im Detail hat Gene Sharp 198 Methoden des gewaltlosen Handelns aufgelistet, die er in drei Hauptkategorien einteilt: 1) Protest und Überredung, 2) Nichtzusammenarbeit, 3) Intervention.[22] Unter Interventionen sind Gebäude-, Betriebs- oder Landbesetzungen, Aufbau alternativer Strukturen, Sit-ins, Stand-ins und ähnliche Vorgehensweisen gemeint. Es wäre ein Irrtum, allein auf Streiks oder Massendemonstrationen zu setzen. „So können beispielsweise Großdemonstrationen und Aufmärsche gegen extreme Diktaturen dramatisch wirken, sie bringen aber auch die Gefahr mit sich, dass Tausende von Demonstranten ums Leben kommen. Diese enormen Kosten auf Seiten der Demonstranten setzen die Diktatur aber im Grunde nicht stärker unter Druck, als wenn jeder zu Hause bliebe oder es zu einem Streik oder zu massenhaften Akten der Nichtzusammenarbeit bei Beamten käme."[23] Man muss darüber hinaus einkalkulieren, dass die Regimes gerne *agents provocateurs* einschleusen, um friedlich geplante Demonstrationen in gewaltsame Auseinandersetzungen eskalieren zu lassen, die dann mit einer gewissen Legitimität niedergeschlagen werden können.

Innerhalb der Widerstandsbewegung kommt es trotz ihrer Vielfalt darauf an, eine strikte gewaltlose Disziplin aufrechtzuerhalten. „Da gewaltloser Kampf und Gewalt jeweils grundlegend anders funktionieren, ist selbst begrenzter gewaltsamer Widerstand im Zuge einer politischen Widerstandskampagne kontraproduktiv, denn er verwandelt den Kampf in eine Auseinandersetzung, in der die Diktatoren deutlich im Vorteil sind (militärische Kriegführung). Gewaltlose Disziplin ist ein Schlüssel zum Erfolg, sie muss trotz aller Provokationen und Brutalitäten von Seiten der Diktatoren und ihrer Anhänger gewahrt werden."[24] Nur dann fällt die rohe Brutalität des Regimes auf dieses selbst zurück, und die Gewaltlosigkeit hilft auch bei der Unterstützung durch dritte Parteien. Sharp räumt ein, dass der Hass und der Frust in der Bevölkerung so stark sein kann, dass es zu Gewaltexplosionen gegen das Regime kommt, oder dass einige Widerstandsgruppen nicht bereit sind, auf Gewalt zu verzichten. „In diesen Fällen muss man den politischen Widerstand nicht aufgeben. Man sollte jedoch unbedingt das gewaltsame

---

[22] Sharp S. 45f. Die Liste findet sich S. 101-108.
[23] Sharp S. 75.
[24] Ebenda S. 47.

Vorgehen so weit wie möglich vom gewaltlosen Handeln trennen, und zwar geographisch und zeitlich sowie im Hinblick auf Bevölkerungsgruppen und Problemfelder."[25] Dieser Hinweis ist wohl der am schwersten zu beachtende, weil dem, gerade auch, wenn es zu Zusammenstößen und Opfern gekommen ist, das archaisch heroische Ansehen der gewaltbereiten Avantgarden entgegenstehen sowie das – psychologisch verständliche, aber fehlerhafte – politische Kalkül auch auf Seiten der friedlichen Widerständler, auf solche Weise könne der Druck auf das Regime erhöht werden. „Die Geschichte zeigt, dass zwar auch im Zuge politischen Widerstands Verluste in Form von Toten und Verletzten einzukalkulieren sind, diese aber deutlich geringer ausfallen als bei einer militärischen Auseinandersetzung. Zudem treibt dieser Typus des Kampfes die endlose Spirale aus Töten und Brutalität nicht weiter."[26] Schlüsselelement des gewaltlosen Widerstands ist der Verlust bzw. die Kontrolle der Angst vor den Repressionen des Regimes: dadurch können die Grundlagen der Macht gerade auch in der breiten Bevölkerung erschüttert werden. Gewalt wirkt zentralisierend, Mittel der Gewaltlosigkeit dagegen erfordern trotz der Anforderung gewaltloser Selbstdisziplin keine Unterordnung unter eine Avantgarde und können deshalb durch ihre Form selbst dazu beitragen, nach dem Umsturz auch tatsächlich demokratische Strukturen zu etablieren.

Eine Widerstandsbewegung bedarf also einer „grand strategy", einer strategischen Planung. „Wichtig ist dabei: Ziel ist nicht einfach, die bestehende Diktatur zu zerschlagen, sondern ein demokratisches System zu installieren. Eine allgemeine Strategie, die sich darauf beschränkt, die herrschende Diktatur zu zerschlagen, läuft Gefahr, den nächsten Tyrannen hervorzubringen."[27] Meist jedoch werden Widerstandsansätze eher spontan auf Initiativen der Diktatur reagieren und können deshalb dazu beitragen, dass die Diktaturen viel länger bestehen bleiben, als dies der Fall sein müsste. Von der Gesamtstrategie her müssen die Schritte im Einzelnen entwickelt werden – taktische Erfolge, die zum strategischen Gesamtziel nichts beitragen, „können sich am Ende als bloße Energieverschwendung erweisen."[28] Politische Strategien sind klassischerweise Planungen der Spitze, die darauf angewiesen sind, dass nicht alle ihre Züge öffentlich bekannt werden. Im Fall des gewaltfreien Widerstands aber rät Gene Sharp von Heimlichkeit ab. „Wurde die

---

[25] Sharp a.a.O. S. 48.
[26] Ebenda S. 48.
[27] Ebenda S. 57.
[28] Ebenda S. 62.

grundlegende Kampfstrategie sorgfältig geplant, gibt es gute Gründe, sie weithin bekannt zu machen. Die zahlreichen Menschen, die sich beteiligen müssen, dürften bereitwilliger sein und besser agieren können, wenn sie die allgemeine Konzeption ebenso versehen wie spezifische Instruktionen. (...) Von den Grundzügen der ‚grand strategy' erfahren die Diktatoren ohnehin, und dies veranlasst sie möglicherweise dazu, weniger brutal gegen die Widerständler vorzugehen, denn sie wissen, dass dies politisch auf sie zurückfallen könnte. Die besonderen Merkmale der ‚grand strategy' zu kennen kann potentiell auch dazu beitragen, dass es im Lager des Diktators zu Unstimmigkeiten kommt und einige von der Fahne gehen."[29] Gegen allzu große Geheimhaltung spricht auch, dass diese einen Grund für Verdächtigungen und Anschuldigungen gegen die Bewegung liefern kann, welche die Beteiligungsbereitschaft in der Bevölkerung möglicherweise reduzieren.

Natürlich empfiehlt auch Sharp keine vollständige Transparenz, weil es Bereiche gibt wie die Bereitstellung von Untergrundpublikationen, das Betreiben illegaler Rundfunksender oder auch das Sammeln von Informationen über die Machthaber, die ohne Geheimhaltung nicht zu bewerkstelligen sind. „Es bedarf der klugen Einschätzung durch diejenigen, die sowohl die Dynamik des gewaltlosen Kampfes als auch die Überwachungsmethoden der Diktatur in einer spezifischen Situation kennen."[30]

Wichtig ist es, über einen gewissen Zeitraum zu planen. Anfangs sollten nur weniger riskante, vertrauensbildende Aktionen durchgeführt werden, um die Kräfte zu sammeln. „Die Strategen sollen dabei einen Bereich aussuchen, in dem Erfolge weithin Anerkennung finden und Forderungen sich nur schwer zurückweisen lassen. (...) Die meisten Kampagnenstrategien im Rahmen des langfristigen Kampfes sollten nicht darauf abzielen, die Diktatur sofort und vollständig zu stürzen, sondern statt dessen begrenztere Ziele ins Auge zu fassen."[31] Dabei kann schon das Niederlegen von Blumen an bestimmten Stellen eine wichtige Funktion haben, denn „es ist normalerweise nicht möglich, die Diktatoren gleich zu Beginn der Auseinandersetzung völlig und rasch von ihren Machtquellen abzuschneiden."[32] Eine realistische Strategie wird also nur dann von Anfang an auf völlige Nichtzusammenarbeit und Verweigerung setzen, wenn Grund zu der Annahme besteht, der größte Teil der Bevölkerung sei schon entschlossen gegen das Regime eingestellt.

---

[29] Ebenda S. 70.
[30] Sharp ebenda S. 49.
[31] Ebenda S. 77.
[32] Ebenda S. 80.

Wichtig ist es, mit den Truppen und Funktionären der Diktatur zu kommunizieren und in gewisser Weise deren Sympathie zu erwerben – allerdings sollte man nicht zu einem Militärputsch oder einer Funktionärsrevolte ermutigen. „Widerstandsstrategen sollten wissen, dass es ausnehmend schwierig, wenn nicht sogar unmöglich ist, eine Diktatur zu stürzen, wenn Polizei, Beamtenapparat und Streitkräfte diese weiter voll unterstützen und gehorsam all ihre Befehle befolgen. Die Planer der Demokraten sollten deshalb vor allem Strategien verfolgen, die darauf abzielen, die Loyalität der Stützen der Diktatur ins Wanken zu bringen."[33] Wenn der Prozess länger dauert, sollten Widerstand und alternativer Institutionenaufbau auch unter Bedingungen der Repression Hand in Hand gehen. In Polen hat dies trotz des Verbots der Solidarnosz funktioniert.

Schließlich gibt Sharp noch einen wichtigen Hinweis für die Situation nach dem möglichen Sieg der Rebellen. Sie sollten überlegen, ob sich die erfolgreichen Methoden der Befreiung nicht auf die nationale Verteidigung übertragen lassen. Hier bringt Sharp die Vorstellung einer Bürgerselbstverteidigung durch gewaltlosen Widerstand ins Spiel, die es ermöglichen würde, nach der Einführung der Demokratie nicht wieder auf starke Militärapparate setzen zu müssen, die nicht nur ausgesprochen teuer wären, sondern auch demokratiegefährdend wirken könnten. Anders als für die Befreiung von einer Diktatur gibt es bislang aber noch keine erfolgreichen Beispiele eines passiven Widerstands gegen militärische Okkupation.[34]

Idealisten an der Macht. Von Joschka Fischer bis Barack Obama

Gesine Schwan, eine Politikprofessorin, die zweimal auch nach dem Bundespräsidentenamt strebte, aber 2004 und 2009 die Wahl gegen Horst Köhler verlor, hat in einem Vortrag aus den achtziger Jahren im ersten Teil aufgezeigt, wie illusionär, folgenlos, irreführend, abträglich, naiv und noch einiges mehr politischer Idealismus ist. Im zweiten Teil bewies sie, dass politischer Realismus mit seiner Verwerfung von Grundwerten und Moral häufig zu Gewalt und Krieg führt, so dass auf moralische Grundorientierungen nicht

---

[33] Ebenda S. 83.
[34] Vgl. Gene Sharp, Civilian-Based Defense: A Post-Military Weapons System, Princeton und London 1990.

verzichtet werden kann. Der dritte Teil des Vortrags fiel weitgehend aus, weil ihr für dieses Dilemma ehrlicherweise auch keine Lösung einfiel.[35]

Dies war eine weise Vorgehensweise, denn in der historischen Bilanz ist noch keineswegs entschieden, ob die Idealisten oder die Realisten am Ende mehr Kriege angezettelt und mehr Opfer auf dem Gewissen haben. Die Begriffe Idealismus und Realismus sind in der politischen Theorie relativ eindeutig definiert: Idealismus als Theorie, die es für möglich und erfolgversprechend hält, länderübergreifende Gemeinwohlinteressen auf supranationale Institutionen zu übertragen, Realismus dagegen als Lehre von den souveränen Machtinteressen der Nationalstaaten, die nur dann den Regelungen übergreifender Institutionen folgen werden, wenn es in ihrem direkten eigenen Interesse liegt. Begriffliche Unschärfe also ist an diesem Dilemma nicht schuld. Es handelt sich ganz offenbar um ein Realproblem.

Paul Berman zeigt in seinem eindrucksvollen Buch „Idealisten an der Macht. Die Passion des Joschka Fischer"[36] am Beispiel Fischers und Bernard Kouchners, des späteren französischen Außenministers, wie ein Antikriegsengagement, das beide in ihrer Kritik am amerikanischen Vietnamkrieg der sechziger und siebziger Jahre einte, schließlich in die aktive Befürwortung einer humanitären Intervention an der Seite und unter Führung der USA wie im Kosovo 1999 umschlagen kann. Kouchner war als politischer Linker in der französischen KP sozialisiert, hatte in „Ärzte ohne Grenzen" allerdings einen militanten Humanismus entwickelt, der die Neutralität des Roten Kreuzes ablehnte und auch offen Befreiungsbewegungen unterstützte. In der zweiten Hälfte der 70er Jahre organisierte er Rettungsschiffe für die vor dem Kommunismus fliehenden *boat people* im vietnamesischen Meer und gewann dafür die Unterstützung sowohl der alten Linken um Jean-Paul Sartre als auch der jüngeren wie Michel Foucault und vor allem der „neuen Philosophen" von André Glucksmann bis Bernard-Henry Lévy. Paul Bermann, der amerikanische Beobachter, fragte sich: „Wenn ein gemietetes Schiff aus Frankreich eine gute Idee war, dann war die Sechste Flotte eine noch bessere Idee. Diese Logik war unbestreitbar. Zumindest Kouchner schien so zu denken."[37] Die Frage des amerikanischen Journalisten war allerdings unfair, denn die amerikanischen Flugzeugträger hatten mit ihren jahrelangen rollenden Bombeneinsätzen nichts erreicht und schließlich den Südvietnamesen,

---

[35] Gesine Schwan, Grundwerte in der Politik, in Werner Becker/Willi Oelmüller (Hg.), Politik und Moral. Entmoralisierung des Politischen?, München und Paderborn 1987, S. 66-74.
[36] Paul Berman, Idealisten an der Macht. Die Passion des Joschka Fischer, München 2006.
[37] Berman S. 225.

für die sie angeblich gekämpft hatten, nicht einmal zur Flucht vor den Siegern verholfen.[38] Dies, eine eigentlich selbstverständliche Pflicht, hatten Kouchner, der Deutsche Rupert Neudeck und andere mit ihren viel geringfügigeren und privat organisierten Mitteln versucht, nachzuholen. Es ist übrigens nicht schwer vorauszusagen, dass die Bundesregierung, wenn sie die Truppen aus Afghanistan zurückzieht und die dortigen Anhänger des Westens ihrer Niederlage überlässt, sich ähnlich verhalten wird.

Noch beim Afghanistan-Einmarsch 2001 standen Kouchner und Joschka Fischer erneut auf der amerikanischen Seite. Die Linken waren also militärische Interventionisten geworden, auch wenn Fischer 2003 im Irak-Konflikt „nicht überzeugt" war, wie er erklärte, und die amerikanische Intervention ablehnte. Hatte es sich um fundamentale Meinungswandlungsprozesse oder um eine konsequente Entwicklung gehandelt? Schon George Orwell hatte in den dreißiger und vierziger Jahren des 20. Jahrhunderts die These entwickelt, dass der Pazifist des letzten Krieges der Bellizist des nächsten sein kann. Das ist seitdem eine Standardbeobachtung, die jeder machen kann, der nur lange genug lebt und sich nicht blenden lässt. Es kommt nicht einmal unbedingt darauf an, wer gegen wen kämpft, sondern darauf, worum es geht. Kouchner, der mindesten so mutig war wie Che Guevara, aber nicht die AK 47, sondern den Verbandskoffer und die politische Mobilisierungskraft des humanitären Aktivismus einsetzte, hat ja nicht die Seiten gewechselt, sondern ist bei den Opfern und Unterdrückten geblieben.

Gerade die deutschen Grünen, eine Partei, in der sich die ökologische Tradition und eine halbpazifistische Gegnerschaft gegen Atomraketen in den 80er Jahren verbunden haben, sind heute im Zweifel für menschenrechtlich begründete Interventionen. Barack Obama hat seinen ersten Wahlkampf mit der Befürwortung eines seiner Ansicht nach „guten" Krieges, nämlich dem in Afghanistan, und der gleichzeitigen Kritik des Irakkrieges bestritten. Bei aller Zurückhaltung hatten die USA im Krieg gegen das libysche Ghadafi-Regime sich ausgesprochen rasch für das Eingreifen entschieden, während in Deutschland eine Einheitsfront aus Liberalen, Linken und Teilen der Konservativen gegen diesen neuen Krieg Stellung bezog. Das pazifistische Ideal, nämlich die Gegnerschaft gegen jeglichen Krieg, konnte in seiner moralisierenden Simplizität nur von sektiererischen Gruppen durchgehalten werden. Die eigentlich politisch-moralische Unterscheidung, sowohl aus christlicher

---

[38] Berman hat mit Bedacht die Sechste Flotte genannt, denn das ist die Bezeichnung der USA für ihre im Mittelmeer stationierten Schiffe. Er meinte also die Bombenangriffe auf Serbien (die im wesentlichen von Basen in Italien aus geflogen wurden). Die Pazifik-Flotte ist die 7. Flotte.

wie aus säkular-humanistischer Tradition, war immer die zwischen gerechten und ungerechten Kriegen. Verteidigungskriege galten immer als gerecht, auch wenn Carl von Clausewitz sich darüber lustig gemacht hat, denn für ihn begann der Krieg erst mit der Verteidigung, während der Eroberer immer friedliebend ist, da er das Land möglichst ohne einen Schuss erobern will.[39] Nicht erst heute sind humanitäre Argumente, das Eintreten für verfolgte und von Massakern bedrohte Bevölkerungsgruppen hinzugekommen. Anfangs galt es, mit internationalen Eingriffen ethnische Minderheiten zu schützen, seit dem Libyen-Konflikts gilt schon der Aufstand gegen ein verbrecherisches Regime als schützenswert, ein Punkt, der früher unter den Bedingungen des Mächtegleichgewichts im Kalten Krieg noch für zu riskant und gefährlich befunden worden war. So blieben der deutsche Arbeiteraufstand von 1953, der Ungarnaufstand von 1956 und der tschechische Frühling 1968 ohne internationale Unterstützung.

Die Kunst des Lügens und die Pflicht zur Lüge

Lügen gelten als verwerflich und werden doch täglich im Privaten wie im Politischen benutzt. Unwahrheiten, die verziehen, übergangen oder sogar erwartet werden, betreffen meist nicht objektive Tatsachen, sondern Absichten oder subjektive Befindlichkeiten, manchmal, das ist ein Grenzfall, falsche Ahnungslosigkeit. Im Privaten bedankt man sich für den unterhaltsamen Abend, auch wenn man sich gelangweilt hat. Im Politischen lobt man dem Gastgeber gegenüber die offene Atmosphäre des Staatsbesuchs, wenn man sich fürchterlich gestritten hat. Als Gerhard Schröder im Wahlkampf 2002 gefragt wurde, ob er nach der Wahl an den derzeitigen Ministern für Arbeit und Wirtschaft festhalten würde, antwortete er: „Ja sicher."[40] Beide wurden ausgewechselt, aber durch diese Unwahrheit konnte und musste Schröder eine heftige Debatte um Unzulänglichkeiten seines bisherigen Kabinetts vermeiden.[41] Hannah Arendt hat schon 1971 den Diskussionsstand der politischen Philosophie so zusammengefasst: „Wahrhaftigkeit zählte niemals zu

---

[39] Carl von Clausewitz, Vom Kriege, Frankfurt am Main und Berlin 4. Aufl. 1994, S. 375f.
[40] Am 8. Sept. 2002 auf die Frage der Moderatorin Maybritt Illner, ob Riester eine zweite Spielzeit bekomme.
[41] Vgl. hierzu Simone Dietz, Die Kunst des Lügens. Eine sprachliche Fähigkeit und ihr moralischer Wert, Reinbek 2003, bes. S. 11, S. 54.

den politischen Tugenden und die Lüge galt immer als ein erlaubtes Mittel der Politik."[42]

Eine Strategie der Wahrheit kann unter bestimmten Umständen jedoch außerordentlich erfolgreich sein. Vaclav Havel hat das in seiner Zeit als Dissident vorgeführt (nachdem er später „richtiger" Politiker, nämlich Staatspräsident geworden war, musste er dann einige Zugeständnisse an die Erfordernisse des Politischen machen). Das staatssozialistische System war für ihn ein System der Intentionen: es verlangte monolithische Einheit, Uniformität und Disziplin, während das Leben selbst zur Pluralität, zur Vielfarbigkeit, zur unabhängigen Selbstkonstitution und Selbstorganisation neigt. Deshalb hatte sich damals ein ganzes Gewebe der öffentlichen Heuchelei und Lüge durchgesetzt: „Die Macht der Bürokratie wird Macht des Volkes genannt; im Namen der Arbeiterklasse wird die Arbeiterklasse versklavt, die allumfassende Demütigung des Menschen wird für seine definitive Befreiung ausgegeben; Isolierung von der Information wird für den Zugang zur Information ausgegeben; (...) und die Unterdrückung der Kultur wird als ihre Entwicklung gepriesen, die Ausbreitung des imperialen Einflusses wird für Unterstützung der Unterdrückten ausgegeben."[43] Von den Menschen in diesem Systemen wurde vielleicht nicht erwartet, dass sie alle diese Mystifikationen für wahr hielten, sie mussten sich aber so benehmen, als ob sie daran glaubten und durften auf jeden Fall nicht öffentlich widersprechen. Man musste also „in der Lüge leben". Havels Gegenstrategie: dies nicht mehr zu akzeptieren, auszusprechen, was war, wodurch der allgemeine Schleier der Lüge aufgelockert wurde und am Ende ja auch weggeflattert ist. Die Lüge war in Havels Sicht „einer der Pfeiler der äußeren Stabilität dieses Systems. Dieser Pfeiler ist jedoch auf Sand gebaut – nämlich auf der Lüge. Deshalb bewährt er sich nur so lange, solange der Mensch bereit ist, in der Lüge zu leben."[44] Dann wäre das Projekt, zu einer authentischen Existenzform zu finden, schon ein möglicherweise systemerschütterndes Gegenmodell (während westliche Konsumgesellschaften die Authentizitätsmodelle von Exzentrikern, Hippies oder Aussteigern recht gut verkraften konnten). Havel nennt dieses Modell ausdrücklich „vorpolitisch", weil ihm schon als Dissident bewusst war, dass die Tschechen, sobald sie von Untertanen des Totalitarismus zu souveränen Staatsbürgern würden, doch wieder unter den Kategorien und Kriterien des Politischen würden agieren müssen. Doch den Dissidentenbewegungen blieb

---

[42] Hannah Arendt, Wahrheit und Lüge in der Politik, München und Zürich 1971, S. 8.
[43] Vaclav Havel, Versuch, in der Wahrheit zu leben, Reinbek 1980, S. 17.
[44] Havel a.a.O. S. 22.

im Grunde nichts anderes übrig, als sich zunächst einmal in einem ganz existentiellen Sinne auf ein „anderes Leben" zu konzentrieren. Havels Charta 77 hat ganz bewusst kein alternatives politisches Programm der Reform oder Revolution des Systems vorgelegt, sondern sehr viel basaler elementare Menschenrechte eingefordert. Havel hat sich damals sogar gegen den politischen Begriff „Opposition" gewandt, weil dieser im Grunde aus westlichen Gesellschaften übertragen worden sei. Für ihn war das Dissidententum (auch mit diesem Begriff war er nicht ganz glücklich) vor allem eine bestimmte existentielle Einstellung. Dazu gehörte natürlich Mut, er verzichtete aber auf das klassische Pathos jener häretisch-dissidentischen Strömung der Arbeiterbewegung, die mit Rosa Luxemburg behauptet hatte: „Das Lassallesche Wort gilt heute mehr denn je: Die revolutionäre Tat ist stets, *auszusprechen das, was ist.*"[45] Das schlichte Aussprechen, sobald es die Masse der Bevölkerung ergriffen hatte, erwies sich 1989 dann aber von der Wirkung her als revolutionär. Unter totalitären Bedingungen gilt: „Konsequentes Lügen ist im wahrsten Sinne des Wortes bodenlos und stürzt Menschen ins Bodenlose, ohne je imstande zu sein, einen anderen Boden, auf dem Menschen stehen können, zu errichten."[46] Das liegt daran, dass die Faktizität des Da, wie Hannah Arendt es etwas existentialistisch ausdrückt, so hartnäckig den offiziellen Lügen entgegensteht und je länger, desto unübersehbarer wird.

In der ideengeschichtlichen Tradition hat die Diskussion um das Lügen zu feinsinnigen Unterscheidungen geführt. Der niederländische Politiktheoretiker Hugo Grotius (1582-1645) differenzierte zwischen *mendacium* und *falsiloquium*. „Eine Lüge *(mendacium)* verletze immer das Recht der Angesprochenen; liegt keine Rechtsverletzung vor, so handelt es sich auch nicht um Lüge, sondern um bloße Unwahrheit *(falsiloquium).*"[47] Die Schädigung oder Schädigungsabsicht muss ganz offenbar als wesentliches Unterscheidungsmerkmal gelten. Wer, wie Andrea Ypsilanti, vor der Wahl kategorisch eine Koalition mit der Linkspartei ausschließt, um diese sofort nach der Wahl direkt anzustreben, kann zu Recht der Lüge bezichtigt werden. Hätte sich diese Option, z.B. nach langen, ergebnislosen Verhandlungen mit der CDU und den anderen in Frage kommenden Partnern am Ende herauskristallisiert, dann hätte der Fall schon anders aussehen können. Es ist durchaus möglich, nach einer Wahl aufgrund der sich dann ergebenen Konstellationen und Notwendigkeiten neu zu überlegen und auch Grundpositionen zu verändern,

---

[45] Rosa Luxemburg, Gesammelte Werke, Bd.4 (6. überarbeitete Auflage), Berlin 2000, S. 463.
[46] Hannah Arendt, Wahrheit und Lüge in der Politik, München und Zürich 1971, S. 84.
[47] Dietz, a.a.O. S. 11.

ohne dass sich das bei einigen immer vorhandene Gefühl, geschädigt und getäuscht worden zu sein, auf den größten Teil der Wählerschaft überträgt. Die Veränderung einer politischen Position, wenn es für sie einen guten Grund gibt, macht die vorigen Begründungen gerade nicht zur Lüge. Mehr noch, von Politikern muss im Interesse des demokratischen Gemeinwesens ein erhebliches Maß an Flexibilität und an der Fähigkeit, miteinander zu kooperieren, erwartet werden. Starrheit und Unbeweglichkeit sind durchaus unerwünscht.

Da es bei diesen feinen Differenzen um die öffentliche Wahrnehmung geht, muss das Negativmerkmal der Dreistigkeit einer Lüge recht hoch eingeschätzt werden. Der Druck der öffentlichen und veröffentlichten Meinung spielt hierbei eine nicht unwesentliche Rolle, die aber nicht überschätzt werden darf, denn der jeweilige politische Gegner wird bei jeder Meinungsänderung gerne die Karte des Lügenvorwurfs ziehen. Ob er damit allerdings Resonanz findet, das hängt von der Differenzierungsbereitschaft und dem Differenzierungswillen der Bürger selbst ab, die sich dies nicht unbedingt von den Meinungsmachern und Medien vorgeben zu lassen bereit sind.

Meist wird die Lüge in der Politik entlang der Frage diskutiert, ob sie gelegentlich erlaubt sein könne, also als Frage eines Erlaubnisrechts. Es bleibt aber zu erörtern, ob sie nicht unter bestimmten Umständen sogar geboten ist, ob es also eine Pflicht zur Lüge geben kann. Der politische Philosoph Helmuth Plessner hat dies 1924 in seinem Buch „Grenzen der Gemeinschaft. Eine Kritik des sozialen Radikalismus" an einem spektakulären Fall postuliert: „Als der Reichskanzler v. Bethmann-Hollweg in den ersten Augusttagen 1914 jene Erklärung über den Einmarsch deutscher Truppen in Belgien abgab, die ihn als Unrecht hinstellte, versündigte er sich gegen den Geist, aus dem er, dieser Mann, überhaupt berufen war, von der Tribüne etwas für Deutschland Bindendes zu erklären. In solcher Eigenschaft war es ihm verwehrt, Urteile zu fällen, die des Geschichtsschreibers Sache sind. Um so schlimmer für ihn, wenn er mehr als seine Ansicht, mehr als die Ansicht eines Volkes, wenn er hätte die Wahrheit sagen wollen. Er hatte nicht die Freiheit, seine Meinung zu sagen, sondern er war angewiesen, die Geschäfte zu führen. Wer zu den höchsten Entscheidungen und Würden gelangt, die der Staat zu vergeben hat, und dann noch glaubt, sich den Luxus der Gewissensharmonie eines Rentiers leisten zu können, verdient vielleicht menschliches

Mitlied, aber keinen Zoll mehr ernst genommen zu werden."[48] Plessner vermutet, Bethmann-Hollweg habe den rhetorischen Mechanismus der entwaffnenden Offenheit, die im zwischenmenschlichen Bereich manchmal wirkt, besonders, wenn sie, wie in diesem Fall, mit dem Angebot einer späteren Entschädigung verbunden ist, nutzen wollen. Doch seine Aufgabe als Politiker wäre es gewesen, die eigene Position, notfalls mit schlechtem Gewissen, zu stärken, die fremde dagegen zu schwächen. Plessner fährt fort: „Sehr weise schrieb damals eine englische Zeitung, nicht so sehr der Einmarsch, als das öffentliche Eingeständnis seines Unrechts sei ein Verbrechen gewesen, nicht nur gegen sein Land, sondern gegen die öffentliche Moral. Unrecht tun, ist verzeihlich; aber es eingestandenermaßen zu tun, bedeutet für das öffentliche Bewusstsein einen Akt der Schamlosigkeit."[49] Die Wahrhaftigkeit des Politikers am falschen Ort war für Plessner Ausdruck eines von ihm verworfenen Gemeinschaftsdenkens. Die Gesellschaft dagegen benötigt die Masken der Diplomatie, das allseitig akzeptierte Bewusstsein, dass jede Äußerung einen taktisch-strategischen Charakter bekommt und nicht schlicht zum Wortwert genommen werden kann.

Plessner befürwortete ein elitäres Führungsethos, das mit demokratischen Strukturen und Wahrnehmungsweisen allerdings nur schwer vereinbar ist. Ihm war das bewusst, wie man aus folgender Passage erkennen kann: „Gesellschaft bejahen um der Gesellschaft willen, die ihr eigenes Ethos, ihre eigene, der Gemeinschaft überlegene Größe hat, und einsehen lernen, dass eine unendlich zu steigernde Anspannung des Intellekts für die steigende Vollendung gesellschaftlichen Lebens, für die immer größere Souveränität gegenüber der Natur verlangt ist, die Maschinen bejahen, an deren Sozialfolgen die Gegenwart leidet, die ganze Pflichtenlast der Zivilisation, wie sie das Abendland erfunden hat und ausbildet, um der wachsenden Spielmöglichkeiten, die sie bringt, auf sich nehmen, das ist die wahrhaftige Stärke, auf welche es ankommt. Nicht als Tugend aller gedacht, sondern als Ethos der Herrscher und Führer. Die Mehrzahl bleibt unbewusst und soll es bleiben, nur so dient sie. Wer aber zu voller Bewusstheit durchdringt, muss die Verantwortung kennen."[50] Diese demokratieferne Haltung der Neuen Sachlichkeit entsprach dem Zeitgeist Mitte der zwanziger Jahre.

---

[48] Helmuth Plessner, Grenzen der Gemeinschaft. Eine Kritik des sozialen Radikalismus (1924), in ders., Gesammelte Schriften V. Macht und menschliche Natur, Frankfurt am Main 1981, S. 7-134, hier S. 121.
[49] Plessner, a.a.O. S. 123.
[50] Plessner, a.a.O. S. 38f.

Es geht in Plessners Sicht um einen Konflikt zwischen Privatmoral und Amtsmoral. Es leuchtet allerdings nicht ein, warum nicht auch im privaten Bereich eine Pflicht zur Unwahrheit gegeben sein kann: als Gebot der Höflichkeit oder des Respekts vor anderen Menschen, denen man nicht einfach offen ins Gesicht sagt, was man von ihnen oder ihren Handlungen hält, als therapeutischer Hinweis des Arztes, der dramatisierend den Rauchverzicht durchsetzen oder, umgekehrt, nicht die das Leben noch einige Zeit erleichternde Heilungshoffnung nehmen will. Heute jedenfalls wird man Plessners elitären Differenzierungen nicht mehr folgen. Zweifellos stellen Ämter zusätzliche Herausforderungen dar, sie halten zusätzlich Probleme bereit. Aber der Widerstreit scheint doch eher zwischen dem zu bestehen, zu dem man spontan neigen würde, und dem, wozu man sich verpflichtet fühlt, also zwischen Pflicht und Neigung, weniger zwischen Amt und Privatheit. Die Trennung dieser beiden Bereiche hat viel für sich, weil sie dem Individuum Freiheitsräume öffnet. Für die hier diskutierten Fragen dürfte sie aber kaum ins Gewicht fallen.

Im Übergangsbereich von Politik und Privatleben steht ein moralisches Problem, das zwischen Benjamin Constant und Immanuel Kant diskutiert worden ist und bis heute die Gemüter bewegt. Kant hatte in seinem Aufsatz „Über ein vermeintliches Recht, aus Menschenliebe zu lügen" die Forderung aufgestellt, man müsse selbst Mördern gegenüber auf die Frage, ob jemand, nach dem sie auf der Suche sind, sich in unserem Haus aufhalte, die Wahrheit sagen.[51] Constant hielt dagegen, dass wir nur demjenigen die Wahrheit sagen müssen, der ein Recht darauf hat. „Nun hat aber kein Mensch ein Recht auf die Wahrheit, die einem anderen schadet."[52] Kants Argument bestand darin, dass er die Lüge für einen Missbrauch der Sprache erklärte, der so gefährlich sei, dass er im Grunde jede Kommunikation gefährde und daher „ein Unrecht ist, das der Menschheit überhaupt zugefügt wird."[53] Denn jeder Vertrag beruhe auf einer sprachlichen Deklaration. Wenn man dem, was gesagt wurde, nicht mehr vertrauen könne, dann würden Verträge überhaupt als Rechtsquelle unbrauchbar. Simone Dietz wendet zu Recht ein, dass Kants Voraussetzung falsch ist, derzufolge wir, um den Aussagen anderer zu glau-

---

[51] Immanuel Kant, Über ein vermeintliches Recht, aus Menschenliebe zu lügen, in ders., Kleinere Schriften zur Geschichtsphilosophie, Ethik und Politik, Hg. Karl Vorländer, Hamburg 1973, S. 199-206.
[52] Benjamin Constant, Über politische Reaktion, VIII. Teil Über die Prinzipien, in ders., Werke in vier Bänden, 3. Bd. Hg. von Axel Blaeschke und Lothar Gall, Berlin 1972, S. 184. Vgl. zu dieser Diskussion Simone Dietz, a.a. O. S. 91ff.
[53] Kant, a.a.O. S. 202.

ben, auf deren unbedingte Wahrheit vertrauen müssen. Wir sind durchaus in der Lage und im praktischen Leben aufgefordert, zu einer eigenen Beurteilung der Glaubwürdigkeit fremder Aussagen zu kommen. „Kants Prämisse, die Verbindlichkeit des Rechts gründe in der Wahrhaftigkeit von Behauptungen, ist zudem falsch. Versprechen und Verträge sind keine Behauptungen, es sind normativ definierte Sprechakte, zu deren Begriff es gehört, dass das Versprochene einzuhalten ist.(...) Auch ein unwahrhaftiges Versprechen verpflichtet den Versprechenden zur Einhaltung. Nicht die Unwahrhaftigkeit bei der Abgabe des Versprechens ist der eigentliche Verstoß gegen die Norm, sondern die willentliche Nichteinhaltung der versprochenen Leistung."[54] Gerade dieser letzte Hinweis macht deutlich, wie wichtig es ist, auch in moralischen Fragen zu differenzieren. Eine Lüge ist etwas anderes als ein gebrochenes Versprechen, auch wenn dies in der traditionellen Diskussion nicht immer auseinandergehalten worden ist. Ein weiterer Punkt kommt hinzu: Was bei Kant noch als – zu verwerfendes – Erlaubnisrecht behandelt wurde, zum Schutze eines Verfolgten zu lügen, wäre heute, nach dem Jahrhundert der Geheimpolizeien, beinahe als moralische Pflicht zu betrachten, einen Verfolgten nicht zu verraten und wenn möglich zu schützen. Die Pflicht zum Schutze von Verfolgten stünde höher als die Aufrichtigkeit, und dies nicht nur illegitimen Behörden gegenüber, denn wer von der geheimen Staatspolizei Verfolgte verbirgt, wird aus Sicherheitsgründen auch Nachbarn und Bekannte täuschen und zu vielen kleineren oder größeren Ausreden und Lügen Zuflucht nehmen müssen.

Arthur Schopenhauer hat die Gewalt wie die Lüge als illegitime Mittel verurteilt, anderen den eigenen Willen aufzuzwingen. Beide aber können durchaus auch in legitimer Weise verwendet werden: „Ich habe also in den Fällen, wo ich ein Recht zur Gewalt habe, es auch ZUR LÜGE: so z.B. gegen Räuber und unberechtigte Gewältiger aller Art, die ich demnach durch List in eine Falle locke."[55] Es handelt sich hier um ein Abwehr- oder Notwehrrecht. Darüber hinaus gibt er dem Recht zur Lüge noch einen weiteren Rahmen als dem Recht zur Gewaltanwendung: „Aber das Recht zur Lüge geht in der That noch weiter: es tritt ein bei jeder völlig unbefugten Frage, welche meine persönlichen, oder meine Geschäftsangelegenheiten betrifft, mithin vorwitzig ist und deren Beantwortung nicht nur, sondern schon deren bloße Zurückweisung durch ‚ich will's nicht sagen' als Verdacht erweckend,

---

[54] Dietz, a.a.O. S. 96.
[55] Arthur Schopenhauer, Preisschrift über die Grundlage der Moral, Werke Hg. L. Lütkehaus, Bd. 3, Zürich 1991, S. 579.

mich in Gefahr bringen würde. Hier ist die Lüge die Nothwehr gegen unbefugte Neugier, deren Motiv meist kein wohlwollendes ist."[56] Die Lüge als Notwehrrecht gegen allzu zudringliche Fragen: das ist eine intellektuelle Option, die bislang im politischen Diskurs noch keine breite Anerkennung gefunden hat. In der Sphäre der Politik behilft man sich bis heute notdürftig vor allem mit der immer wieder auch durchbrochenen Regel, keine Nachfragen über das Privatleben zu stellen, wenn ein Politiker dieses nicht selbst, z.B. zu Zwecken der Werbung für seine Person, herausstellt. Dann allerdings sind auch unangenehme Nachfragen erlaubt. Schopenhauers Argument betrifft neben den privaten durchaus auch die Geschäftsangelegenheiten. In der Tat, hier wird der politische Könner meist vorsichtig und in letzten Endes nicht exakt festzulegenden Formulierungen von diesem Abwehrrecht Gebrauch machen. So wird er in einer Verhandlungsphase, sei es um Tarifverträge für den öffentlichen Dienst oder um Finanzhilfen für ein in Not geratenes Land, möglicherweise anfangs jedes Zugeständnis ablehnen, obwohl in seinem Inneren und seinem engeren Umkreis längst klar ist, bis zu welcher Grenze man in den Verhandlungen unter Umständen zu gehen bereit wäre. Gerade in Verhandlungssituationen werden solche Äußerungen, die sich immer an der Grenze der Wahrhaftigkeit bewegen, generell akzeptiert, wenn sie nicht anschließend zu grob und zu flagrant verletzt werden und dann Hohn und Spott auf sich ziehen, die durchaus auch katastrophal für das Ansehen einer Politikerin sein können.

Simone Dietz arbeitet in überzeugender Weise heraus, dass hier für das Privatleben im Grunde keine anderen Regeln gelten als für das politische Leben: „Niemand hat allein durch seine Frage schon ein Recht auf Auskunft. Wenn ich, um meine Privatsphäre zu schützen, den anderen belüge, verletze ich sein Recht nicht, ich missachte ihn dadurch auch nicht."[57] Denn das Vertrauen, das Grundlage einer offenen Auskunft sein könnte, kann nicht gefordert, sondern muss „geschenkt" werden. „Das Recht auf Selbstbestimmung umfaßt auch das Recht, selbst zu bestimmen, was man von sich preisgeben möchte, sofern es einen selbst betrifft."[58] Jedoch kann man diese Grenzen nicht beliebig ziehen, weil Kooperationsbeziehungen, und dazu gehören eben auch politische Ämter und Kandidaturen, ein Auskunftsrecht implizieren, das sich auf diese Kooperation bezieht.

---

[56] Schopenhauer, ebenda S. 579f.
[57] Dietz, a.a.O. S. 128.
[58] Ebenda S. 129.

Unwahrhaftigkeit in der Politik scheint damit unvermeidlich, aber selbstgefährdend zu sein. Sie bedarf eines sicheren Fundaments, einer Basis in der Wahrheit. Systematisches Lügen führt, wie in den totalitären Systemen durchexerziert, schon nach kurzer Zeit zu einer Potenzierung von Fehlinformationen über das eigene Wirtschafts- und Gesellschaftssystem. Das ist fatal für jede Art von Planung, die sich ja auf Daten und Informationen stützen muss. Im individuellen Bereich führt sie zu einer Grundhaltung der Verlogenheit, die sich jederzeit an den unangenehmen, entgegenstehenden Fakten stößt und diese letzten Endes doch nicht wegdiskutieren kann. Es gibt jene durch und durch verlogenen Menschen sowohl im Alltagsleben als auch im politischen Prozess. Da ihnen niemand traut, haben sie es aber schwer, Verbindungen zu knüpfen oder Bündnisse zu schließen. Die wirklich politische Lüge bedarf eines Fundaments in der Wahrheit. In seinem großangelegten Werk „Von der Wahrheit" kommt der politische Philosoph Karl Jaspers zu einem ausgesprochen dialektischen Schluss, der die ganze Abgründigkeit und zugleich Unvermeidlichkeit politischen Lügens auf den Punkt bringt: „Die Beurteilung der Lüge hat zu unterscheiden zwischen der Unwahrhaftigkeit, die Verlogenheit ist, weil das Wesen des Lügenden selbst von der Unwahrhaftigkeit durchsetzt ist, und der Unwahrhaftigkeit, die in klar begrenzten, gewussten und gewollten Lügen besteht. Lüge vollzieht in der Kommunikation mit dem anderen Täuschung und Betrug. Verlogenheit vollzieht darüber hinaus in der Kommunikation mit sich Selbsttäuschungen, die in das Wesen übergehen. Man kann sagen: recht lügen können nur die ganz Wahrhaftigen; sie allein haben die Lüge außer sich als Mittel zur Verfügung, ohne selbst von der Verlogenheit angesteckt zu werden; sie vollziehen die klare Unterscheidung zwischen wahr und falsch und geraten darum nicht in das Durcheinander."[59] Hannah Arendt hat dies in einer die klassische Philosophie ironisch konterkarierenden Wendung noch weiter zugespitzt zu der Formel: „Es ist besser, andere zu belügen als sich selbst."[60] Die Rhetorik der Lüge wird zweifellos überzeugender, wenn die Lügende beginnt, selbst daran zu glauben; die Logik der Lüge allerdings leidet darunter, weil dann die eigene Situationseinschätzung und in der Folge die strategische Handlungskompetenz keinen festen Anhaltspunkt mehr findet und das ganze Gebäude in einem Wirbel von Schlamm und Schmutz zu versinken droht.

---

[59] Karl Jaspers, Von der Wahrheit, München und Zürich 3. Aufl. 1983, S. 559.
[60] Arendt, Wahrheit und Lüge, a.a.O. S. 80.

Die Pflicht zur Wahrheit vor dem Untersuchungsausschuss

Ein Außenmerkmal zur Unterscheidung zwischen Lüge und Unwahrheit ist also die Schädigung des Angesprochenen. Ein Innenmerkmal wäre die mit der Lüge verbundene negative oder positive Absicht. Positive Absichten könnten z.b. die Schonung, die Höflichkeit und ähnliches sein. An den äußeren Begriffen Lüge und Unwahrheit muss man nicht kleben, denn man könnte den begrifflichen Kern dieser Sache genauso gut, vielleicht sogar etwas deutlicher, als Unterscheidung zwischen moralisch erlaubter und moralisch verbotener Lüge kennzeichnen. Simone Dietz macht darauf aufmerksam, dass im Unterschied zu anderen moralischen Verboten wie dem Verbot von Diebstahl oder Tötung dem Lügenverbot keine rechtliche Norm entspricht, „deren Einhaltung durch Strafandrohungen gesichert wäre. Nur für besondere Fälle wie das Lügen vor Gericht sind rechtliche Sanktionen vorgesehen. Dies kann ein Hinweis darauf sein, dass der Wahrhaftigkeit von Behauptungen keine sehr hohe Bedeutung für das friedliche Miteinander der Gesellschaftsmitglieder zugemessen wird, oder auch darauf, dass Wahrhaftigkeit durch rechtliche Sanktionen nicht zu kontrollieren ist."[61] In der Politik kommt zu dem Sonderfall der Situation vor Gericht noch ein weiterer, zentraler Fall hinzu: die Regeln für parlamentarische Untersuchungsausschüsse nicht nur in Deutschland, sondern ebenso in den USA und in den meisten Ländern enthalten ein kategorisches Verbot der Lüge, das sogar noch weiter geht als das Verbot des Lügens vor Gericht. Denn vor Gericht sind nur die Zeugen zur Wahrhaftigkeit verpflichtet, wer aber angeklagt ist, hat das Recht zu schweigen, und selbst entlastende Unwahrheiten werden eher erwartet als ausgeschlossen. In Untersuchungsausschüssen allerdings sind sie das Hauptvergehen, denn besonders dann, wenn die untersuchte Angelegenheit nicht sehr viel Skandalpotential enthält, ergeben sich doch immer Möglichkeiten, die Vorgeladenen „in Widersprüche zu verwickeln", wie es in der Sprache des Polizeiverhörs so schön heißt. Untersuchungsausschüsse haben eine Art Tribunalcharakter, weil in ihnen die Regeln der Prozessordnung, die eben auch einen Schutz für die Angeklagten bilden sollen, außer Kraft gesetzt sind und jede kleine, selbst sekundäre Unwahrheit schon zum politischen Aus führen kann. Deshalb geht es in diesem Ausschüssen immer wieder vor allem um die Frage, wer wann was gewusst hat, weil dies vor dem Hintergrund des

---

[61] Dietz, a.a.O. S. 65.

aus der Angabe eines nicht korrekten Zeitpunktes ableitbaren Vorwurfs, „das Parlament belogen" zu haben, schon zur Höchststrafe führen kann.

Die Schutzmechanismen für die Befragten vor Untersuchungsausschüssen sind derzeit eher politischer als juridischer Art. Zwar gelten diese Ausschüsse als Instrument der Opposition, doch die Regierungsparteien stellen als parlamentarische Mehrheit auch in ihnen die Mehrheit, damit normalerweise auch den Vorsitz und können die ersten Rederechte in Anspruch nehmen. Die ohnehin kürzeren (weil von den Mehrheitsverhältnissen im Parlament abhängigen) Rede- und Fragezeiten der kleineren Oppositionsparteien schließen sich erst am Ende an. Darüber hinaus können die Befragten durch lange Erklärungen und Antworten auf einen gewissen Ermüdungseffekt setzen. All dies sind sekundäre Mechanismen, die den Tribunalcharakter etwas herabmindern oder zumindest dämpfen können.

Zusammenfassend wird man sagen können, dass die Situation vor dem Untersuchungsausschuss nicht die durchregelten Strukturen eines Zivil- oder Strafprozesses aufweist, sondern die wilde Regellosigkeit politischer Kämpfe. Die Dynamik entspricht eher amerikanischen Juryprozessen, allerdings ohne Jury (deren funktionales Äquivalent ist dann die diskutierende Öffentlichkeit) und ohne Richter, denn der Ausschussvorsitzende soll sich zwar um eine gewisse Unparteilichkeit bemühen, ist aber im Grunde Partei. Die Gemeinsamkeit besteht im Aufeinanderprallen und im Kampf zweier Sichtweisen.

Wer vor einem solchen Ausschuss auszusagen hat, ist jedoch gut beraten, diese Situation als Stunde der Wahrheit zu begreifen. Rücksichten und Loyalitäten, bisherige Abreden werden durch die Aussagesituation vor dem Ausschuss außer Kraft gesetzt. Man weiß allerdings aus der vielfältigen Erfahrung von Zeugenaussagen, dass die eigene Erinnerung an Details und Zeitpunkte selten sehr präzise ist, insbesondere dann nicht, wenn sie sich auf keine schriftlichen Aufzeichnungen oder abgespeicherte Daten stützen kann. Die Verfahrensordnung parlamentarischer Ausschüsse in Deutschland eröffnet die Möglichkeit zu einer umfangreichen eigenen Stellungnahme, die schriftlich vorbereitet und mit den eigenen Justitiaren bzw. Anwälten abgestimmt werden kann. Wer Widersprüche vermeiden will und fürchtet, sich in den Fußangeln besonders schwieriger Situationen zu verheddern (Aussagen vor einem derartigen Ausschuss müssen immer als besonders schwierige Situation gelten), sollte diese Möglichkeit unbedingt nutzen und auch bei Nachfragen immer wieder auf den schriftlich vorbereiteten Text verweisen.

Wenn Fragen wiederholt werden, ist es am besten, auch die Antwort wörtlich zu wiederholen, um nicht Opfer der Suche nach Spitzfindigkeiten zu werden. Die Regeln für die Fragesteller der Opposition, die ja die andere Seite in Schwierigkeiten bringen wollen, lauten genau umgekehrt. Das beste Mittel ist hier die überraschende Frage, die Präsentation eines bislang nicht öffentlich bekannten Dokuments oder Faktums, durch das die sorgfältig vorbereitete Vernebelungslinie des Aussagenden plötzlich ins Wanken geraten kann.

Die üblichen Grenzen der Unwahrheit in der Politik, nämlich keine Gesetze brechen und keinen Meineid schwören zu dürfen, sind in der Ausschusssituation ein nicht unwesentliches Stück in Richtung auf eine weitergehende Wahrhaftigkeit verschoben. Das macht sie so angespannt, so tribunalhaft. Doch jenseits des Tribunals benötigt die praktische Politik einen gewissen Spielraum, um handlungsfähig zu bleiben und vorher kategorisch behauptete Verhandlungspositionen in einer neuen Konstellation auch wieder räumen zu können. Wer an den Festlegungen, die er vor Verhandlungen geäußert hat, unverbrüchlich festhält, wird politikunfähig werden. Wer sie vorher zu starr behauptet hat und sie dennoch aufgibt, steht hinterher mit dem Stigma des Verräters da. Politik ist, anders als Anhänger der Diskurstheorie von Jürgen Habermas gelegentlich behaupten, eben keine gemeinsame Suche nach Wahrheit. Stattdessen geht es um öffentliche Verhandlungsprozesse von Gegenspielern, die mit gelegentlichen argumentativen Schaukämpfen verbunden werden. „Wenn Politiker nicht über die Kunst des Lügens verfügen würden, wenn Lügen nicht in bestimmten Situationen legitim wären, dann könnte die politische Handlungsfähigkeit eines Staates in vielen Fällen nur durch Einschränkungen der politischen Öffentlichkeit aufrechterhalten werden. Jede grundlegende Einschränkung der Öffentlichkeit beschränkt aber auch die Demokratie. Insofern Lügen verhindern können, dass die weit reichenden Kompetenzen der politischen Öffentlichkeit dysfunktional werden, sind sie sogar eine Bedingung der Demokratie."[62] Gemeint ist: eine Welt, deren Grundprinzip es ist, alle wesentlichen Fragen öffentlich zu diskutieren und vor den Augen der Öffentlichkeit zu entscheiden, braucht eine Zone der Unbestimmtheit, der Ungenauigkeit in Wahrheitsfragen, die dies überhaupt erst erträglich macht. Das hat Konrad Adenauer vor dem Hintergrund einer reichen politischen Erfahrung deutlich gemacht, als er die CDU/CSU-Fraktion im Bundestag fragt, ob sie von ihm die einfache, die reine oder die lautere Wahrheit hören wolle. Selbstverständlich hat er dies niemals expli-

---

[62] Dietz, a.a.O. S. 166f.

ziert. Die Sondersituation vor dem Untersuchungsausschuss impliziert (ähnlich wie jegliche Aussage unter Eid) dann einen besonders weitgehenden, akkuraten Wahrheitsanspruch. Die Daumenschrauben der Wahrhaftigkeit werden um eine Stufe erhöht, so dass hier neue Routinen jenseits der gewohnten entwickelt werden müssen, um mit dieser Situation umzugehen.

Totalisierung des Spitzelwesens: Die Welt der Staatssicherheit

Luhmann hat beobachtet, „dass planmäßig gesätes, durch Indiskretionen, Spitzel und hohe Strafen genährtes Misstrauen Gesprächssituationen öffentlich macht und eben dadurch der ideologischen Infiltration dient."[63] Eine häufig vorgebrachte Rechtfertigung für Stasi-Spitzeldienste lautete, man habe den Befragern ja nur das Beste und nur harmlose private Einzelheiten über die Bespitzelten erzählt. Nun konnten solche scheinbar unverfänglichen Informationen aus verschiedenen Quellen von fähigen Vernehmern aber durchaus zu einem abträglichen Gesamtbild zusammengefügt bzw. in anderen Gesprächen als Mittel zur Gewinnung zusätzlicher Informationen („die wissen ja alles ohnehin schon") benutzt werden. In besonderen Fällen konnte daraus gezielte Verunsicherung, die Verbreitung von Gerüchten oder mehr oder minder subtile Erpressung werden. Joachim Gauck schildert Fälle, wo Fotos des Pfarrers vom FKK-Strand im Zeitungsladen an dessen Heimatort ausgehängt wurden oder planvoll der berufliche Misserfolg Missliebiger organisiert wurde.[64] Die Maßnahmepläne der Stasi sahen oft so aus, dass informelle Mitarbeiter beauftragt wurden, in betrieblichen Arbeitsdiskussionen die Leistungen einzelner Zielpersonen bei jeder Gelegenheit, notfalls auch mit abwegigen Argumenten, zu kritisieren und deren Kompetenz zu bestreiten, so dass Selbstzweifel geweckt wurden und scheinbar unpolitisch, auf der Fach- und Arbeitsebene, zudem dokumentiert wurde, dass die betreffende Person auf Kritik stieß.[65]

Die im Zeitverlauf zunehmende Durchdringung der DDR-Gesellschaft mit haupt- und nebenamtlichen Mitarbeitern der Staatssicherheit muss neben dem gleichgeschalteten Mediensystem nachträglich als eines der deutlichsten

---

[63] Niklas Luhmann, Wahrheit und Ideologie, in ders., Soziologische Aufklärung I, 5. Aufl. Opladen 1980, S. 54-65, hier S. 63.
[64] Joachim Gauck, Die Stasi-Akten. Das unheimliche Erbe der DDR, Reinbek 1992, S. 22ff.
[65] Gauck, ebenda S. 25.

Indizien dafür gelten, dass es sich trotz des Rückgangs der Massenaufmärsche und der Herausbildung privater Nischen um eine totalitäre Gesellschaft handelte. Zugleich wirft dieses Staatskontrollmodell ein Licht darauf, wie unverzichtbar der Schutz der Privatsphäre gerade auch gegen die sich ständig verbessernden Möglichkeiten technischer und anderer Überwachung ist. Politische Ethik hat hier die Funktion, klarzumachen, wie falsch und undurchdacht die verbreitete Grundhaltung ist, dass man ja doch nichts zu verbergen habe. Das politische System der Bundesrepublik hat gut daran getan, solche Gesetze, die mit dem starken Argument der Terror- und Gefahrenabwehr begründet waren, mit einer zeitlichen Begrenzung zu versehen, so dass sie beim Abklingen der Gefahr auch wieder zur Disposition stehen. Gesetzliche Instrumente, einmal zu einem plausiblen Zweck geschaffen, können ebenso auch als Schleppnetze genutzt werden, um einen Beifang kleinerer Ordnungswidrigkeiten und Verstöße zu ermitteln, auf deren Basis sie aber schon aus Gründen der Verhältnismäßigkeit der Mittel nie beschlossen worden wären.

Dabei sollte durchaus unterschieden werden zwischen Eingriffen in die Privatsphäre und z.B. einer Videoüberwachung des öffentlichen Raumes, die in der Tat helfen kann, Polizeikräfte einzusparen und Straftaten oder Übergriffen vorzubeugen. Wenn eine Videoüberwachung zur raschen Ermittlung von Schlägern, Brandstiftern und Plünderern, sogar auch von terroristischen Attentätern führt und diese dann inhaftiert werden, dann verhindert sie zumindest für die Zeit der Inhaftierung weitere Straftaten. Das werden auch diejenigen einsehen, die an eine Abschreckungswirkung nicht glauben wollen und es beklagen, dass eine Tatverhinderung im Vorhinein weniger wahrscheinlich ist.

Warum Egoismus auch sein Gutes hat: Begründungen des Kapitalismus vor seinem Sieg

Wir haben es im Übergang zu modernen Wirtschaftsformen mit einer grundsätzlichen Umkehr von Wertungen und Wertvorstellungen zu tun. Ideengeschichtlich lautet die Frage: „Wie konnte es geschehen, dass Handel, Bankwesen und ähnliche, dem Gelderwerb dienende Tätigkeiten an einem gewissen Punkt der Moderne ehrbar wurden, nachdem sie jahrhundertelang als

Geiz, Gewinnsucht und Habgier verurteilt oder verachtet worden waren?"[66] Wie die Diskussion über Gier als Ursache der Finanzkrise von 2008 gezeigt hat, ist dieser Prozess bis heute weder für die breite Öffentlichkeit noch für einen großen Teil des politischen Systems abgeschlossen. Dennoch aber lohnt sich der ideengeschichtliche Rückblick auf eine Debatte, in der die Argumente in Reinform vorgetragen wurden. Begonnen hat dies mit dem Versuch der Renaissance, den Menschen zu sehen, „wie er wirklich ist". Machiavellis politische Theorie markiert diesen Umschlagpunkt. Bernard Mandeville hat dann in seiner Bienenfabel von 1714 die förderliche Kraft privater Laster für das öffentliche Wohl aufgezeigt. Später, im Werk Adam Smiths, wurden aus den moralisch anstößigen Kategorien der Leidenschaften und Laster schließlich sachlichere Termini wie „Vorteil" und „Interesse", die mehr waren als funktionale Äquivalente, denn sie signalisierten zugleich eine Mäßigung, Moderation, vernünftige Kontrolle der Leidenschaften und Begierden, also deren Ersetzung durch ein reflektiertes Eigeninteresse. Damit glaubte man, endlich „eine realistische Basis für eine lebensfähige Gesellschaftsordnung"[67] gefunden zu haben. Das Interesse war analysierbar, es war voraussagbar, und es konnte sogar als Versicherung gegen die Lüge gelten: „Interest will not lie".[68] Auf die bloßen Worte brauchte man sich nicht zu verlassen, wenn man davon ausgehen konnte, dass die Interessen des Vertragspartners die Einhaltung der Vereinbarungen garantierten.

Die Umkehrung der Werte führte auch im zivilgesellschaftlichen Bereich zu einem Wandel. Montesquieu bemerkte in seinem „Geist der Gesetze", der Handel „verfeinert und mildert die barbarischen Sitten, wie wir jeden Tag feststellen können." Er fügte hinzu: „Der Handel beseitigt störende Vorurteile, und es gilt beinahe allgemein die Regel, dass es da, wo sanfte Sitten herrschen (mœurs douces), auch Handel gibt und dass überall, wo es Handel gibt, auch sanfte Sitten herrschen."[69] Es kam die Rede von *le doux commerce* auf, über die sich Marx noch hundert Jahre später im Angesicht von Sklavenhandel und ursprünglicher Akkumulation lustig machte.[70] Dennoch ist es bemerkenswert, dass der Gelderwerb zu jener Zeit als ruhige Leidenschaft galt, als

---

[66] Albert Hirschman, Leidenschaften und Interessen. Politische Begründungen des Kapitalismus vor seinem Sieg, Frankfurt am Main 1987, S. 17.
[67] Hirschman, a.a.O. S. 57.
[68] vgl. Hirschman S. 45.
[69] Montesquieu, Vom Geist der Gesetze, Übersetzt und Hg. von Ernst Forsthoff, 2. Bd., ‚Tübingen 1992, Kap. XX, 1, S. 2f., vgl. Hirschman S. 69.
[70] Karl Marx, Das Kapital Bd. I, Kap. 24, Abschnitt 6, MEW XXIII, , Berlin 1969, S. S. 780.

Prozess der Selbstkontrolle im Gegensatz zu heroisch-expressiven Kampfweisen.

Albert Hirschman hat den Argumentationsgang Adam Smiths als eine Art Versachlichung und Reduktion der unterschiedlichsten menschlichen Leidenschaften auf das eine Interesse interpretiert, Wohlstand zu erwerben. Nicht mehr die erhitzten Leidenschaften früherer Moraltheorien, die sich gegenseitig in Schach halten sollten, sondern nur das eine kluge und mäßige Interesse am Wohlstand wurde zur Triebkraft, das Geld so auf die verschiedenen Wirtschaftszweige zu verteilen, dass das Gesamtinteresse der Gesellschaft so weit wie möglich gewahrt wird, da jede Unterinvestion Geld anlocken und jede Überinvestition Geld vernichten wird.[71]

Wenn eine heutige Kapitalismuskritik diesem Entfremdung und eine Reduktion der menschlichen Entfaltungsmöglichkeiten auf die eine Option des Gelderwerbs vorwirft, so war es damals gerade die Hoffnung einer vorkapitalistischen Ideenwelt, dass dieser die zerstörerischen Kräfte der menschlichen Leidenschaften zurückfahren und die Neigungen und Triebe der Menschen berechenbar machen würde. Sobald aber der Kapitalismus diese Triebe unter seine Kontrolle gebracht hatte, „erschien die Welt auf einmal leer, trist und langweilig, und damit war die Zeit reif für die romantische Kritik an dieser bürgerlichen Ordnung, die im Vergleich zu früheren Epochen jetzt ungeheuer armselig wirkte: Denn dieser neuen Welt schien es an Adel, Größe, Mysterien, vor allem an Leidenschaft zu fehlen."[72] Die Entfremdung bei Marx, die Entzauberung bei Weber und die Libidounterdrückung bei Freud sind Ausdrucks- und Beschreibungsformen dieser verbreiteten Wahrnehmung.

Der neue Heroismus der Welt des Investmentbankings war dann eher die Manifestation einer grenzenlosen, ungefilterten Gier, verbunden mit der Verachtung für bodenständigere Menschen, die die komplexen pseudomathematischen Risikoberechnungen für Derivate (wie sich später herausstellte: zu Recht) nicht nachvollziehen konnten. Sehr schön wird dies im Bericht der Börsenhändlerin „Anne T." auf den Punkt gebracht: „Wir katapultierten Milliarden um den Globus, als gäbe es kein Morgen. Aufsichten und Risiko-Management, die ob der Komplexität unserer Deals kapitulierten, besaßen keine Möglichkeit, uns aufzuhalten. Warum taten wir das alles? Damals konnte ich das nicht genau erkennen, heute lautet meine Antwort: Wir hatten

---

[71] Vgl. Hirschman S. 118f., Smith, Wohlstand der Nationen, Hg. Horst Claus Recktenwald, München 5. Aufl. 1990, S. 531.
[72] Hirschman S. 141.

Aussichten auf immense Gewinne, Bonuszahlungen, ohne die Konsequenzen unseres Handelns tragen zu müssen. Wir konnten nicht persönlich haftbar gemacht werden. Für eventuelle Risiken hatten andere aufzukommen, die Bank, die Anleger. Diese Aufspaltung von Haftung und Gewinnchancen war eine desaströse Mischung. Wer als Broker ohne persönliches Risiko seinen Bonus um 50 000 oder 100 000 Euro nach oben schrauben konnte und diese Chance nicht nutzte, konnte nur als unökonomisch bezeichnet werden. Und nicht zu vergessen: Die Gier der Aktionäre und der Anleger befeuerte die der Broker."[73] Konkret gesprochen lautet das Problem: Gier ist zweifellos eine Triebkraft der wirtschaftlichen Entwicklung. In der Realwirtschaft sind die Risiken inzwischen bekannt und überschaubar. In den meisten Sektoren (außer in Bereichen wie der Atomindustrie) sind die Haftungsregeln auch klar. In der Finanzwirtschaft dagegen verzeichnen wir so viele neue Entwicklungen, dass hier die Regeln und Regulationen von gestern nicht mehr ausreichen und neue Spielregeln in angemessener Weise festgelegt werden müssen, was allerdings längst nicht mehr im nationalen Rahmen möglich ist. Dies ist außerordentlich schwierig, weil die Interessen eines Finanzplatzes wie London und eines Zentrums der industriellen Realwirtschaft wie Süddeutschland deutlich auseinanderliegen. Aber hier, in der Evolution einer angemessenen Rahmenordnung, liegt die entscheidende Aufgabe, um statt der Risiken wieder die Chancen einer gewinngesteuerten Finanzmarktentwicklung in den Vordergrund treten zu lassen. So plakativ die Gier sich anklagen ließ: Im Grunde sind es Regulationsdefizite aus Informations- und Analysemangel gegenüber als neu perzipierten Risiken, verbunden mit verantwortungsdispersierenden Strukturen und unkontrollierten Freiräumen für scheinbare Fachleute, welche das Eigeninteresse in unproduktive oder schädliche Richtungen gelenkt haben. Die neueren wirtschaftswissenschaftlichen Analysen gehen sehr viel abgeklärter vor. Sie stellen die These des radikal Innovatorischen in Frage und reihen die letzte Spekulationsblase in die Reihe der vielen früheren Blasen ein, die alle immer mit der Behauptung auftraten, dieses Mal sei aber alles ganz anders.[74] Dies ist ein abstrakterer Blick, der zur nüchternen Ex-Post-Einschätzungen verhilft, aber in der konkreten Situation nur bedingt nützen konnte, da eben in der Situation selbst Informationsmangel und Mangel an Urteilskraft zusammenkamen, und diejenigen, die sich aus

---

[73] Anne T., Die Gier war grenzenlos. Eine deutsche Börsenhändlerin packt aus, München 2010, S. 218.
[74] Carmen Reinhart/Kenneth Rogoff, Dieses Mal ist alles anders. Acht Jahrhunderte Finanzkrisen, München 2010.

Risikoscheu von der Spekulation hätten zurückhalten wollen oder tatsächlich zurückgehalten haben, beträchtliche Gewinnchancen vergeben haben. Auf dem Höhepunkt der Finanzblase wurde z.B. auch das Immobilienvermögen ganzer Bistümer in Geldkapital umgewandelt und spekulativ aufs Spiel gesetzt: Zu einem guten Zweck, nämlich um mehr Geld für Projekte der Entwicklungshilfe, gegen Armut etc. ausgeben zu können. In der letzten Finanzkrise haben amerikanische Universitäten und evangelische Landeskirchen in Deutschland besonders spektakuläre Verluste erlitten. Der Lebenszyklusorientierung für den Privatanleger entspricht bei den institutionellen Anlegern eine genaue Analyse der Erfordernisse. Die evangelisch-lutherische Landeskirche zu Oldenburg hatte ruhendes Vermögen, insbesondere einstmals geerbte verpachtete Ländereien, durch Verkauf aktiviert und den Erlös zu den jeweils höchstmöglichen Renditen am Kapitalmarkt untergebracht, um durch die Einnahmen ihre guten Taten zu finanzieren. Das führt beim Verlust solcher Anlagen zu einem raschen und krisenhaften Personalabbau, der mit den Zielen und dem Ethos solcher Institutionen naturgemäß nicht übereinstimmt. Hier ergibt sich sehr deutlich, dass spekulative Ausschöpfung von Renditespitzen nur dann sinnvoll ist, wenn man überschüssiges Geld hat, was bei derartigen ethosgebundenen und ihr Vermögen zu einem nicht zu unterschätzenden Teil aus Spenden oder spendenähnlichen Beiträgen beziehenden Institutionen eher selten der Fall sein dürfte. Denn selbst wenn man aus reichhaltig fließenden Kapitalerträgen Einzelprojekte, z.B. in Entwicklungsländern, finanziert, wird man doch auch dort Menschen anstellen, beschäftigen und entlassen müssen, wenn die Renditen schwanken. Gerade bei derartigen Projekten scheint es aber stärker als im konjunkturgewohnten Geschäftsleben auf Verlässlichkeit und Kontinuität anzukommen. Deshalb gilt hier: Schon der Anlagezweck und die Spendenorientierung solcher Institutionen gebietet, der Verlässlichkeit und Dauerhaftigkeit des Engagements wegen lieber auf eine geringere, risikoärmere Rendite zu setzen.

Aufgeklärtes Eigeninteresse oder ist Rationalität moralisch?

In seiner durchaus von einem liberalen Geist getragenen Studie „Der Markt der Tugend" kommt Michael Baurmann zu dem Ergebnis, dass die Konzeption des *homo oeconomicus*, der nach seinem Eigeninteresse handelt, die Entstehung und Existenz einer rechtsstaatlichen Ordnung nicht erklären kann. Schon bei gleicher Machtausstattung kann es vorteilhaft sein, Regeln opportunistisch zu nutzen, d.h. auf der Basis der Erwartung, die anderen würden sie im wesentlichen einhalten, den Versuch machen, diese für sich selbst zu umgehen. Für die Mächtigen aber ist der Anreiz beinahe unüberwindlich stark, die Macht konsequent im eigenen Interesse zu nutzen. Der *homo oeconomicus* kann daher eher Diktaturen und Oligarchien erklären als Demokratien. „Die stabile Existenz einer Gesellschaft mit einer rechtsstaatlichen Verfassung ist nicht mit der Annahme vereinbar, dass alle Mitglieder dieser Gesellschaft in jeder Entscheidungssituation allein ihren subjektiven Nutzen maximieren."[75] Im Umkehrschluss folgt daraus, dass der demokratische Rechtsstaat einen hohen Bedarf an tugendhaftem Verhalten – verwenden wir an dieser Stelle ruhig das altmodische Wort – hat, um überhaupt existieren zu können: „Ohne Menschen, die aus freien Stücken politische, rechtliche und moralische Pflichten erfüllen und einen fairen Anteil an der Verwirklichung und dem Schutz gemeinsamer Interessen übernehmen, ist *keine* stabile soziale Ordnung im Interesse der Normalbürger denkbar – auch und gerade nicht die Ordnung einer liberalen Gesellschaft, in der prinzipiell ein Freiraum für die Wahrnehmung individueller Interessen besteht."[76] Die alte Lehre des „doux commerce", von Albert Hirschman wieder aufgenommen, reicht hier nicht aus, weil eine immer weiter gefasste Arbeitsteilung, ein immer weiter offener Markt die gegenseitigen Abhängigkeiten und gegenseitigen Kontrollen reduziert. Viele Transaktionen werden nur ein einziges Mal zwischen den Beteiligten vorkommen. Der alte Leitsatz, dass nur der zufriedene Kunde wiederkommt, spielt in unpersönlichen Marktbeziehungen eine geringere Rolle, die Iteration der Tauschbeziehung tritt als Kontrollinstrument in den Hintergrund.

Diese Ausweitung der Austauschbeziehungen wird auch nicht mehr vollständig durch die Rolle von Organisationen und Unternehmen ausgeglichen, welche die vielfältigen Kooperationsbeziehungen bündeln, die Transaktionskosten senken und die einzelnen Markthandlungen zurechenbar machen. Auch in diesem Bereich haben ja Öffnungen und Befreiungen stattgefunden, die neue persönliche Freiräume schaffen, weil man sich mit denen zusammentun kann, die am besten zu den eigenen Vorlieben und Interessen passen. Zugleich aber werden dauerhafte enge persönliche und soziale Beziehungen weniger wahrscheinlich. „Eine solche substantielle Freiheit zur Aufnahme

---

[75] Michael Baurmann, Der Markt der Tugend. Recht und Moral in der liberalen Gesellschaft. Eine soziologische Untersuchung, Tübingen 2. Aufl. 2000, S. 643.
[76] Baurmann ebenda S. 644.

von kooperativen Beziehungen mit anderen Menschen ist einer der wichtigsten Fortschritte einer liberalen gegenüber einer traditionalen und geschlossenen Gesellschaft."[77] Daraus folgt: sowohl im Marktverkehr als auch innerhalb der Organisationen und Unternehmen entsteht „eine stabile Nachfrage nach moralisch integren und damit zur Kooperation und Zusammenarbeit geeigneten Personen. Ein Markt der Tugend wird mit seiner unsichtbaren Hand auch ohne Zwangsbewirtschaftung und planmäßige Vorsorge moralische Persönlichkeiten hervorbringen, die sich in ihren Handlungen an die Prinzipien interpersonaler Achtung und sozialer Fairness binden und freiwillig die Beiträge zu den öffentlichen Gütern leisten, die für den Bestand einer gesellschaftlichen Ordnung notwendig sind."[78]

Michael Baurmann setzt also auf einen Markt, der nicht nur das egoistische Kalkül belohnt, sondern der auch moralisches Verhalten zu einem produktiven, also lohnenden und belohnbaren Element macht. Dieser „Markt der Tugend" tritt so neben den Baumaschinen- oder Büchermarkt. Argumentationsstrukturell bemerkenswert an diesem Zug ist, dass, nachdem sowohl die klassischen Argumente der zivilisierenden Funktion des Kommerzes als auch die rational choice-Argumente des Eigeninteresses als unzulänglich erkannt worden sind, nunmehr der Tugendbereich als zusätzlicher Markt wieder in die Theoriekonzeption integriert wird. Der *homo oeconomicus* wird nunmehr als „dispositioneller Nutzenmaximierer" verstanden.[79] Das geht über das Standardmodell hinaus, eröffnet aber die Möglichkeit, die rationale Orientierung am Selbstinteresse als entscheidendem Motivationsinstrument beizubehalten. Normgebundenes Handeln eröffnet Karrierechancen, weil für Menschen, die dazu disponiert sind, eine Nachfrage besteht. Es handelt sich nur um einen Markt unter vielen, d.h. daneben wird immer auch radikal egoistisches Handeln sich behaupten und Teilerfolge erzielen können. Der Markt der Tugend scheint aber genügend groß und stabil zu sein, um doch immer wieder auch soviel von sozial erforderlichem Kooperationsverhalten zu generieren, dass die Fortexistenz freier Marktbeziehungen nicht wirklich gefährdet wird. Baurmann stellt triumphierend fest, dass es die Marktbeziehungen selbst sind, die moralische Produktivität ermöglichen. „Ein Nährboden für Moral ist in einer solchen Gesellschaft ganz unabhängig von den Aktivitäten professioneller ‚Moralunternehmer' wie Philosophen, Pfarrern oder Lehrern oder den gezielten Eingriffen und Maßnahmen moralproduzierender Institu-

---

[77] Ebenda S. 647.
[78] Ebenda S. 647.
[79] Ebenda S. 643.

tionen vorhanden."⁸⁰ Die Aktivitäten dieser Gruppen wird ein echter Liberaler vermutlich eher als störend, mindestens aber als nutzlos, als marktfernes Scheinunternehmertum im Sinne von kleingruppenaffiner Gefolgschaftspredigt ansehen. Das herkömmliche Gemeinschaftsdenken der gegenseitigen Verlässlichkeit hat zweifellos seine Stärken und kann kooperativ handelnde Gruppen auch zusammenschweißen. Aber die Öffnung in eine anonyme Großgesellschaft macht eine universalistische Moral erforderlich, wie künstlich und fragil sie immer sein mag.⁸¹ Die Möglichkeit der Fluktuation, des freien Wechsels der Organisations- oder Gruppenzugehörigkeit, ja sogar der Nationalität reduziert die Dominanz von Machtinteressen und erhöht die Belohnungschancen für gruppenübergreifende kooperative Verhaltensweisen. Wie in allen Öffnungs- und Modernisierungsprozessen sind damit auch Verluste traditionaler Bindungen verbunden, die Leidensdruck erzeugen und in einer reichhaltigen Literatur beklagt werden. Sie eröffnen zugleich aber die Chance zur Überwindung von Schranken, zur Kooperation über nationale, rassische, kulturelle und soziale Unterschiede hinaus, die ja auch ihren ästhetisch-moralischen Reiz, vor allem aber einen entscheidenden Wohlstandsnutzen hat.

Hinzuzufügen bleibt, dass Michael Baurmann zwar versucht, konsequent innerhalb einer ökonomischen Logik im engeren Sinn zu bleiben. Aber auch der Markt der skandalisierenden Enthüllungen ist ein Markt mit einer Kontrollfunktion über andere Bereiche der Gesellschaft. Und die von ihm nur in Anführungszeichen gesetzten „Moralunternehmer" beliefern einen, vielleicht alternativen, vielleicht sogar „Non-Profit"-Markt, aber auch sie scheinen in einer Marktwirtschaft gut davon leben zu können, permanent deren Regulation, Einschränkung und Kontrolle zu fordern. Das heißt: Baurmann bleibt letzen Endes doch das Kriterium dafür schuldig, welche Märkte gut und welche schlecht sind, oder aber, welche als besser und förderlicher angesehen werden könnten als andere. Die scheinbar nüchterne, scheinbar rein ökonomische Wertung greift am Ende doch auf irreduzible ästhetisch-moralische Kategorien wie Universalität, demokratische Tugend und gruppenübergreifende Solidarität zurück. Die Schaffung neuer Märkte privatisiert eben nicht nur die Müllabfuhr, sondern auch das Moralmarketing, das früher Aufgabe

---

[80] Ebenda S. 648.
[81] Vgl. Ebenda S. 656f.

altehrwürdiger monopolistischer Institutionen des Staates und der Kirche war.[82]

Die moralische Verpflichtung, intelligent zu sein

Es ist leicht, mit moralischen Argumenten Ansehen und Aufmerksamkeit zu gewinnen. Wenn aber Probleme, für die es ökonomische oder soziale Lösungen gibt, zu moralischen Fragen aufgeschaukelt werden, muss dies als Zeichen mangelnder Intelligenz angesehen werden. Einer der differenziertesten und scharfsinnigsten Kritiker totalisierender Ideologien, der New Yorker Intellektuelle Lionel Trilling, hat immer wieder auf diesen Punkt hingewiesen.[83] Wer dort moralisiert, wo praktische, gar technische Lösungen möglich sind, wo der Verstand helfen kann statt des moralischen Sentiments, will im Grunde keine Lösungen, sondern Aufsehen oder ornamentale Rhetorik.

Aus der Perspektive einer politischen Ethik gibt es hier so etwas wie eine Verpflichtung zur richtigen Theorie, oder, mit Rawlsianischer Zurückhaltung gesprochen, eine für jeden Teilnehmer öffentlicher Diskurse und jeden demokratischen Mitentscheider, also jeden Wähler, geltende Verpflichtung, sich die nötigen Strukturkenntnisse zu verschaffen und sich die nötigen Begriffe zum Verständnis von Zusammenhängen anzueignen. Vor allem gehört dazu auch die Bereitschaft zur ständigen Selbstkorrektur.

Wir halten diesen Punkt der ökonomischen Aufklärung für ziemlich wichtig, weil das politische System dem ökonomischen gegenüber mit der Gewalt zu zwingen, also dem Durchgriffsrecht ausgestattet ist und schon von daher zu der Hybris neigen kann, diesem auch tatsächlich übergeordnet oder überlegen zu sein, ohne die empirisch-faktischen Prozesse des Zusammenwirkens der verschiedenen Systeme einzukalkulieren. Die politische Hybris, alles gestalten und alles machen zu können, oder eben im Ernstfall als theatralischer Kulissengott rettend eingreifen zu können, egal was es kosten mag, kann durchaus zu einem Zusammenbruch politischer Systeme führen, nicht

---

[82] Die treffende Formel von der Privatisierung der Moralmärkte findet sich bei Karl Otto Hondrich, Enthüllung und Entrüstung. Eine Phänomenologie des politischen Skandals, Frankfurt am Main 2002, S. 12.
[83] Lionel Trilling, The Moral Obligation to be Intelligent, Selected Essays, Ed. by Leon Wieseltier, Northwestern University Press 2008. Der Titel der Aufsatzsammlung geht zurück auf einen unter dem gleichen Titel erschienen kurzen Text von John Erskine, dem akademischen Lehrer von Trilling, welcher schon 1914 erstmals publiziert worden ist. Vgl. John Erskine, The Moral Obligation of the Intelligent, and Other Essays , Reprint New York 2009, S. 3-34.

anders als das mit den kommunistischen Ostblockländern schon geschehen ist und wie es zur Zeit in Griechenland abzuwenden versucht wird.

Für unseren Zusammenhang sollte man drei Ebenen unterscheiden: das ökonomische System, das politische System sowie den öffentlichen Diskurs, der seinerseits die Wahrnehmungen der Politik und natürlich auch die allgemeinen Inhalte und Zielrichtungen der Gesetzgebung nachhaltig beeinflusst. Das, was ich vielleicht etwas ungeschickt mit Verpflichtung zur richtigen Theorie bezeichne, ist natürlich, wie aus dem vorher Gesagten klar geworden sein dürfte, im Sinne Karl Poppers gemeint: nämlich einer Ausscheidung und Ausschaltung offenkundig falscher Theoriedesigns und einer undogmatischen, ergebnisoffenen, aber vor allem methodisch abgesicherten und korrekten Analyse des Zusammenspiels der verschiedenen Systeme. D.h. eine Moral ohne moralistischen Fehlschluss wäre zuallererst zu konzipieren als eine Verpflichtung auch der Öffentlichkeit und der Politik zu einer zutreffenden Problemanalyse. Es wäre falsch, hier zu verlangen, dass man allein einer Disziplin, nämlich den verschiedenen Spielarten der Wirtschaftswissenschaften folgen solle. Diese haben, teils durchaus zu Unrecht, einiges Misstrauen auf sich gezogen. Es geht, wie in den meisten innovativen Wissenschaftsbereichen, z.B. der Biochemie oder der Biotechnologie derzeit auch, eher um das Zusammenspiel der verschiedenen Disziplinen, welche die Bereiche der Öffentlichkeit, der Politik und der Ökonomie in ihrer Interaktion behandeln.

Ökonomische Wirkungen, insbesondere diejenigen, um die es uns in der öffentlichen Diskussion geht, sind demgegenüber normalerweise indirekt. Sie funktionieren über Anreize. Das einfachste und berühmteste Beispiel: das gesellschaftliche Ziel mag die Brotversorgung sein, der Bäcker aber wird die dafür nötigen Arbeiten verlässlich nur dann verrichten, wenn seine Geldgier angesprochen wird. Ein moralischer Appell an ihn wird nur wenig nützen, eine staatliche Weisung würde vielleicht eine Gleichverteilung erreichen können, aber um den Preis von Unterversorgung. Die semantische Inkonsistenz zwischen gesellschaftlichen Zielen und ökonomischen Anreizen mag an einem so simplen Beispiel leicht zu verstehen sein, in der öffentlichen Diskussion ist sie aber permanent präsent. Die Begründungen für die meisten Subventionen z.B. beruhen auf einem solchen direkten und damit ökonomisch unaufgeklärten Denken. So übersehen sie die schädlichen Nebenwirkungen: Man glaubt, die Arbeitsplätze in der Kohle zu retten, produziert aber Inflexibilität und blockiert durch zu niedrigere, nämlich subventionierte Energiepreise die effiziente Entwicklung von Alternativen – die dann ihrerseits wieder durch neue Subventionen gefördert werden etc. etc. Es werden Fehlanreize gesetzt und Fehlallokationen erzeugt.

Die fundamentale semantische Inkonsistenz im Übergangsfeld zwischen politischen Diskursen und ökonomischer Wirklichkeit führt unter anderem zu zwei typischen Fehlschlüssen: einem intentionalistischen Fehlschluss, wie ich ihn eben illustriert habe, und zu einem moralistischen Fehlschluss.[84] Moralistische Fehlschlüsse sind in der öffentlichen Krisenkommunikation vor allem dort zu lokalisieren, wo die Ursachenanalyse ihre moralische Genugtuung in der Denunziation der Gier gefunden hat, während doch nach Adam Smith die Gier des Bäckers, Brauers oder Metzgers und nicht ihr Wohlwollen uns gegenüber es ist, die uns die Güter beschert, mit denen sie uns versorgen. Hier, wie so oft, sind die Nebenfolgen aus der Sicht der Verbraucher die erwünschte Hauptsache, und je stärker das Eigeninteresse der Hersteller funktioniert, desto besser wird die Versorgung sein. Spieltheoretisch spricht man hier von einer Win-Win-Situation. Spontane moralische Bewertungen gehen dagegen normalerweise davon aus, dass der Gewinn des einen ein Verlust des anderen sei, also von einer Win-lose-Situation oder einem sogenannten Nullsummenspiel.

Einige Moralphilosophen könnten an dieser Stelle vielleicht auf Kants „Kritik der praktischen Vernunft" hinweisen und die Behauptung aufstellen, der Begriff der praktischen Fragen sei nur eine Umschreibung des moralischen Grundproblems. Das verkennt aber die Architektonik des kantischen Denkens, das klar zwischen Rechtsfragen und Tugendfragen differenziert. Zu Kants Zeit, und sogar noch bis in die Mitte des 19. Jahrhunderts, bis hin zu John Stuart Mill, wurden ökonomische und sozialwissenschaftliche Überlegungen den „moral sciences" zugerechnet, obwohl der gesamte Forschungsstand und nicht zuletzt auch diese beiden Autoren diese traditionelle Zurechnungsform der Disziplinen längst transzendiert hatten. Der nächste Schritt in dieser Emanzipation der Praxis von der Moralphilosophie ist dann in der Philosophie des amerikanischen Pragmatismus von Charles Sanders Peirce über William James bis hin zu John Dewey und Richard Rorty erreicht worden. In dieser Entwicklung liegt kein Verfall, sondern ein Aufschwung des Denkens.[85] Die begriffliche Trennung praktisch-technischer von wertend-

---

[84] Dazu Ingo Pies, Gier und Größenwahn? Zur Wirtschaftsethik der Wirtschaftskrise, Diskussionspapier Nr. 2009-18 des Lehrstuhls für Wirtschaftsethik an der Martin-Luther-Universität Halle-Wittenberg, 28 S., Halle 2009.
[85] Vgl. dazu Walter Reese-Schäfer, Richard Rorty zur Einführung, bes. das Kap. Richard Rorty und die Philosophie in Amerika heute, Hamburg 2006, S. 133-151.

moralischen Fragen ist eine Weiterentwicklung im Ausdifferenzierungsprozess nicht bloß des Denkens, sondern auch des Handelns. Der klassische, antike Praxisbegriff, der beides noch integriert hatte, muss als unterkomplex gelten, behält jedoch auch in der Gegenwart durchaus noch ein gelegentliches Recht, indem er zu sehr entmoralisierte und verselbständigte Praxisbereiche wieder an den Gesamtzusammenhang erinnert und mahnt. Dieses Recht bezieht sich allerdings nur auf das Anstoßen von Reflexionsprozessen, nicht mehr wie einst auf verbindliche Reglementierung, weil die klassische Tugendethik hierfür gar nicht die kategoriale Präzision zu entwickeln vermochte und deshalb meist in hilflos-säkularisiertes Pastoralpredigen ausweicht, welches echtes moralisches Denken nur noch karikiert, zugleich aber auch in gefährlicher Weise durch zu simpel gedachte und deshalb von vornherein aussichtslose Appelle entwertet. In theologischen Zusammenhängen hat diese Herangehensweise allein dadurch noch ein gewisses Recht behalten, als es der Theologie ja nicht auf die Durchsetzung von tatsächlichem moralischem Verhalten, sondern vielmehr auf die Einsicht in die menschliche Unzulänglichkeit vor diesen Fragen ankommt. Ihr Ziel ist nicht die moralische Praxis, sondern die vertiefte glaubensmäßige Bindung, welche bekanntlich durchaus amoralische Züge tragen kann. Im Grunde stellt das Recht zur moralischen Reintegration der nunmehr ausdifferenzierten Bereiche eine Art Recht zur Sonntagspredigt dar, die außerhalb theologischer Kontexte allein noch als Reflexionsanstoß Geltung beanspruchen darf. Die dann durchzuführende konkrete Reflexion allerdings hat wieder den aktuellen Standards der Denkentwicklung zu genügen.

Walter Lippmann hat uns den Hinweis gegeben, das vorherrschende liberale Meinungsklima in den ersten beiden Dritteln des neunzehnten Jahrhunderts habe immer, wenn soziale Probleme auftraten, intuitiv nach Ursachen gesucht, die in irgendwelchen Zwangsmaßnahmen des Staates lagen. Ideengeschichtlich kann man diesen Bogen sogar weiter ziehen: „Renaissance, Reformation, Deklaration der Menschenrechte, industrielle Revolution – sie alle wurden von Menschen erdacht und ausgeführt, die sich als Befreier betrachteten, sie alle waren Bewegungen zur Brechung der autoritativen Gewalt."[86] Dieses Meinungsklima sei dann um 1870 umgeschlagen. Seitdem sucht man nach Ursachen in einer unzulänglichen Kontrolle, Planung und Steuerung der Wirtschaft, so dass der Staat nicht mehr als das Problem, sondern als die Lösung erscheint. Schon für die dreißiger Jahre des 20. Jahrhun-

---

[86] Lippmann, a.a.O. S. 63.

derts stellt er fest: „Fast überall ist es das Kennzeichen fortschrittlich gesinnter Menschen, dass sie sich für die Verbesserung der Lebensbedingungen letztlich auf die wachsende Macht der Behörden verlassen."[87] Damit sind wir vom Wege abgekommen und wieder auf dem Pfad der überregierten Gesellschaft geraten.

Die multikulturalistische Hypothese

„Multikulturalismus" gehörte zu den großen politischen Schlagworten der 80er Jahre des 20. Jahrhunderts. Damals war beobachtet worden, dass nach dem Anwerbestopp für Gastarbeiter im Jahre 1973 die Einwanderung dennoch weiterging, nämlich auf dem Wege des Familiennachzugs, der Exogamie sowie durch eine weite Auslegung der Zugangsvoraussetzungen für das politische Asyl. Da nunmehr das Argument, Arbeitskräfte würden benötigt, nicht mehr zur Legitimation der Wanderungsbewegung angeführt werden konnte, startete eine Suchbewegung nach neuen Gründen. Der Versuch lag nahe, nunmehr einen derartigen Einwanderungsprozess jenseits des Arbeitsmarkts kulturell zu legitimieren und einerseits von kultureller Bereicherung, andererseits von der nötigen kulturellen Anpassung der Aufnahmegesellschaft an die Bedürfnisse der Einwanderer zu sprechen. Die Propheten des liebevoll „Multikulti" genannten Projekts wie Daniel Cohn-Bendit und andere haben damals keineswegs verschwiegen, dass es immer auch zu harten sozialen und religiösen Konfrontationen würde kommen können, entscheidend war aber ein anderes, stärker definitorisches Verständnis. Typologisierend kann man drei Möglichkeiten der Politik gegenüber Einwanderern, nämlich die Assimilation, die Integration und den Multikulturalismus unterscheiden. Assimilation ist die traditionelle Politik der Angleichung an Kultur und Sprache. Multikulturalismus bezeichnet den anderen Ausschlagpunkt dieses Spektrums und wurde durchgängig so verstanden, dass ausdrücklich keine Integration angestrebt werden sollte. Integration kann in dieser Typologie als der aristotelische Mittelweg gelten. Zur Zeit der Vorherrschaft des Multikulturalismus-Diskurses wurde Integration aber weitgehend mit aufgenötigter Assimilation gleichgesetzt und abgelehnt. Noch in den späten 2010er Jahren diffamierte der türkische Ministerpräsident Erdogan bei Reden in Kölner und Düsseldorfer Großarenen die Assimilation wie auch die In-

---

[87] Lippmann, a.a.O. S. 45.

tegration als Verbrechen an der Identität der Einwanderer, die er sich gerne als Wähler erhalten wollte.[88]

Der ausgeprägteste Wandlungsprozess vollzog sich in den Niederlanden, der Gesellschaft mit der buntesten und vielfältigsten Einwanderung in Europa. Einwanderungskritische und insbesondere islamkritische soziale Bewegungen entstanden. In vielen Ländern war es möglich, Einwanderungskritik mit nationalistischen oder gar rechtsradikalen Positionen zu identifizieren und auf diese Weise politisch zu isolieren. In den Niederlanden funktionierte dies nicht, weil die Führungsgestalten wie Pim Fortuyn, Theo von Gogh und Hirsi Ali so schlicht nicht einzuordnen waren und weil es hier zu spektakulären Morden und Morddrohungen gegen sie kam. Vor allem in den Niederlanden wurde nachdrücklich deutlich, dass ein konsequenter Multikulturalismus bedeutete: keine Integration. Auch in anderen europäischen Gesellschaft wurde die Entstehung von Parallelgesellschaften problematisiert, die so selbstversorgend waren, dass Einwanderer im Prinzip ohne Kenntnis der Sprache aufwachsen und leben konnten.

Die Wellen der von der OECD durchgeführten PISA-Tests zu den Schulleistungen 15jähriger machte seit 2000 deutlich, dass die besten Schulleistungen in den Ländern mit der größten Homogenität der Schüler erreicht wurden. Schon seit langem zeichnete sich die Flucht einheimischer Schüler aus multiethnischen Klassenverbänden von Problemvierteln in homogenere Schulumgebungen ab. In der Folge des Meinungsumschlags sowohl in der Wissenschaft wie in der Politik und auf der „Straße" wurde nunmehr auch in Deutschland an die Stelle der parallelgesellschaftlichen Politik eine bewusste und gezielte Integrationspolitik gesetzt. Der Meinungsumschlag hat auch die Organisationen der Einwanderer selbst und die meisten ihrer Sprecher erreicht. Sie plädieren mittlerweile durchweg für das rasche und gute Erlernen der Sprache als Grundvoraussetzung eines erfolgreichen gesellschaftlichen Zusammenlebens. Bilinguale Edukation, das Geheimrezept aus multikulturellen Tagen, wird durchaus noch als Bereicherung weiter betrieben, ist aber nicht mehr das Mittel der Wahl, weil die Priorität nunmehr eindeutig der Sprache des Einwanderungslandes zugebilligt wird. In der Hochphase multikulturalistischer Diskussionen hatte es dagegen als unprogressiv gegolten, das Erlernen einer gemeinsamen Sprache für relevant zu erklären.

Aus der Perspektive einer politischen Ethik sind hierzu einige interessante Beobachtungen festzuhalten. Auch wenn der Multikulturalismus auf den

---

[88] Der Spiegel 10.2.2008; Peter Schilder, „Assimilierung ist ein Verbrechen gegen die Menschlichkeit", faz-net 10.2.2008.

ersten Blick wie eine neue, universalistische politische Philosophie auftrat, deren Propheten kanadische Theoretiker wie Charles Taylor und Will Kymlicka waren, zeigte sich in der praktischen Durchführung, dass es sich um nicht viel mehr als eine sehr praktische Politikfeldstrategie der kanadischen Regierung handelte. In Kanada hatte man es mit drei unterschiedlichen Gruppen zu tun: erstens den indianischen sowie Inuit-Eingeborenen, zweitens mit der nationalen Minderheit der Quebec-Frankokanadier sowie drittens mit neueren Einwanderern.

Drei unterschiedliche Strategiepakete für diese verschiedenen Gruppen wurden geschnürt. Die erste Gruppe sind die „Indigenous Peoples", die eingeborenen Völker, die ja keineswegs die europäische Einwanderung gewünscht hatte, sollten Selbstverwaltungsrechte erhalten, Anerkennung ihrer Rechtsansprüche auf Landgebiete, Aufrechterhaltung historischer Abkommen bzw. Unterzeichnung neuer Abkommen, Anerkennung von kulturellen Rechten (Sprache, Jagd- und Fischereirechte, heilige Stätten), Anerkennung von Gewohnheitsrecht, Garantie einer Repräsentation oder Konsultation auf Zentralregierungsebene, verfassungsmäßige oder rechtliche Bestätigung eines Sonderstatus für Eingeborene, Unterstützung und Ratifizierung internationaler Instrumente für Eingeborenenrechte sowie Quotenregelungen (*affirmative action*).

Die französischsprachige Minderheit sollte aufgrund ihrer besonderen Situation weitere Rechte bekommen: Bundesstaatliche oder quasi-bundesstaatliche Autonomie, Status einer Amtssprache, entweder regional oder bundesweit, garantierte Vertreter in der Zentralregierung und in den Verfassungsgerichten, öffentliche Finanzierung von Universitäten, Schulen und Medien in der Minderheitensprache, verfassungsmäßige oder parlamentarische Bestätigung des „Multinationalismus" und Zuerkennung einer internationalen Rechtskörperschaftlichkeit, um in internationalen Gremien Mitglied sein zu können, internationale Verträge abschließen zu können oder eine eigene Olympiamannschaft haben zu können.

Die Sonderrechte für die dritte Gruppe, die neueren Einwanderer, wiederum sollten nach der kanadisch-multikulturellen Vorstellung ganz anders aussehen: verfassungsmäßige, rechtliche oder parlamentarische Bestätigung des Multikulturalismus (der eindeutig geringerrangig ist als der für die Frankokanadier garantierte Multinationalismus), die Übernahme des Multikulturalismus in die schulischen Lehrpläne, die Aufnahme ethnischer Repräsentation oder Sensitivität in den Auftrag öffentlicher Medien (im Rahmen der Lizensierung von Medien), Ausnahme von Dresscodes, Sonntagsruhegesetzgebung etc., Erlaubnis doppelter Staatsbürgerschaft, Unterstützung ethnischer Vereinigungen, um kulturelle Aktivitäten zu unterstützen, die Finanzierung bilingualen oder muttersprachlichen Unterrichts, sowie affirmative action für benachteiligte Einwanderergruppen.

Die ganz wesentliche Sprachenautonomie wird also nur für die Frankokanadier garantiert. Bei den anderen handelt es sich um optionale kulturelle Programme bis hin zur Förderung einer gewissen Bilingualität. Eine englisch-französische Leitkultur hat in Kanada eine eindeutig dominierende Rolle. Die berühmte Erlaubnis an Sikh-Polizisten, im Dienst ihren Turban zu tragen, ist eher ein kulturelles Accessoire einer sich offen gebenden Einwanderungsgesellschaft. Multikulturalität im Einwanderungsbereich scheint aber in Kanada vor allem und in erster Linie ein Regierungsinstrument erfolgreicher Integrationspolitik zu sein, das erstmals 1971 programmatisch verkündet worden war. Die radikal antiintegrative Stoßrichtung europäischer multikulturalistischer Diskussionen aus den 80er Jahren ist hier nicht intendiert worden. Diese berufen sich aber gern, ohne genau auf Hintergründe und Ausformung dieser Politik zu schauen, auf das kanadische Vorläufermodell, um auf ein Vorbild verweisen zu können. In Kanada enthält die offizielle Politik durchaus bewusst antiintegrative Elemente, aber nicht gegenüber Einwandern, sondern als politische Strategie der Versäulung der frankokanadischen und der anglokanadischen Landesteile, also für diejenigen, die schon etwas länger da waren.

Warum werden den typischen Einwanderern im Gegensatz zu autochthonen Minderheiten solche Minderheitsrechte eher nicht zugesprochen? Ein entscheidender Grund ist, „dass Einwanderer die eigene Kultur bereits mit der Aussicht, sich in eine andere nationale Gesellschaft integrieren zu müssen, freiwillig verlassen haben." „Da normalerweise Individuen oder Familien emigrieren, nicht ganze Gemeinschaften, mangelt es den Einwanderer zudem an der regionalen Verdichtung oder an körperschaftlichen Institutionen, die notwendig sind, um eine sprachlich eigenständige Gesellschaft neben der regulären Gesellschaft zubilden. Der Versuch, eine eigenständige Parallelgesellschaft zu errichten, macht eine enorme Unterstützung von Seiten der Gastgesellschaft erforderlich (...) – ein Unterstützung, die keine Regierung eines Gaststaats willens ist zu geben."[89]

Für den europäischen Bereich bleibt festzuhalten: Minderheiten des frankokanadischen Typs gibt es immer wieder. In Deutschland haben die Dänen

---

[89] Will Kymlicka, Multikulturalismus und Demokratie. Über Minderheiten in Staaten und Nationen, Hamburg 1999, S. 30.

in Nordschleswig und die Sorben in der Lausitz einen vielleicht entfernt vergleichbaren Status. Auch bei ihnen handelt es sich ja nicht um Einwanderer, sondern um ethnische Gruppen, die „immer schon" dort lebten und nur durch die Zufälle der Grenzentwicklung und Gebietsverteilung einem bestimmten Land zugeschlagen wurden. In Italien sind es die Südtiroler, in Spanien die Basken und Katalanen, in Großbritannien die Iren, Schotten und Waliser, in Rumänien die ungarische Minorität. Die Sinti und Roma können ebenfalls dieser Gruppen zugerechnet werden, auch wenn sie aufgrund ihrer geringeren Sesshaftigkeit vielfach wie Einwanderer, also mit geringeren Rechten, behandelt werden.

Doch schauen wir näher, wie in der politischen Ethik eigentlich die Maßnahmen zur Erhaltung der französischen Sprachgemeinschaft in Quebec begründet werden, um möglicherweise in diesem Fall die Möglichkeiten zu prüfen, wie weit von Kanada zu lernen ist. Um die französische Sprachgemeinschaft zu erhalten, wird in Quebec nicht etwa eine Zweisprachigkeit angestrebt, sondern die Dominanz der französischen Sprache in der Öffentlichkeit (z.B. in der Werbung und den Behörden), in den Schulen für alle Angehörigen der französischen Gruppe und für alle Neueinwanderer. Nur die eingesessenen englischsprachigen Bürger in Quebec werden von dem Druck, französisch zu sprechen, ausgenommen. Dieses Konzept geht weit über die bundesstaatliche Vorstellung in Kanada hinaus, die Zweisprachigkeit zu fördern und die französische Option für jeden offen zu halten. Der politische Philosoph Charles Taylor, einer der prominentesten Vertreter des kommunitarischen Multikulturalismus, schließt sich der Forderung nach einer Privilegierung des Französischen an, weil ein rein individualistisches Konzept, das jedem Bürger eine völlig freie Entscheidungsmöglichkeit einräumt, wahrscheinlich zum Absterben der frankophonen Kulturform in Kanada führen würde. D.h. er privilegiert hier das kollektive Ziel vor den größeren Chancen am Arbeitsmarkt, die jemand hat, dessen erste Sprache in Kanada Englisch ist.[90]

Charles Taylor vertritt eine zwar moderate, aber doch deutliche Form einer derartigen „Politik der Differenz". Zwar sollen Grundrechte (z.B. gegen willkürliche Verhaftung) unterschiedslos für Angehörige aller Kulturgruppen

---

[90] Charles Taylor, Amy Gutmann, Steven C. Rockefeller, Michael Walzer, Susan Wolf: Multiculturalism and „The Politics of Recognition". An Essay by Charles Taylor with Commentary by Amy Gutmann, Steven C. Rockefeller, Michael Walzer, Susan Wolf. Princeton: Princeton University Press 1992. Deutsche Ausgabe unter dem Titel: Multikulturalismus und die Politik der Anerkennung. Mit Kommentaren von Amy Gutmann, Steven C. Rockefeller, Michael Walzer, Susan Wolf. Mit einem Beitrag von Jürgen Habermas, Frankfurt 1993 (nach dieser Ausgabe wird zitiert).

gelten. Innerhalb des breiten Spektrums anderer Rechte aber stellt er die Überlebenschancen der bedrohten Sprachkultur über die Arbeitsmarkt- und Lebenschancen der Individuen. Die Entscheidung für die französische Sprache wird nicht anheimgestellt, sondern vorausgesetzt und mit einem erheblichen Grad an politischem und gesetzgeberischen Druck durchgesetzt.[91] Kommunitarische Politik ist hier Gruppenpolitik, die kollektive Identitäten verteidigt. Wenn es nicht anders geht, auf Kosten der freien Wahlmöglichkeiten zwischen Lebensplänen und der individuellen Entfaltungschancen. Taylor ist der Meinung, dass ein solches Vorgehen dem Tatbestand angemessen sei, dass immer mehr Gesellschaften multikulturell werden.[92] Eine multikulturelle Gesellschaft ist für ihn also eine Gruppengesellschaft, keine Gesellschaft der Individuen.

Zwar unterliegen die Gruppen gewissen Grenzen. Am Fall von Salman Rushdie macht Taylor klar, dass für Mordaufrufe bei aller Respektierung verschiedener Kulturen kein Platz sein darf.[93] Außerdem können nicht alle Gruppen einen Anspruch darauf erheben, dass ihre kulturellen Leistungen als gleichwertig und als gleich förderungswürdig anerkannt werden. Taylor nennt seine Position einen „nichtprozeduralen Liberalismus"[94], möchte ihn also als Variante innerhalb der Prinzipien liberalen Denkens verstanden wissen.

Wir meinen allerdings, dass man diese Selbsteinstufung so nicht hinnehmen sollte, denn der moderne Liberalismus hat einen individualistischen Kern.[95] Das heißt, der moderne Individualist wird wohl bereit sein, einige Kultursubventionen für die Erhaltung der französischen Sprache zu finanzieren, aber alle politischen Handlungen unterlassen müssen, die dieses Ziel durch repressive Maßnahmen gegenüber individuellen Wünschen und Bedürfnissen erreichen wollen. Auf lange Sicht haben dann kleine sprachliche Sondergemeinschaften und kulturelle Inseln keine Überlebenschance und auch kein Überlebensrecht, wenn sich immer weniger Individuen finden, die

---

[91]Der Druck bleibt bisher immer knapp unterhalb dessen, was zur Auflösung des Gesamtstaats Kanada führen würde. Inzwischen scheint diese Grenze aber auch in Frage gestellt zu werden. Leider behandelt Taylor das Problem nicht in dieser Zuspitzung. Für die Politikwissenschaft wäre dies aber letztlich die entscheidende Frage.
[92]Taylor, Mulitikulturalismus und die Politik der Anerkennung, a.a.O.
[93]Ebenda S. 58.
[94]Ebenda.
[95]vgl. hierzu Jürgen Habermas, Anerkennungskämpfe im demokratischen Rechtsstaat, in Charles Taylor u.a, Multikulturalismus und die Politik der Anerkennung, Frankfurt 1993, S. 150: „Bei näherem Hinsehen greift jedoch Taylors Lesart diese Prinzipien selbst an und stellt den individualistischen Kern des modernen Freiheitsverständnisses in Frage."

ihre sozialen Entfaltungsmöglichkeiten diesen freiwillig zum Opfer bringen wollen. Das ist der normale soziale Wandel, dem staatliche Maßnahmen sich nicht in den Weg stellen sollten.

Multikulturalität scheint einen illiberalen Vorrang von Gruppenrechten zu erfordern, während die liberale Betonung und Durchsetzung von Individualrechten eine Tendenz in Richtung auf eine einheitliche Weltkultur mit sich bringt, letztendlich wohl sogar in Richtung auf eine Einheitssprache. Offenbar gehört der Vorrang von Prozeduren und individuellen Freiheitsrechten zum Kern des Liberalismus, und ein nichtprozeduraler Liberalismus wäre eine contradictio in adjecto.

Es ist von zentraler Bedeutung, ob Freiheitsrechte und soziale Verteilungsrechte jedem Einzelnen oder aber bestimmten Gruppen garantiert werden. Wenn die Freiheit der öffentlichen Meinungsäußerung, des Zusammenschlusses, des Denkens und der Religionsausübung Korporationen statt Individuen zugebilligt würden, dann würden dadurch existierende Gemeinschaften geschützt vor anderen Gruppen oder vor staatlichen Einflüssen. Dagegen wäre die Gründung neuer Gruppen durch Individuen, die mit den vorherrschenden ihrer Ansicht nach meistens verknöcherten und erstarrten Gemeinschaftsformen unzufrieden sind, erheblich erschwert, wenn nicht unmöglich gemacht.[96] Wer Veränderung will, muss in solchen Fällen die Korporationsstruktur aufbrechen. Befinden sich die Anrechte und Freiheitsrechte dagegen in der Verfügungsgewalt der Individuen, ist friedlicher Wandel eher möglich und wahrscheinlich.[97]

Gruppenrechte würden Hierarchien aufbauen und verstärken, individuelle Rechte dagegen sind im Kern antipaternalistisch und bieten am ehesten die Chance, hierarchische Verteilungsstrukturen zu verhindern.[98] Die Anführer von ethnischen Minderheitsgruppen haben immer wieder Gruppensonderrechte verlangt, die dann der internen Verteilung innerhalb der Gruppe überantwortet sein sollten. Statt einer demokratischen Gesellschaft der Gleichheit würde auf diese Weise eher eine Art ständestaatliche Privilegiengesellschaft entstehen. Hier liegt die wohl größte Schwierigkeit kommunitarischen Denkens mit seiner Vorstellung der Zuerkennung von Sonderrechten von Gruppen. Will Kymlicka hat hierzu gefordert, „dass ein liberaler Staat meiner

---

[96]Hierzu und zu dem folgenden Argument John Stuart Mills: Allen E. Buchanan: Assessing the Communitarian Critique of Liberalism. In: Ethics, 99. Jg. 1989, S 862.
[97]Diese Überlegung geht auf ein klassisches Argument John Stuart Mills zurück: vgl. ders., Über die Freiheit, Stuttgart 1974.
[98]Buchanan, Assessing the Communitarian Critique of Liberalism, a.a.O. S. 863.

Ansicht nach jedweder multikulturellen Politik zwei unverhandelbare Grenzen setzen muss: Der Multikulturalismus muss die Gleichheit zwischen den Gruppen und die Freiheit innerhalb der Gruppen respektieren."[99] Das gilt insbesondere auch für die gruppeninterne Unterdrückung, wenn z.B. „Kultur" als Ausrede für häusliche Gewalt oder Frauenunterdrückung benutzt wird. Deshalb bleibt zu prüfen, ob nicht auch ein liberaleres Verständnis von Gruppenrechten möglich sein könnte.

Der Gruppennationalismus von Minderheiten lässt sich nur sehr schwer in die Ideologien und Theorien eines liberalen Nationalstaatsdenkens integrieren. In den Augen nationalistischer Modernisierungstheoretiker war das Wiederaufleben dieses Gruppendenkens nicht vorgesehen. Es ist aber präsent. Zunehmende individuelle Freiheitsmöglichkeiten bedeuten eben auch eine Befreiung aus starren, traditionellen sozialen Rollen. Die damit verbundene Wahlfreiheit und Mobilität hat offenbar die Bindung der Einzelnen nicht, wie erwartet, geschwächt, sondern in einer Reihe von Fällen sogar gestärkt. Die Suche nach den „roots", wie immer oberflächlich sie auch sein mag, kann durchaus eine wichtige Rolle spielen. Michael Walzer hat darauf hingewiesen, dass Identitätsbildungen im paranationalen Raum einerseits die Entlastung vom lastenden Druck des Mehrheitsnationalismus voraussetzen, andererseits aber im Prozess der Öffnung von Gesellschaften gerade durch einen als zu stark empfundenen Einheitlichkeitsdruck angestachelt werden können.[100] Die modernen liberalrepublikanischen Staaten haben anders als frühere große Weltreiche, welche durchweg vielsprachig waren, es gewagt, der Gesamtbevölkerung im Prinzip eine einzige Sprache aufzunötigen. Kleinere Sprachen können nur schwer überleben, wenn sie nicht Amtssprache sind, wenn sie nicht eine tragende Rolle im Schulunterricht spielen oder, wenn sie, wie das Niederdeutsche, als hauptsächlich nur gesprochene Sprache mit den technischen Entwicklungen und Innovationen nicht mehr Schritt halten können.

Die liberalen Multikulturalisten Kanadas wie Will Kymlicka haben erkannt, dass zwischen dem kanadischen und dem europäischen Weg ein deutlicher Unterschied besteht. In Kanada wird eine breite Einwanderung als legitim empfunden, weil sie wirtschaftlich als notwendig erscheint und weil die Gesellschaft sich die Entscheidung vorbehält, welche Personen als Ein-

---

[99] Kymlicka, a.a.O. S. 62f.
[100] Michael Walzer, Zivile Gesellschaft und amerikanische Demokratie. Berlin 1992, S. 115 und passim.

wanderer aufgenommen werden und welche Sprache sie erlernen sollen.[101] Hier gibt es keine Möglichkeit der Neutralität. In Europa dagegen folgt die Einwanderung nicht Arbeitsmarktanforderungen, sondern geschieht ungesteuert durch Flucht und Familiennachzug, also nach externen Kriterien. Vielfach hat sich dadurch eine Einwanderung und ein Nachzug in die Sozialsysteme entwickelt statt in die Arbeitswelt, welche doch allein Chancen des sozialen Aufstiegs bieten könnte. Hinzu kommt ein nicht unerheblicher Anteil von Immigranten ohne klaren Rechtsstatus, d.h. von der sogenannten „Duldung" bis hin zur Illegalität. Hier liegt das Kernproblem, das sich durch therapeutische oder sozialhelferische Aufklärungsprogramme gegen Ausländerfeindlichkeit nicht beheben lässt. Michael Walzers Beschreibung von Ländern als „Clubs", deren Mitglieder das Recht haben müssten, politisch über Neuaufnahmen zu entscheiden, ist vielleicht zu eng. Er hat damit aber einen wesentlichen Punkt getroffen. Dort, wo keine wirkliche politische Entscheidung vorliegt, wird sich Unmut regen, sobald sich die Einwanderung nicht mehr auf selbstlegitimierende Gründe (politische Verfolgung oder Arbeitskraftmangel) stützen kann und einen bestimmten Umfang zu überschreiten beginnt.

Ein weiterer Punkt kommt hinzu: „Die Art von Solidarität, die ein Wohlfahrtsstaat benötigt, setzt voraus, dass die Staatsbürger ein starkes Gefühl gemeinsamer Identität und gemeinsamer Zugehörigkeit haben."[102] Einwanderungsländer mit weniger ausgeprägtem Sozialstaat werden eher solche Personen anziehen, die sich eine echte ökonomische Chance ausrechnen. Dort, wo die Sozialsysteme gerade auch mittellosen Neueinwanderern geöffnet sind, wirken Pull-Faktoren, die Einwanderung aus Ländern anziehen, in denen das Arbeitseinkommen unter dem erwarteten Sozialeinkommen liegt.

Der Multikulturalismus ist zeitweise als große politische Philosophie mit Leitautoren wie Charles Taylor und Will Kymlicka aufgetreten, bei der schon vom philosophischen Ansatz bzw. der philosophischen Rhetorik her ein universalistischer Anspruch impliziert war. Beide sind Kanadier. Schaut man auf die praktischen Durchführungsprogramme in Kanada, haben sich die Programme meistens auf autochthone Minderheiten bezogen, weniger dagegen auf Einwanderer. Die Einwanderungspolitik Kanadas möchte zwar viele qualifizierte Einwanderer anziehen, kümmert sich aber um deren sorgfältige Auswahl und enthält eine ganze Reihe von harten Restriktionen und Anfor-

---

[101] Will Kymlicka, Multikulturalismus und Demokratie. Über Minderheiten in Staaten und Nationen, Hamburg 1999, S. 25.
[102] Kymlicka S. 28.

derungen. Die kanadische Politik fördert die Immigrationen von Leuten, die sie selbst auswählt. Der europäischen Einwanderungspolitik fehlt es – über die populistische Abwehr von Zuwanderung hinaus – an Legitimität, die in einer politisch bewussten Auswahl liegen könnte.[103]

Viele europäische Länder sind zur Zeit dabei, zu Kanada oder Australien vergleichbare Überlegungen anzustellen, was die Anziehungskraft für Fachpersonal in wirtschaftlichen Aufschwungphasen angeht. Das europäische Immigrationsproblem liegt jedoch nicht hier, sondern in einem weiterhin trotz aller Beschränkungsversuche ungesteuerten Migrationsverlauf, so dass der kanadische Multikulturalismus auch keine Antwort sein kann. In Europa hat sich seit wenigen Jahren in den führenden Ländern aber die Einsicht durchgesetzt, dass das Erlernen der Landessprache die Voraussetzung jeglicher erfolgreichen Integration ist, und dass Integration auch das politisch zu definierende Ziel ist. Der Unterschied zwischen kulturkonservativen und eher progressiven Positionen liegt mittlerweile eher nur noch darin, wie stark der Integrationsbegriff in die Nähe einer Assimilation gerückt wird.

Der ursprüngliche in Europa beworbene Multikulturalismus hat sich als unausgewogene Herangehensweise erwiesen: den Einwanderern wurden keinerlei Pflichten abverlangt, die aufnehmende Gesellschaft wurde dagegen unter moralischen und politischen Druck von Fürsorgeverpflichtungen gesetzt. Die Gegenreaktion zum Multikulturalismus, die klare Aussage führender Politiker wie der deutschen Bundeskanzlerin, dass diese Politik gescheitert sei, bezieht sich auf genau diesen unbalancierten Ansatz. Diese Einsicht gilt inzwischen lagerübergreifend, weil auch bei den Grünen und insbesondere in der Sozialdemokratie sehr deutlich von diesem „M-Wort" abgerückt wird. Der europäische Multikulturalismus hat sich nicht nur aus der Sicht der einheimischen Bevölkerung, sondern auch in der Perspektive vieler Immigranten als Integrationshindernis und damit als aufstiegschancenvermindernde Strategie erwiesen.

Was bleibt, sind allerdings Herkunftskulturen und Prägungen durch diese, die sich auch durch die besten Integrationswünsche nicht abschütteln lassen und, normativ gesehen, auch nicht abgeschüttelt werden sollten. Doch statt eines ideologischen Multikulturalismus bedarf es an dieser Stelle eher eine Art von interkultureller Kompetenzentwicklung, vielleicht auch einer Art von Diversitätspolitik oder eines Plurikulturalismus. Anders formuliert: die philosophisch-universalistische Großideologie musste rasch scheitern, be-

---

[103] Will Kymlicka, Testing the liberal multiculturalist hypothesis: Normative Theories and Social Science Evidence, Canadian Journal of Political Science, 43. Jg. 2010 H. 2, S. 257-271.

scheidenere Strategien der Öffnung, die durchaus bewusst einzusetzende Elemente aus der Palette solcher Einzelmaßnahmen enthalten können, die in Kanada angewendet werden, könnten aber durchaus wünschenswerte entspannende Wirkungen auf die Sozialbeziehungen haben.

Verantwortung als Grundbegriff politischer Ethik

Ein besonders interessanter Fall ist die Diskussion um das Thema der sogenannten *Verantwortungsethik*. Diesen Begriff hat Max Weber in seinem berühmten Münchner Vortrag „Politik als Beruf" aus dem Revolutionswinter 1918/19 in die Diskussion eingeführt.[104] Es erschien Weber anstößig, aus einer reinen moralischen Gesinnung heraus zu handeln, ohne dabei die Folgen zu bedenken. Der verantwortliche Politiker muss folgenorientiert handeln. Diese Überlegung hat sich heute weitgehend im politischen Diskurs durchgesetzt und wird von der politischen Rhetorik vor allem in zwei Fällen eingesetzt: wenn es gilt, aufgebrachte und sich über irgendetwas empörende Menschen zu beschwichtigen (schon Max Weber hatte sich gegen die „sterile Aufgeregtheit" gewendet und empfohlen, „dicke Bretter zu bohren"), und wenn es erforderlich ist, moralisch, inzwischen aber auch politisch falsche Handlungen zu rechtfertigen. Dazu weiter unten mehr. Über die Folgen können wir ja immer nur mehr oder weniger einleuchtende Vermutungen anstellen. Durch ihre Einbeziehung erhöht sich die Komplexität einer Situationsbeurteilung außerordentlich. Schlimmer noch, man gerät in Paradoxien: „Wenn verwerfliches Handeln gute Folgen haben kann, wie die Ökonomen des 17. und 18. Jahrhunderts uns versichern, und wenn umgekehrt die besten Absichten in Schlimmes ausarten können, wie man in der Politik sehen kann, dann stoppt die moralische Motivation sich selber. Soll die Ethik dann zu gutem oder zu schlechtem Handeln raten?"[105] Die herkömmliche Ethik hat versucht, dies streng auseinanderzuhalten. Wir kennen das Problem des Prinzen von Homburg, der durch befehlswidriges, leichtsinniges und verantwortungsloses Handeln zum Gewinn einer Schlacht beitrug. Dafür muss er nach einem alten Topos der Adelsethik bestraft werden.[106] Bei Heinrich von

---

[104] in Max Weber, Gesammelte politische Schriften, Hg. Johannes Winckelmann, Tübingen 5. Aufl. 1988, S. 505–560.
[105] Niklas Luhmann, Paradigm Lost: Über die ethische Reflexion der Moral, Frankfurt am Main 1990, S. 28.
[106] Niklas Luhmann, Soziologie des Risikos, Berlin und New York 1992, S. 170.

Kleist zeigt sich, wie dieser Topos aufgelöst wird: durch Sentimentalität und das Argument, letztlich komme es allein auf das Resultat an.

Ein zentraler Fall der neueren politischen und zeitgeschichtlichen Diskussion lässt sich mit Hilfe von Luhmanns Kategorien in ein neues Licht rücken, nämlich das Verhalten demokratischer Politiker gegenüber der Tyrannis. Heute neigt man dazu, von vornherein gleich auf die Verantwortung zu setzen. Geht es dann schief, hat zum Beispiel der Opportunismus und Geschäftssinn einiger Politiker jahrelang eine Diktatur stabilisiert und zur Marginalisierung der Opposition beigetragen, rechnet man die Folgen allerdings wieder aus der Kalkulation heraus und pflegt zu sagen, dass man nach seiner damaligen Einschätzung so hätte handeln müssen. Man hat der DDR-Regierung den Milliardenkredit gegeben, weiß heute, dass das falsch war, sagt aber, es sei „damals richtig" gewesen. Man hatte damals verantwortungsethisch im Blick auf die Folgen argumentiert, es zeigt sich aber, „dass es darauf gar nicht ankommt und dass die Entscheidung auch dann gelten wird, wenn es zu ganz unerwarteten, die Entscheidung als falsch erweisenden Entwicklungen kommt."[107] In der verantwortungsethischen Begründung steckt ganz offenbar der „Parasit der Paradoxie" (Luhmann), was den Philosophen, den Logiker, den Soziologen und auch den Moralisten gleichermaßen stört, was den Politiker aber freut, denn aus einer überzeugend dargestellten Paradoxie kann man alles folgern und jedes beliebige Handeln sowie notfalls später dessen Gegenteil rechtfertigen. Bärbel Bohley hatte aus diesem Problem gefolgert: „Verantwortungsethik gegen Gesinnungsethik nennen sie es. Dahinter versteckt sich doch nur die Meinung, dass der Zweck die Mittel heiligt."[108] Der Fall, dass die Folgen die Gesinnungsethik bestätigen und die Verantwortungsethik widerlegen, ist übrigens nicht so ungewöhnlich, wie man, eingeschüchtert durch die volltönende Verantwortungsrhetorik, glauben könnte. Die Ungewissheit der Folgen macht nämlich Handlungssituationen überkomplex, wenn man sie jederzeit in wirklich verantwortlicher Weise mitbedenken und einkalkulieren will. Wenn man die Folgen so oder so nicht absehen kann, ist es unter Umständen einfacher und richtiger, sich gleich an moralische Regeln zu halten. Luhmanns Kategorien erweisen sich gerade bei solchen Problemen als außerordentlich nützlich, weil sie jenseits der eingefahrenen Rhetorik stehen und den Blick für paradoxale Verknotungen öffnen.

---

[107] Luhmann, Soziologie des Risikos, a.a.O. S. 67.
[108] Bärbel Bohley, Der fatale Opportunismus des Westens, Deutsche Lebenslügen: Eine Antwort auf Antje Vollmers offenen Brief, FAZ 14. 3. 1992, S. 27.

Für Luhmann kam - da hatte er selbstverständlich eine ganz andere Position als Bärbel Bohley - weder eine Gesinnungs- noch eine Verantwortungsethik in Betracht[109], aber auch keine andere eindeutige Lösung. Seine Überlegungen zur Ethik münden in eine eher abwägende, ambivalente Position. Die moderne Gesellschaft ist keine moralfähige Agentur. Psychisch gesehen ist sie sogar eine „Zumutung", der aber „nicht über Konditionierung von Achtung und Missachtung abgeholfen werden kann".[110] Um diese Probleme zu entpersonalisieren, zieht er in Erwägung, vielleicht so etwas wie *Systemtherapie* auf die Politik anzuwenden. Aber dazu müsste man in die Politik selbst eingreifen und sich deren Imperativen unterwerfen. Luhmann gibt deshalb eine weitaus zurückhaltendere Empfehlung, nämlich einen engeren Kontakt zwischen Gesellschaftstheorie und Ethik anzustreben. Beide sollten Beobachterrollen gegenüber dem moralischen Diskurs einnehmen. Auf Versuche zur Moralbegründung sollte verzichtet werden. „Statt dessen könnten Soziologie wie Ethik davon ausgehen, dass es Moral immer schon gibt in einer Gesellschaft, in der es auch die Möglichkeit gibt, dies zu beobachten."[111] Die Differenz zwischen Soziologie und Ethik bliebe dann, dass die erstere abstrakten Theorieinteressen folgt, während die Ethik die Probleme moralischer Kommunikation in einer Weise analysieren müsste, „die sich selbst dem moralischen Urteil stellt".[112] Eine gewisse Skepsis auch gegenüber einer so verstandenen Ethik behält der Soziologe Luhmann bei, denn es könnte ja sein, dass die tatsächliche Ausdifferenzierung unserer Gesellschaft schon so weit fortgeschritten ist, dass die eingefahrene Routine des Beobachtens, Beschreibens und Unterscheidens von Beobachtungen, Beschreibungen und Unterscheidungen gar keine Ethik mehr zulässt. Wenn es bei aller Skepsis überhaupt ein Theorieziel Luhmanns gibt, dann ist es wohl, eine Art „zivilisierte Ethik" zu denken, sie sich darum bemüht, „im Kontext eines Überblicks über das Gesellschaftssystem sinnvolle Anwendungsbereiche von Moral zu spezifizieren".[113]

Der heutige Diskussionsstand zu diesem Thema lässt sich am besten so zusammenfassen: der Verantwortungsbegriff hat die Funktion eines Leitprinzips übernommen, weil er es ermöglicht, die allgegenwärtigen und in einer zunehmend vernetzten Gesellschaft immer wichtiger gewordenen Nebenfol-

---

[109] Niklas Luhmann, Ethik als Reflexionstheorie der Moal, in ders., Gesellschaftsstruktur und Semantik, Bd. 3, Frankfurt am Main 1989, S. 443.
[110] Ebenda.
[111] Ebenda S. 446.
[112] Ebenda S. 447.
[113] Ebenda S. 436.

gen ihrerseits wieder zuzurechnen und in die Handlungskalkulation aufzunehmen. Da aber eine wirkliche Zurechnung, wie Luhmann überzeugend gezeigt hat, an den Paradoxien des Zeitpunkts und an notwendig unzureichenden Informationen über die Zukunft scheitert, muss man die Rede von der Verantwortung eher als Ausdruck von Ratlosigkeit oder aber als Krisenphänomen ansehen.[114]

Doch der Verantwortungsbegriff hat wie alle konsequentialistischen, also von den Folgen her argumentierenden Ethikkonzeptionen, seine Tücken. Wer die Folgen als entscheidendes Kriterium in den Vordergrund rückt, gerät in Gefahr, die Würde und die Interessen der jetzt Lebenden ihnen unterzuordnen, also die Bedürfnisse, die Interessen und das Wohlbefinden der jetzt Lebenden einer unbestimmten Zukunft aufzuopfern. Es gehört zu den klassischen Vorstellungen einer biologistisch geprägten Generationenethik, dass jedes Opfer der jetzt Lebenden gerechtfertigt sei, damit unsere Kinder oder Enkel es einst besser haben. Die torfstechenden Siedler in den Hochmooren des Nordens kolportierten die Formel: „Der ersten Generation den Tod, der zweiten Generation die Not, der dritten Generation das Brot." In der Perspektive der heute vorherrschenden rationalen Entscheidungstheorie allerdings wird dies eher als heroisierende Überinterpretation einer einfachen Grundsituation angesehen werden müssen: Die Entscheidung, ins Moor zu ziehen oder irgendwo sonst im Inland oder Ausland einen neuen, riskanten Anfang zu wagen, muss nicht notwendigerweise aus dem Selbstaufopferungsmotiv erklärt werden. Es genügt, davon auszugehen, dass unmittelbare Not, Elend, Überbevölkerung und absehbare Chancenlosigkeit zu dem Wagnis gedrängt haben, so wie heute besonders mutige oder verzweifelte Afrikaner die lebensgefährliche Überfahrt nach Europa wagen, ohne im Augenblick der Entscheidung schon die mögliche Generationenfolge zu bedenken. Dann aber wäre es doch eine Entscheidung im ganz ureigenen Interesse. Die heroische Rhetorik würde nur die Tatsache überdecken, dass hier so etwas wie eine supererogatorische Leistung gemeint war: etwas, was man nicht einfordern kann, was als freiwillige Leistung aber Wertschätzung oder gar Bewunderung verdienen kann. Verlässt man also den Bereich der biologistisch-generationellen Rhetorik, dann schrumpft die Verantwortung für zukünftige

---

[114] Dazu neuerdings pointiert Ludger Heidbrink, Verantwortung in Zeiten der Ratlosigkeit. Zur Rolle des Verantwortungsprinzips in Prozessen der gesellschaftlichen Beratung, in: Lino Klevesath und Holger Zapf (Hg.), Demokratie – Kultur – Moderne. Perspektiven der politischen Theorie, München 2011, S. 221-236.

Generationen zu einer Art freiwilliger oder gar nur als Nebenprodukt der eigenen Interessenverfolgung erbrachten Sonderleistung. Der Mechanismus der stetigen Besserstellung und des Aufstiegs von Generation zu Generation hat sich seit dem Ende des zweiten Weltkriegs nicht nur verstetigt, sondern geradezu dynamisiert. Beinahe zuverlässig scheint es so zu sein, dass der Wohlstand der Nachfolgegeneration den der Eltern und Großeltern deutlich übertrifft.[115] Die traditionelle ethische Rhetorik hat sich aber gehalten, weil sie zum unreflektierten Topos und Versatzstück von Politikerreden abgesunken ist. Beim Umbau der Sozialsysteme von einer durch die aktuellen Einkünfte gedeckten Rente zu einem kapitalgedeckten System wurde argumentiert, dass mindestens eine Generation, nämlich die aktuell arbeitende, „geopfert" werden müsse, indem diese einerseits deutlich niedrigere Renten beziehe, andererseits aber schon erhebliche Rücklagen für die eigene zukünftige Rente bilden müsse. Die Verantwortungsrhetorik kann sicherlich in vielen Bereichen einen berechtigten Platz haben – im Feld der Generationengerechtigkeit allerdings muss sie als unangemessen gelten.

Der Skandal als Ort politischer Ethik

Skandale haben etwas Wildwucherndes, Unkontrollierbares. Sie können eskalieren wie Scheidungskonflikte, denn sie sind gekennzeichnet durch die Außeralltäglichkeit der nichtroutinisierten Situation. Skandale sind immer neu und überraschend. Sie treffen daher am schlimmsten solche Politiker, die wenig Erfahrungen mit derartigen Situationen haben. Skandalerfahrene Politiker wie Konrad Adenauer oder Franz-Josef Strauß dagegen wussten, dass Gelassenheit und die Souveränität eines gelegentlichen Rücktritts oder auch einer Absetzung vieles gleich in milderem Licht erscheinen lassen können. Bestimmte Typen von Skandalen, wie die Sexaffären Bill Clintons, haben seiner dauerhaften Popularität in der amerikanischen Bevölkerung in keiner Weise schaden können.

Aus der Sicht soziologischer Analyse gilt der Skandal als „der empirische Test auf die Macht der von vielen geteilten moralischen Gefühle."[116] Skanda-

---

[115] vgl. Stephen Moore and Julian Simon, It's getting better all the time, Washington 2000 mit einer Sammlung von 100 Statistiken zu Bereichen wie Gesundheit, Ernährung, Wohnen, Bildung, Umwelt, Armut, Sicherheit, Rückgang von Rassismus, Freiheit und Demokratieverbreitung etc.

[116] Karl-Otto Hondrich, Enthüllung und Entrüstung. Eine Phänomenologie des politischen Skandals, Frankfurt am Main 2002, S. 155.

le können immer dann auftreten, wenn es zu Grenzüberschreitungen der Geldsphäre Wirtschaft oder der Machtsphäre Politik kommt, wenn das Geld Entscheidungen kauft oder die Macht in korrupter Weise zum eigenen Vorteil eingesetzt wird. „Die moderne Moral ist eine Moral der Grenzziehungen."[117] So pointiert hat Karl-Otto Hondrich im Jahre 2002 die Grundthese aus Walter Reese-Schäfers „Grenzgöttern der Moral" aus dem Jahre 1997 zusammengefasst.[118] Bemerkenswert ist dabei, dass Wellen moralischer Empörung einen Machtkampf gegen das Geld ohne weiteres gewinnen können, weil eine momentane, allgemeine gefühlsmäßige Übereinstimmung zu herrschen scheint, so dass schließlich alle unisono die berühmte „rückhaltlose Aufklärung" fordern. „Einmal im Machtrausch des Skandals, gibt die kollektive Moral nicht Ruhe, bevor sie nicht auch der politischen Macht im engeren Sinn gezeigt hat, wer Herr im Hause ist. Fällt auf politische Kompetenz der Schatten einer moralischen Verfehlung, dann entledigt sich die Gesellschaft eher ihrer fähigsten Politiker als ihrer moralischen Gefühle."[119] Dies alles ist meist nur vorübergehend, für den Augenblick des moralischen Gefühlsüberschwangs so. Hondrich charakterisiert die Skandale als Augenblicksmacht. Nach dem Zyklus springt die moralische Feder wieder in den Latenzzustand zurück, die Gefühle selbst verschwinden zwar nicht, wohl aber „ihre jeweilige punktuelle Konzentration und Erregung."[120] Nach dem Skandal können sich neue Wege der Schmiergeldzahlung etablieren.

Allerdings lohnt sich ein genauerer Blick, denn der Soziologe beschreibt die Skandale zu sehr von ihrem Resultat her. Aus der Perspektive der Politik gibt es im Skandalzyklus häufig eine Peripetie, einen Umschlagpunkt. Wenn der Skandal sich entfaltet, ist keineswegs immer ausgemacht, wer die Übeltäter sind, ja nicht einmal, ob überhaupt eine Übeltat vorliegt. Am Niedergang und Fall des Freiherrn zu Guttenberg im Jahre 2011 zeigt sich, dass eine Mehrheit der Politiker, an ihrer Spitze die Kanzlerin, wie der Bevölkerung zunächst von einer lässlichen Sünde ausging. In die ersten Talkshows waren Verteidiger wie Kritiker Guttenbergs eingeladen, nur verstummten die Verteidiger nach und nach unter den harten Angriffen und den deutlichen und empörten Stellungnahmen der akademischen Elite. Die Bild-Zeitung hat den Baron noch lange verteidigt, im Grunde, bis es überhaupt nicht mehr ging. In

---

[117] Ebenda S. 157.
[118] Walter Reese-Schäfer, Grenzgötter der Moral, Der europäisch-amerikanische Diskurs zur politischen Ethik, Frankfurt 1997, Neuausgabe 2007.
[119] Hondrich, Enthüllung und Entrüstung, a.a.O. S. 161.
[120] Ebenda S. 161.

der ersten Reaktion auf eine Skandalinformation ist die Öffentlichkeit oftmals gespalten. In dieser Situation setzt ein Kampf um die Deutungshoheit ein, den die Universitäten als die einzige Instanz, die einen Doktortitel vergeben und entziehen kann, nachdrücklich durchzusetzen vermochten.

Auch in der Barschel-Affäre des Jahres 1987 war lange unklar, ob die verdeckten Aktionen seines Mitarbeiters Pfeiffer wirklich mit seinem Wissen und seiner Autorisierung vorgenommen worden waren, zumal der windige Täter, der die Affäre der Presse gegenüber aufdeckte, später auch Zahlungen von der Gegenseite erhielt. Hier eroberte die kritische Hamburger Presse eine Deutungshoheit, die in der Öffentlichkeit überzeugend wirkte, nachdem man Uwe Barschel bei einem falschen Ehrenwort ertappt hatte. Die Annahme einer von Emile Durkheims Moraltheorie geprägten Soziologie, einhellige Empörungswellen, denen sich niemand entziehen könne, würden kurzfristig durchs Land schwappen und die Macht der Moral beweisen, ist vorpolitisch. Durchweg findet in der Entfaltungsphase des Skandals ein Kampf um die Deutungshoheit statt, der häufig auch anders ausgehen könnte. Skandalisierungen sind nicht nur Grenzstein und Gegenmacht zur Welt der Politik oder Wirtschaft, sie sind immer auch Instrumente des Politischen selbst. Der Blattschuss auf einen Spitzenpolitiker der Regierungspartei ist immer auch ein Fest für die Opposition – sie darf nur nicht zu deutlich zeigen, wie sehr sie davon profitiert, weil die anmoralisierte Öffentlichkeit ihr sonst unlautere Motive unterstelle und ihren Verlautbarungen nicht mehr glauben wird. Sie ist auf die Presse und deren Recherchen angewiesen, die notfalls durch das Durchsickern von Informationen unterstützt werden. Die Presse ihrerseits profitiert durch Aufmerksamkeit und Auflagen; die erfolgreiche Aufdeckung eines Skandals eröffnet die Bahn zu den höchsten Weihen des Journalismus. Doch mit der folgenden These greift Karl-Otto Hondrich zu kurz: „Parteien und Presse haben also allen Anlass, die kollektiven Gefühle zu schüren. Sie können sie bedienen, aber machen können sie sie nicht."[121] Skandale sind nicht einfach da, sie sind kein bloßes Faktum, sondern erst Interpretationen machen eindeutige Schulzuweisungen möglich. Wenn Ehrenworte und Versicherungen gegeben werden, kommt es auf die Glaubwürdigkeit an. Manche scheinbar randständige Tatsachen werden überhaupt erst durch die Dynamik des Behauptens und Abstreitens relevant, weil sie die Glaubwürdigbestätigen oder untergraben. Oft kann die moralisierende Entrüstung erst an solchen Sekundärfolgen einer Skandalisierung ansetzen. Juristisch trainierte Politiker

---

[121] Ebenda S. 162.

streben daher in Skandalsituationen sehr gern die Einsetzung eines Untersuchungsausschusses an: nicht nur der Öffentlichkeitswirkung wegen, sondern vor allem deshalb, weil die Hoffnung besteht, einen Angeschuldigten vor dem Ausschuss zu einer fehlerhaften oder gar Falschaussage zu verleiten, womit dann auch bei einer zunächst eher lässlichen Ausgangsverfehlung ein harter Skandalisierungsgrund gegeben wäre. Hierzu besteht aufgrund der besonderen, von den Fairnessgeboten des Strafprozesses weit entfernten Rechtslage vor Untersuchungsausschüssen eine große Chance, denn eine Aussageverweigerung ist nicht vorgesehen.

Voll entfaltete Skandale sind voraussetzungsreiche politische Prozesse. Journalisten stoßen auf viele Dinge, die als Skandal angeprangert werden können, nur wenige davon werden veröffentlichungsreif, und bleiben dann oft, zum Erstaunen der Beteiligten, folgenlos. Interessierte Politiker spielen der Presse gern Informationen über die inner- oder außerparteiliche Konkurrenz zu, aus denen sich nur selten etwas entwickelt. Hondrich vermutet: „In neun von zehn Fällen, in denen eine hochrangige Verfehlung aufgedeckt und Skandal geschrieen wird, bleibt der von den Interessenten erwartete Flächenbrand der Entrüstung aus."[122] Ähnlich wie in der Konfliktforschung sollten auch einmal die zwar angeprangerten, aber nicht ausgebrochenen Skandale zum Gegenstand einer Untersuchung gemacht werden. Meist orientieren Forscher wie Journalisten sich nur an den Eisbergspitzen der Rücktritte oder Untersuchungsausschüsse und vergleichen diese miteinander. Aus der Sicht der politischen Ethik wäre es aber mindestens genauso interessant zu erforschen, ob die Vollentwicklung eines Skandals ausschließlich von der Marktmacht, den die Skandalisierung betreibenden Interessenten oder vielleicht, wie die durkheimsche Soziologie vermutet, von den ebenso willkürlichen wie irrationalen Empörungswellen abhängen, die aber doch, wie alle Kollektivreaktionen, nach bestimmten Gesetzmäßigkeiten nicht zur ablaufen, sondern auch wie Infektionen und Epidemien zum Ausbruch kommen müssten. Hier lässt uns der gegenwärtige Stand der Forschung im Stich, und wir sind, wie so oft im Feld der politischen Ethik, verwiesen auf einige normative Erwägungen.

Erstens: Es ist ein Grundirrtum naivmoralischer Betrachtungsweisen, die bei Skandalen auftretenden moralischen Empörungswellen schon an sich für gut zu halten. Die sich selbst für „gerecht" haltende Empörung ist dies nicht notwendigerweise. Sie kann instrumentalisiert werden, sie kann unverhält-

---

[122] Ebenda S. 161.

nismäßige und dadurch ungerechtfertigte Züge der Hysterie und Übertreibung annahmen, und sie kann künstlich oder geheuchelt sein. Eine externe Beobachterebene, die strukturell am ehesten in der Premiumpresse und in der Wissenschaft angesiedelt ist, muss dies im Verlauf und in der Nacharbeitung von Skandalen immer wieder prüfen. Dies, nicht die Empörungsreaktion selber, ist die Aufgabenebene, auf der die politische Ethik ihr Aufgabengebiet hat: sie ist die Reflexionsebene einer Moral, die fragwürdig, gefährlich und instrumentalisierbar ist. Selbstverständlich ist auch die politische Ethik nicht die reine oder höchste Instanz. Es geht vielmehr um ein Modell der *checks and balances*, der quasi gewaltenteiligen gegenseitigen Kontrolle durch die Einziehung unterschiedlicher, sich gegenseitig kommentierender Ebenen, die durchweg zugleich auch über typische institutionelle Verankerungen und professionelle Regeln verfügen, die ihnen die Orientierung in ihrem jeweiligen Feld einfacher machen.

Zweitens: Die elementare Freude darüber, einen Oberen oder Hochgestellten zu Fall gebracht zu haben, ist ebenfalls nur von bedingter moralischer Qualität. Eliten tendieren zur Verfestigung ihrer Vormachtstellung, deshalb ist ein gewisses Ausmaß an skandalinduzierter Elitenzirkulation durchaus wünschenswert. Ein Austausch eines sehr großen Teils der politischen Klasse ist in demokratischen Gesellschaften aber nicht unproblematisch, weil hierdurch oftmals Demagogen und fragwürdige Gestalten rasch nach oben gespült werden. Ein Beispiel wäre das System Berlusconi, das auf den Zusammenbruch des bisherigen italienischen Parteiensystems folgte.

Drittens: Da nur aus der Minderzahl von Skandalisierungsversuchen wirkliche politische Skandale mit realen Folgen, also mindestens Rücktritten oder Teilrücktritten folgen, hängt viel davon ab, wie die Skandalbeteiligten reagieren. Harte und massive Zurückweisungen von Anschuldigungen wirken oft arrogant, denn demokratische Wahlbürger erwarten von ihren Eliten ein gewisses Maß an Demut. Gerade die Anfangserklärungen müssen wohlüberlegt, tatsachengetreu und damit gut beraten sein, denn oftmals entzünden sich an ihnen erst die weiteren Raketenstufen der Skandalisierung. Kaum ein Politiker ist von jedem Makel frei. Gerhard Schröder wäre schon lange vor seiner Kanzlerkandidatur beinahe über eine vom VW-Chef bezahlte Flugreise zum Wiener Opernball gestolpert.

Viertens: Wenn der Skandal sich entfaltet, ist öffentliche Reue im richtigen Moment - natürlich immer abhängig von der politischen Kultur eines Landes und von der Persönlichkeit der Beteiligten - ein hilfreiches Mittel. Bill Clinton hat dies in der Lewinski-Affäre erfolgreich praktiziert. Bußfertigkeit wird in stärker säkularen Gesellschaften andere Formen annehmen, sie darf aber niemals geheuchelt erscheinen. Die Rückzahlung von Geldern oder die Begleichung von Rechnungen kann, wenn sie nicht zu spät kommt, die Wogen der Empörung wieder glätten. Sie kann aber auch als Schuldeingeständnis wirken und erst recht die öffentliche Dynamik anheizen. Es ist eine Frage des richtigen Augenblicks, und dies beweist in der Perspektive einer politischen Ethik, wie willkürlich und selber moralisch in keiner Weise gerechtfertigt und rechtfertigbar solche Prozesse ablaufen. Könner und sogenannte Instinktpolitiker vermögen es auch, Empörungswellen bis zu einer gewissen Größenordnung elegant zu übersurfen.

Fünftens: Nicht jeder Skandal ist einer. Ungerechtfertigte, strategisch eingesetzte und angestachelte Empörungsreaktionen wie z.B. die Proteste gegen einige dänische Mohammed-Karikaturen erfordern deutliche Gegenwehr. Dies gilt nicht nur gegenüber religiösen Fanatikern. Die Empörung über kritische, satirische oder abweichende Meinungen ist immer eine Gefahr für das fundamentale Grund- und Menschenrecht der Meinungsfreiheit. Abweichende, selbst falsche Meinungen dürfen Gegenstand der Kritik werden, niemals aber der Skandalisierung.

Sechstens: Sexskandale sind ein besonders beliebtes Feld von Skandalisierungen und durch die dort mögliche Mischung von Andeutungskommunikation und vielfältigen Formen von Diskretion besonders leicht inszenierbar. Ein Rückblick auf historische Fälle, auf den Eulenburg-Skandal im deutschen Kaiserreich, wo mit dem Vorwurf der Homosexualität eine politische Richtungsänderung durchgesetzt wurde, überhaupt auf die vielfältigen Diskriminierungen von Homosexualität oder von nichtehelichen Beziehungen, die man heute nur noch absurd findet, kann verstehen helfen, wie sehr moralische Maßstäbe, die scheinbar fest und schon dadurch gerecht oder gerechtfertigt erscheinen, in dynamischen Wandlungsprozessen begriffen sind. Wenn Heinrich Heine einst die Homosexualität August von Platens oder Maximilian Harden die von Philipp von Eulenburg skandalisierte, so fällt dies aus heutiger Sicht auf die Urheber zurück. Ihr Bild als kritische, aufklärerische Journalisten wird in Frage gestellt und sie erscheinen heute als Reproduzenten strafrechtlich relevanter sozialer Diskriminierungen. Wir dürfen uns nicht darauf zurückziehen, dass im 19. Jahrhundert einfach nur andere Maßstäbe galten. Eine politische Ethik hat immer auch einen Ausblick auf universelle Maßstäbe zu nehmen. Diese, man denke nur an die Hochschätzung homosexueller Beziehungen in der griechischen Antike, machten es schon damals unschwer erkennbar, dass haltlose und fragwürdige Gesetze am Werk waren. Wenn gesagt wird, dass Skandale der Durchsetzung guter Sitten förderlich seien, dann muss die politische Ethik jederzeit nach der Rechtfertigung solcher Sitten fragen.

Risikobewertung

Mathematisch-statistische Risikoberechnungen sind in Misskredit geraten, weil sie jahrzehntelang dazu gedient haben, die Restrisiken von Kernkraftwerken so klein zu rechnen, dass sie den Entscheidungsträgern als hinnehmbar erschienen. So haben die Studien der Gesellschaft für Anlagen- und Reaktorsicherheit ihre Grundannahmen so gewählt, dass die Unfallwahrscheinlichkeit 4 : 1 000 000 pro Reaktorjahr betragen sollte, also nur alle 250 000 Jahre pro Kernkraftwerk mit einem Umfall zu rechnen wäre.[123] Diese Kalkulationen sind politisch entscheidungsrelevant gewesen, basieren aber auf hypothetischen Annahmen, die offenbar die Risiken nicht zureichend einkalkuliert hatten.

Eine Risikoberechnung dagegen, die ausgesagt hätte, dass in einem Zeitraum von 1979 bis 2011, also innerhalb von 32 Jahren, drei schwere Kraftwerksunfälle, zwei davon mit massivem Austritt von Radioaktivität in die Umwelt, sowie eine Reihe von leichteren Betriebsstörungen auftreten würden, hat es nicht gegeben. Im Gegenteil, die Wahrscheinlichkeit solcher Umfälle wurde als vernachlässigenswert gering dargestellt. Die Berechnungen waren fehlerhaft, weil sie auf willkürlich eingeschätzten Basisdaten beruhten. Es hilft nichts, wenn Statistiker nun apologetisch erklären, ihre Berechnungen seien zwar richtig, aber es könne durchaus sein, dass diese wenigen zu erwartenden Ereignisse relativ eng innerhalb eines kurzen Zeitraums zusammenfallen und dadurch den Eindruck einer höheren Wahrscheinlichkeit erwecken. Das ist Spiegelfechterei, die über das Basisdatenproblem hinwegtäuscht, über das Statistiker nur ungern reden.

Da die drei Unfälle aus unterschiedlichen Ursachen und in unterschiedlich konstruierten Kraftwerkmodellen aufgetreten sind, zudem in kulturell wie strukturell radikal unterschiedlichen Gesellschaften, haben wir hier einen durchaus charakteristischen Querschnitt und können auf dieser Basis weiterrechnen. Dies haben die beiden Statistiker Göran Kauermann und Helmut

---

[123] dazu und zu den folgenden statistischen Daten Göran Kauermann und Helmut Küchenhoff, Nach Fukushima stellt sich die Risikofrage neu, FAZ 30. März 2011.

Küchenhoff getan, wobei sie den Unfall in Harrisburg nicht eingerechnet haben, weil die Schutzhülle trotz Zerstörung des Reaktorkerns intakt geblieben war. Wenn man also zwei Unfälle auf dreißig Jahre annimmt und dies durch die in den vergangenen Jahren weitgehend konstant gebliebene Zahl von weltweit 442 Kernkraftwerken teilt, ergibt sich eine Wahrscheinlichkeit von 1,5 : 10 000, und das ist eine um den Faktor 40 größere Unfallwahrscheinlichkeit als von der Gesellschaft für Reaktorsicherheit angegeben.[124]
„Vernachlässigt man den Unfall aus Tschernobyl und schließt nur die 325 westlichen Kernreaktoren in die Analyse ein, so verändert sich die berechnete Wahrscheinlichkeit auf einen Unfall je 10 000 Jahre. Das hört sich wenig an, heißt aber für Deutschland, dass wir in den kommenden zehn Jahren bei den 17 deutschen Reaktoren mit fast zwei Prozent Wahrscheinlichkeit einen Unfall erleben werden."[125] Diese Schätzung beruht auf den beobachteten Daten, unterliegt wegen der extrem kleinen Datenbasis allerdings einer hohen Schwankungsbreite und ist damit sehr ungenau. Kauermann und Küchenhoff nehmen eine Schwankungsbreite von minimal 4 : 100 000 und maximal von 5,5 : 10 000 an. Erschreckend dabei ist, dass die Zahl der Gesellschaft für Reaktorsicherheit von 4 : 1 000 000 außerhalb beider berechneter Konfidenzintervalle liegt, so dass erhebliche Zweifel an der wissenschaftlichen Validität dieser offiziösen Zahl angemeldet werden müssen.

Darüber hinaus ist das besonders Erschreckende an den Kernschmelzen im japanischen Fukushima erstens, dass ein seit langem an der japanischen Pazifikküste erwartetes Ereignis, nämlich ein besonders schweres Erdbeben mit Tsunami, eingetreten ist. Aufgrund der Plattenverschiebung werden schwere Erdbeben im Raum von Tokio etwa alle 70 Jahre erwartet. Da das letzte 1923 stattfand, war das jetzige überfällig und schon aus mechanischen Gründen der stärkeren Verschiebung entsprechend nachhaltiger. Die Kollegen von der Tokyo University hatten uns schon seit Jahren, wenn sie uns vom Flughafen abholten, mit Diskursen über das zu erwartende Erdbeben unterhalten. Zweitens ist erschreckend, dass der Kühlungsausfall bei Kernkraftwerken und Lagerbecken ja auch aus beliebigen anderen Gründen auftreten kann und allein schon ausreicht, eine schwere Explosion zu verursachen. Die Rede vom besonders unwahrscheinlichen Zusammentreffen extrem unwahrscheinlicher Ereignisse, mit denen die Statistiker vor uns brilliert hatten, ist in diesem Fall also völlig unangemessen gewesen. Ein Stromausfall im Zusammenwirken mit einem Ausfall der Notstromaggregate ist nun wirklich kein

---

[124] Zum Nachrechnen: 2:30:442=0,0001508.
[125] Kauermann/Küchenhoff, a.a.O.

undenkbares Ereignis und kann auch auf ganz andere Weise als durch ein Erdbeben verursacht werden, sei es durch Hochwasser oder die überraschenden Auswirkungen eines besonders extremen Winters.

Die Risikoberechnungen waren also nicht belastbar, was sich auch daran zeigt, dass keine Versicherung oder Rückversicherung das Risiko eines Atomkraftwerksunfalls zu übernehmen bereit war. Die Kraftwerke können allein deshalb betrieben werden, weil die jeweiligen Staaten, also ihre Steuerzahler, das Risiko übernehmen. Eine rein ökonomische Kostenkalkulation hätte den Betrieb nicht begründen können. Das Atomkraftproblem ist nach den Kriegsrisiken eines der gefahrenträchtigsten Gegenwartsprobleme, ist aber risikostrukturell so eindeutig, dass hierzu nicht mehr viel gesagt werden muss.

Statistiken können eine ungeheure Plausibilitätswirkung erzeugen und haben dann und nur dann in der politischen Rhetorik eine enorme Durchschlagskraft, wenn sich die Aussage auf einige wenige Punkte beschränkt. Reiht man Statistik an Statistik, werden die Abweichungen auffallen, die man mit unterschiedlichen Berechnungsmethoden und unterschiedlichen Basisdaten erklären muss, bis niemand mehr zuhört. Zum Beispiel werden die oben angegebenen stark schwankenden Konfidenzintervalle viele Leser schon zum raschen Weiterblättern veranlasst haben. Aus kurzen und knappen Ausführungen zu statistischen Ergebnissen jedoch werden wenige Botschaften mitgenommen und für „bewiesen" gehalten. Darauf basieren dann – auch und gerade in Fragen von Leben und Tod, also in der Medizin – weitreichende Kosten- und Grundsatzentscheidungen. Wenn durch eine Vorsorgeuntersuchung z.B. in einem Fall auf Tausend untersuchte Patienten ein Krebsfall diagnostiziert werden kann, wird diese empfohlen werden, obwohl es sein kann, dass bei mindestens einem weiteren Patienten eine Fehldiagnose gestellt wird, die dann zu einer unnötigen und gefährlichen Behandlung führt, sowie bei weiteren Patienten zur Beunruhigung und Verängstigung. Der Nutzen kostspieliger Vorsorgeuntersuchungen wird überschätzt. So sterben von 1000 Frauen, die eine Brustkrebsvorsorgeuntersuchung gemacht haben, vier an Krebs, von 1000 Frauen, die keine gemacht haben, fünf.[126] „Dänische Wissenschaftler um Peter Götzsche und Margarethe Nielsen hatten Untersuchungen ausgewertet, an denen mehr als eine halbe Million Frauen in Nordamerika und Europa teilgenommen haben. Sie belegten, dass die Erfolge der Mammografie eher enttäuschend sind: Wenn 2000 Frauen zehn Jahre regel-

---

[126] Vgl. Heike Le Ker, Deutsche überschätzen den Nutzen der Vorsorgeuntersuchung, Spiegel Online 11.8.2009.

mäßig am Brustkrebs-Screening teilnehmen, stirbt am Ende eine Frau weniger an Brustkrebs. Dieses Ergebnis allerdings wird mit vielen Fehlalarmen bezahlt. Die Auswertung der dänischen Wissenschaftler ergab: 10 von den 2000 regelmäßig mammografierten Frauen erhalten eine Brustkrebsbehandlung, obwohl sie gar keinen Brustkrebs haben. Und bei 200 der 2000 Frauen gibt es im Lauf von zehn Jahren mindestens einen Fehlalarm. Andere Studien kommen zu ähnlichen Ergebnissen."[127]

Die Todesrate bei Prostatakrebsuntersuchungen, bei denen der sogenannte PSA-Wert erhoben wird, unterscheidet sich zwischen der untersuchten und der nicht untersuchten Gruppe nur insignifikant. Daraus folgt, dass derartige Untersuchungen nicht sinnvoll sind, insbesondere wenn man das Risiko der Fehldiagnose und aus ihr folgender Operationen oder aber das Risiko vorzeitiger und unnötiger Operationen mit berücksichtigt. Die Ausgaben für Vorsorgeuntersuchungen liegen im Milliardenbereich, ein positiver Effekt ist kaum messbar. Dennoch glauben die meisten der Patienten und die Mehrzahl der Ärzte (die es besser wissen müsste) an den Nutzen dieser Untersuchungen.

Aus der Sicht einer politischen Ethik ist festzuhalten: Statistische Rhetorik ist ein erprobtes Mittel, falsche Beruhigungen, aber auch, wie im Fall vieler Krebsvorsorgeprogramme, falsche Erwartungen, auf jeden Fall aber immer Milliardenausgaben zu produzieren. Statistik wirkt offenbar auch auf diejenigen, die vorgeben, nicht an sie zu glauben. Eine oberflächliche, populistische Abwehrhaltung gegen Zahlen immunisiert nicht gegen deren subtilere Wirkungen. Da echte oder scheinbare zahlenfundierte Aussagen für politische wie für Alltagsfragen durchschlagen, scheint es unvermeidbar, auf Programme statistischer Aufklärung zu setzen, wie sie von Statistikern wie Walter Krämer, Gerd Gigerenzer und anderen versucht werden.[128] Nur wer Größenordnungen einschätzen kann, nur wer weiß, wann es durchaus sinnvoll sein kann, den Blick auch mal auf die absoluten Zahlen zu richten, wird den rhetorisch-demagogischen Strategien der Interessierten etwas weniger ausgeliefert sein.

---

[127] US-Gesundheitsbehörden ändern Mammographie-Empfehlungen, Spiegel online Wissenschaft 17.11.2009.
[128] Walter Krämer, Statistik verstehen. Eine Gebrauchsanweisung, Frankfurt am Main und New York 1992, ders., So lügt man mit Statistik, Frankfurt am Main und New York 4. Aufl. 1992, Gerd Gigerenzer, Das Einmaleins der Skepsis. Über den richtigen Umgang mit Zahlen und Risiken, Berlin 6. Aufl. 2009; Hans-Peter Beck-Bornhold, Der Schein der Weisen. Irrtümer und Fehlurteile im täglichen Denken, Reinbek 2003.

Kernthema Korruption: Empörung

Der große Bereich der Korruption hat 2011 erneut Aufmerksamkeit erregt, als bekannt wurde, dass die Vergabe der Fußballweltmeisterschaften durch die FIFA wohl auf Zahlungen an Fußballoffizielle beruhte. In Deutschland und den USA sind Parteispendenskandale bis hin in die höchsten Parteispitzen ein immer wiederkehrendes Muster. Auch die EU-Kommission ist von Korruptionsvorwürfen nicht verschont geblieben. Das sind nur die spektakulärsten Fälle, die jedoch zu einigen Reflexionen Anlass geben. Macht es Sinn, Korruption unterbinden zu wollen? Und wenn ja, mit welchen Methoden? Im Bereich der politischen Ethik kommt es vor allen Dingen auf Regierungshandeln an, also auf die Regierungsethik (*government ethics*). Der Weltfußballverband ist nur insofern von Interesse, als er in der Schweiz auf Grund des dortigen Vereinsgesetzes nicht nur in einem weitgehend steuerfreien, sondern offenbar auch in einem weitgehend rechtsfreien Raum agieren kann.

Korruptionsskandale sind zwar nicht so populär wie Sexskandale, aber auch hier stellt sich das Problem der genauen Definition und Abgrenzung. Wenn Geldscheinbündel in Millionenhöhe in einem schwarzen Koffer heimlich in der Schweiz übergeben werden, dann ist schon die äußere Symbolik so deutlich, dass es nicht unbedingt einer tiefergehenden Analyse bedarf. Wie aber steht es mit der Kaffeekasse der Polizeiwache? Und es ist bis heute nicht geklärt, warum genau im Jahre 1999 die gesamte EU-Kommission unter Jacques Santer zurücktreten musste. Wegen Korruptionsvorwürfen, das ist klar – aber welche konkreten Akte der Korruption sind eigentlich vorgeworfen worden, mal abgesehen von denen, die schließlich nachgewiesen werden konnten?

Die französische Kommissarin Edith Cresson jedenfalls, gegen die sich die meisten Korruptionsvorwürfe richteten, weigerte sich, als Jacques Santer sie, um die Kommission zu retten, zum Rücktritt aufforderte, mit dem Argument, die ihr vorgeworfenen Praktiken seien in der französischen Verwaltung üblich. Soweit wir uns in Frankreich darüber informieren konnten, sind sie in der Tat dort vielfach üblich und verbreitet, aber keineswegs erlaubt.

Damit sind wir bei einem entscheidenden Punkt, auf dem unsere ganze weitere Argumentation aufbaut, und der die Begründung enthält, warum unserer Meinung nach die Neuentwicklung einer politikwissenschaftlichen Teildisziplin, die wir Regierungsethik nennen würden, notwendig ist: es gibt verschiedene Kulturen der Korruption. In unterschiedlichen Ländern sind unterschiedliche Regelungen üblich. Es gibt Länder mit einem hohen Grad an bürokratischer Ineffizienz und Korruption, und solche, in denen die Bürokratien recht geräuschlos funktionieren und strengen internen Kontrollen und Regulierungen unterliegen. Das hat Gründe in Traditionen und Gewohnheiten. Vor allem aber hat es Konsequenzen.

Denn mit der Auskunft, man müsse andersartige Kulturen in anderen Ländern respektieren, also auch andersartige Korruptionskulturen, können wir uns nicht mehr zufrieden geben, weil es hier ja um ein Feld nicht nur der Kooperation, sondern sogar der gemeinsamen Quasi-Regierung Europas geht. Der Erfolg und die öffentliche Legitimation der Europäischen Union ist davon abhängig, dass die Bevölkerungen in den traditionell korruptionsärmeren nordeuropäischen Ländern nicht rebellisch werden und etwa den Ausstieg aus einer als korrupt und bürokratisch ineffizient verschrieenen gemeinsamen supranationalen Staatlichkeit verlangen. Das wird nicht anders möglich sein als durch Definition gemeinsamer Regeln und Standards, durch die Verwerfung unpraktikabler Überregulierungen und durch die Transparenz der Normen, die für alle gelten sollen.

Dann ergibt sich aber die Frage: warum sollen die Nordeuropäer nicht die offenbar ja lockereren südeuropäischen Korruptionsstandards übernehmen? Einige unserer Politiker, die unter der Last schwerer Anschuldigungen zu leiden haben, wären bestimmt dafür. Nun, so einfach ist das nicht. Es gibt die These, dass Helmut Kohl, hätte man ihn nach dem neuen italienischen Parteiengesetz beurteilt, 4-5 Jahre ins Gefängnis gemusst hätte, während es in Deutschland beim Skandal ohne strafrechtliche Folgen blieb. Das unmittelbare Delikt der illegalen Parteienfinanzierung oder des Verstoßes gegen das Parteiengesetz scheint zwar öffentliche Empörung hervorzurufen und kann insofern Anlass zur Vertuschung und zu den genannten Sekundärtatbeständen geben, war aber als solches selten strafrechtlich fassbar. Oft werden es dann sekundäre Delikte, wie uneidliche und eidliche Falschaussagen, die sich im Verlaufe der aufklärenden und abwiegelnden Diskussion ergeben.

Vor allem aber ergibt sich die Frage, was ist eigentlich besser? Strengere oder lockerere Regelungen? Warum soll man eigentlich für strikte Regelungen gegen Korruption sein? In der Politikwissenschaft vor allem der 60er Jahre war dieser Punkt nicht eindeutig beantwortet. In der damaligen funktionalistischen Schule haben einige Autoren, vor allem Samuel Huntington, die These vertreten, dass korrupte Praktiken vor allem in Entwicklungsländern zur Beschleunigung der Veränderungen und damit zum Fortschritt beitragen könnten. Sogenanntes „Speed money" könnte das ökonomische

Wachstum beschleunigen. Unterbezahlte Regierungsangestellte könnten durch Bestechungsgelder ihr Gehalt aufbessern und würden dadurch härter und mehr arbeiten.[129] Diese Theorien dienten lange Zeit als Begründung dafür, dass in Exportländern wie Deutschland Bestechungsgelder für ausländische Potentaten und Bürokratien steuerlich absetzbar waren. In Deutschland war das bis 1999 der Fall, bis dies vor allem auf amerikanischen Druck revidiert werden musste. Der Magdeburger Korruptionsforscher Roland Roth hat dazu die Bemerkung gemacht: wenn die Wissenschaft nicht frei wäre, sondern zur Verantwortung gezogen werden könnte, dann müssten wohl auch einige Politikwissenschaftler wegen der Folgen ihrer Theorien hinter Gitter wandern. Er meinte damit die entwicklungsökonomisch-funktionalistische Schule der Korruptionsforschung.[130]

Die Hauptannahme dieser in den 1960er Jahren prominenten Schule, dass Korruption die Modernisierung von Entwicklungsländern beschleunige, da sich mit Hilfe von Bestechungsgeldern schnellere und effizientere Entscheidungswege jenseits der teilweise nur rudimentären Bürokratien erschließen ließen, hatte sich in mehrfacher Hinsicht als hinfällig erwiesen: Zum einen konnten zahlreiche ökonomische Gegenbeweise für die Dysfunktionalität von Korruption vorgebracht werden. Zum anderen ließ sich mit dem funktionalistischen Ansatz weder erklären, warum das Korruptionsniveau verschiedener Entwicklungsländer so sehr variierte, noch warum es auch in entwickelten Ländern zu Korruption kam. In scharfer normativer und methodischer Abgrenzung zum funktionalistischen Ansatz wirkten politische Philosophen darauf hin, Korruption als Verstoß gegen Gerechtigkeitsprinzipien zu verstehen und somit ihre moralische Unhaltbarkeit zu beweisen.[131] Anknüpfend an Klassiker der politischen Philosophen wie Aristoteles, Machiavelli und Rousseau wurde Korruption als „Pathologie der Politik" etikettiert und

---

[129] Vgl. Mauro, Paolo: Corruption and Growth, The Quarterly Journal of Economics, Aug. 1995, S. 681-712; Huntington, Samuel: Political Order in Changing Societies, New Haven 1968; Leff, Nathaniel: Economic Development through Bureaucratic Corruption, American Behavioral Scientist, 1964, S. 8-14.

[130] Dazu: Heidenheimer, Arnold J./ Michael Johnston/ Victor T. LeVine (Hg.) (2002): Political Corruption. A Handbook. 3. Auflage. New Brunswick/ London; gemeint waren vor allem: Samuel Huntington, Political Order in Changing Societies. New Haven 1968 sowie Leff, Nathaniel (1964), Economic Development through Bureaucratic Corruption, in: American Behavioral Scientist, S. 8-14.

[131] Amitai Etzioni, Capitol Corruption: The New Attack on American Democracy. 2. Aufl. New Brunswick 1995.

als Zeichen des Staatszerfalls gewertet.[132] Vor allem wirtschaftswissenschaftliche Abhandlungen verfolgen das Ziel, den Verzerrungseffekt von Korruption für freie Märkte zu belegen.[133]

Speed Money kann geradezu zur Verzögerung führen, weil es nahe liegt, überhaupt erst künstliche bürokratische Genehmigungsverfahren aufzubauen und in die Länge zu ziehen, um das Bestechungsgeld abkassieren zu können. Ist das Zahlen von Bestechungsgeldern üblich, dann kann sich die Sitte etablieren, alles künstlich hinauszuzögern, bis das Bestechungsgeld gezahlt ist. Beide Seiten der Korruption, Geben wie Nehmen, tragen gleichermaßen zum angerichteten Schaden bei. Sind dagegen Bestechungsgelder ausländischen Firmen prinzipiell untersagt, dann sind Kostenstrukturen transparenter und es wird häufiger zu Geschäften kommen.

Empirische Forschungen zeigen, dass ein Index der bürokratischen Effizienz eine hohe Übereinstimmung von guter bürokratischer Effizienz mit wirtschaftlichem Wohlstand oder schnellem Wachstum zeigt, während Länder mit der geringsten bürokratischen Effizienz auch zu den ärmsten gehören.[134] Die NGO *Transparency International* hat einen Korruptionsperzeptionsindex aufgestellt, an dem diese Beobachtung sich überprüfen lässt. Wohlgemerkt: in diesem Index geht es nur um die Wahrnehmung von Korruption im öffentlichen Sektor, also bei Beamten und Politikern, die in Expertenbefragungen ermittelt worden ist – die realen Verhältnisse mögen anders sein. Die Korruption in der Wirtschaft wird nur erfasst, insoweit sie auf den Staat übergreift. Möglicherweise kommt das neuere globale Korruptionsbarometer von Transparency International den realen Daten näher, weil hier repräsentativer und bereichsspezifischer gefragt wurde und auch das Geschäftsleben und religiöse Organisationen einbezogen wurden – allerdings entsprechend in weniger Ländern und in Abhängigkeit von den jeweils die Befragung in den Ländern durchführenden Agenturen. Darüber hinaus werden die Länder regional so gruppiert, dass die eklatanten Differenzen zwischen einzelnen Ländern keine Rolle mehr spielen. Deshalb haben wir auf den Korruptionsperzeptionsindex als die verhältnismäßig verlässlichste und umfassendste

---

[132] Vgl. Carl Joachim Friedrich, Pathologie der Politik. Die Funktion der Mißstände: Gewalt, Verrat, Korruption, Geheimhaltung, Propaganda, Frankfurt und New York 1973; Dobel, J. Patrick (1978): The Corruption of a State, in: The American Political Science Review, 72. Jg, Nr. 3, S. 958-973.

[133] Vgl. u.a. Mauro, Paulo (1995): Corruption and Growth, in: The Quarterly Journal of Economics, 110. Jg., S. 681-712.; Rose-Ackermann, Susan (1999): Corruption and Government. Causes, Consequences, and Reform. Cambridge.

[134] Mauro, a.a.O. S. 687.

Quelle zurückgegriffen.[135] Grundsätzlich ist zu diesen Indizes festzuhalten, dass es sich naturgemäß nicht um harte Daten handeln kann, sondern nur um die Zusammenfassung von Experteneinschätzungen oder von subjektiven Urteilen der Befragten.

Schon ein oberflächlicher Blick auf diese Indizes zeigt, dass Wohlstand und Korruptionsvermeidung auf der einen Seite, Krieg und Korruption auf der anderen offenbar eng zusammenzuhängen scheinen, wenn man etwa von Ausreißern wie Italien absieht. Und auch dort betrifft die konkrete Korruptionserfahrung vor allem Süditalien, das verglichen mit dem reichen Norden ungewöhnlich rückständig ist und sehr viel weniger zum Bruttosozialprodukt als zum Spitzenplatz in der Transparency-Tabelle beiträgt. Das verdeckte Abzweigen von Geld macht das Wirtschaften offenbar weniger intensiv und weniger lukrativ. Preise bilden sich nicht offen, in der Konkurrenz, sondern durch undurchschaubare Beziehungen.

---

[135] Transparency International, Global Corruption Barometer, Berlin 2010.

Tabelle 1: Tabelle zur Wahrnehmung von Korruption[136], Stand Okt. 2010
10= wenig korrupt, 0= sehr korrupt

I	II	III	IV	V	VI	VII
9-10	7,5-9	5,5-7,5	4,5-5,5	3,5-4,5	2-3,5	0-2
Dänemark	Kanada	Chile	Südkorea	Malaysia	Malawi	Demokratische Republik Kongo
Neuseeland	Niederlande	Belgien	Mauritius	Namibia	Marokko	Guinea
Singapur	Australien	USA	Costa Rica	Türkei	Albanien	Kirgistan
Finnland	Schweiz	Uruguay	Oman	Lettland	Indien	Venezuela
Schweden	Norwegen	Frankreich	Polen	Slowakei	Bosnien	Angola
	Island	Estland	Dominica	Tunesien	Ägypten	Äquatorialguinea
	Luxemburg	Slowenien	Kap Verde	Kroatien	Tonga	Burundi
	Hongkong	Zypern	Litauen	Mazedonien	Algerien	Tschad
	Irland	Arabische Emirate	Macau	Ghana	Argentinien	Sudan
	Österreich	Israel	Bahrein	Samoa	Kasachstan	Turkmenistan
	Deutschland	Spanien	Seychellen	Ruanda	Bolivien	Usbekistan
	Barbados	Portugal	Ungarn	Italien	Indonesien	Irak
	Japan	Botswana	Jordanien	Georgien	Kosovo	Afghanistan
	Katar	Puerto Rico	Saudi-Arabien	Brasilien	Äthiopien	Myanmar
	Großbritannien	Taiwan	Tschechien	Kuba	Mongolei	Somalia
		Bhutan	Kuwait	Montenegro	Mosambik	
		Malta	Südafrika	Rumänien	Vietnam	
		Brunei		Bulgarien	Ukraine	
				El Salvador	Haiti	
				Panama	Iran	
				China	Libyen	
				Kolumbien	Nepal	
				Griechenland	Rußland	
				Peru	Kenia	
				Serbien	Republik Kongo	
				Thailand	Laos	

---

[136] Daten nach Transparency International Corruption Perception Index, Stand 2010. Es sind nicht alle Länder aufgeführt. In Spalte I gibt es aber wirklich nur noch 5 Länder, und Somalia ist das

Hier liegt ein entscheidendes Argument gegen Korruption. In Ländern mit hoher Korruption wird es fast allen Bürgern schlechter gehen, als es von ihrer Leistungsfähigkeit her möglich wäre. Ihr Wohlstand kann sich nicht entfalten. Auch das ist nicht allein eine wirtschaftliche Frage und keine reine Frage des Einkommens. Es ist vielmehr eine Frage der Gerechtigkeit und des Vertrauens. Die dauerhafte Verletzung von Gerechtigkeitsprinzipien wird bei denjenigen, die fleißig arbeiten und immer wieder erleben, dass andere mit unlauteren Mitteln sie überflügeln, Zorn und Wut erzeugen. Dies kann das gesellschaftliche Zusammenleben stören und zerstören. Das Vertrauen der Bürger untereinander wird gefährdet, ihr sozialer Zusammenhalt, und damit verbunden ihr Gefühl der Zuverlässigkeit und Verlässlichkeit. Für funktionierende Gesellschaften gilt: Der Klempner kommt wirklich, ohne dass man komplizierte Bestechungsrituale einhalten und seine persönlichen Beziehungen spielen lassen muss. Nur so kann man sich in einer Gesellschaft auch wohlfühlen. Fehlt dieses Vertrauen, herrscht gegenseitiges Misstrauen, wird ganz unabhängig vom materiellen Wohlstandsniveau das alltägliche Leben in einer Gesellschaft unerfreulich. Die staatliche Politik kann dazu beitragen, wichtiger noch aber ist die Entwicklung der Zivilgesellschaft, und ebenso wichtig ist die persönliche Haltung der Staatsdiener und der vielen Angestellten, auf die der öffentliche Dienst wie die Firmen angewiesen sind. Vielleicht sollte man deshalb Gerechtigkeit und Vertrauen unter den allgemeineren und schön altmodisch klingenden Begriff der gesellschaftlichen *Wohlfahrt* einordnen. Korruption reduziert nicht nur den materiellen Wohlstand, sondern auch die Wohlfahrt der Bürger.

Die Politikwissenschaft hat sich besonders für den auffälligen Unterschied zwischen Norditalien, speziell der Gegend um Mailand, die in der EU-Statistik reicher ist als Frankfurt oder Hamburg, und Süditalien interessiert, wo man in einigen Regionen noch auf dem Stand eines Entwicklungslandes sich befindet.[137] Die Antwort der Politikwissenschaft ist, dass im Norden Normen der Reziprozität und Netzwerke von Bürgerengagement bestanden hatten, z.B. in Zünften, Innungen, Gesellschaften zur gegenseitigen Hilfe, Kooperativen, Gewerkschaften und sogar Fußballklubs und literarischen Gesellschaften, während im Süden die sozialen und politischen Verhältnisse eher im Sinne von Thomas Hobbes vertikal, also von oben nach unten, strukturiert waren. Sowohl der Staat als auch der Markt funktionieren besser in

---

Schlußlicht.
[137] Eine der berühmtesten und meistzitierten Studien der gegenwärtigen Politikwissenschaft ist Robert Putnams „*Making Democracy Work. Civic Traditions in Modern Italy*", Princeton 1993.

Umgebungen, die bürgerschaftlich strukturiert sind. Die autoritäre Vertikalstruktur des Absolutismus produziert gegenseitiges Misstrauen und Im-Stich-Lassen, hierarchische Abhängigkeit und Ausbeutung, Isolation und soziale Unordnung, Kriminalität und Unterentwicklung. Verdacht und Korruption würden als normal betrachtet, Gesetzlosigkeit wurde erwartet, die Menschen in diesen Gemeinden fühlten sich machtlos und ausgebeutet. Die Beteiligung an bürgerschaftlichen Aktivitäten war dürftig.

Bürgerschaftlich entwickelte Regionen dagegen waren gekennzeichnet von einem dichten Netzwerk lokaler Vereinigungen, egalitären Politikmustern, durch Vertrauen und Gesetzestreue.[138] Die Befunde lassen eindeutig darauf schließen, dass auch positive Reformschritte im politischen System völlig unzureichende Ergebnisse hervorbringen können, wenn die zivilgesellschaftliche Grundlage nicht hinreichend entwickelt ist - abgesehen davon, dass auch die wirtschaftliche Entwicklung trotz aller staatlichen Anstrengungen und Subventionen dadurch gebremst bzw. verhindert wird. *Erfolgreiche Demokratien bedürfen einer politisch-kulturellen Grundlage.* Ihre Förderung, auch wenn sie im Bereich der selbstorganisierten Altenhilfe, der Gesangvereine[139] oder Basketballclubs zunächst weitgehend unpolitisch erscheint, kann zur sozialen Selbstorganisationsfähigkeit der Gesellschaft beitragen.

Korruption ist demnach keine reine wirtschaftliche Frage. Wir halten deshalb wenig davon, wirtschaftliche und politische Korruption voneinander zu trennen. Der Begriff hat immer eine doppelte Bedeutung, nämlich die klassische, wie man sie aus der Antike kennt, und die den allgemeinen Sittenverfall bezeichnet. Daneben gibt es den engeren der Bestechung und Bestechlichkeit. Korruption liegt dann vor, wenn eine verdeckte Seitenzahlung an einen Verfügungsberechtigten oder faktisch über eine Ware oder Leistung Verfügenden gezahlt wird, um diese billiger, leichter oder schneller zu bekommen. Gemeinhin handelt es sich dabei um einen im Verhältnis zum Waren- oder Leistungswert eher niedrigen Betrag, der allerdings demjenigen, der ihn entgegennimmt, hinreichend hoch erscheint. Korruption ist also ein Sonderfall des generellen Prinzipal-Agent-Problems, das darin liegt, dass im Zuge der Arbeitsteilung jemand gegen Gehalt im Auftrag und zum Nutzen

---

[138] Putnam S. 181f.

[139] Das Staunen des Empirikers beruht auf historischer Unkenntnis. Es ist ein unpolitischer und unhistorischer Irrtum, die populäre Musik zu unterschätzen. Zur Bedeutung der Sängervereine im Prozeß der europäischen Nationalstaatsbildung vgl. Schulze, Hagen: Staat und Nation in der europäischen Geschichte, München 2. Aufl. 1995, S. 189-209.

eines anderen handelt und illegalerweise dazu neigt, sein Gehalt zum Schaden seines Arbeitgebers aufzubessern. Ein ganz simples Beispiel wäre die Kassiererin im Supermarkt, die beim Einbuchen einige Waren übersieht und der jemand dafür einen Zehnmarkschein zuschiebt. Im Prinzip nicht anders zu bewerten ist das Verhalten von Mitarbeitern der Baubehörde, die Baugenehmigungen schnell und städtische Grundstücke billig an solche Bewerber abgeben, die wissen, wo und wie man die Schmiergeldzahlungen zu leisten hat.

Die Intransparenz dieser Zahlungen ist ein besonderes Problem – deshalb war das Verfahren zur öffentlichen Versteigerung von Mobilfunklizenzen keineswegs verkehrt, denn derartige Lizenzen waren bisher meist nach undurchsichtigen Regeln abgegeben worden.

Unsere Definition von Korruption lautet also: „Korruption ist das Verhalten von Personen mit öffentlichen und privaten Aufgaben, die ihre Pflicht verletzen, um ungerechtfertigte Vorteile gleich welcher Art zu erhalten oder zu vergeben.". Es handelt sich also um Amtsmissbrauch. Um Tacitus und der republikanischen Tradition der Korruptionskritik entgegenzukommen, könnte man noch den alarmistischen Aspekt ergänzen: „Korruption ist ein Verhalten, das die Normen des politischen Ordnungssystems, die für unerläßlich für dessen Aufrechterhaltung gehalten werden, verletzt und unterminiert."[140]

Dazu gehören dann alle praktischen Formen wie Bestechung, Betrug, Unterschlagung, Bereicherung im Amt, Schmiergeld, Ämterkauf, Günstlings- und Vetternwirtschaft, d.h. Nepotismus. Korruption geht also über Bestechung und Bestechlichkeit im engeren Sinne hinaus. Sie hat ihre Wurzel darin, dass über öffentliche Gelder verfügt wird, die meist in hohem Umfang vorhanden sind und durch Steuern eingenommen werden, die also auf viele Köpfe verteilt sind. Der vielköpfige Geldgeber wird als Einzelperson in nur geringem Maße geschädigt. Es ist ja durchweg das Geld anderer Leute, das in der Politik verteilt wird, und mit diesem pflegen die Verfügungsberechtigten gemeinhin besonders freigebig umzugehen.

Wenn dann noch hinzukommt, dass viele solche Einzelpersonen ihrerseits bestimmte Vorteile empfangen, z.B. als Gruppenprivilegien (die sogenannte steuerliche Absetzbarkeit und deren Auslegungsbreite, die sehr viele Steuererklärungen in die Grenzzone zur Kriminalität rücken lässt, ist hierfür ein typisches Beispiel), dann neigen sie in besonderem Maße zur Toleranz. Um den Tatbestand der politischen Korruption von anderen Gefahren, z.B. einem

---

[140] Beide Definitionen nach Noack, Paul: Korruption und Demokratie – eine perverse Beziehung, in Internationale Politik, Nr. 4, 1998, S. 37.

allgemeinen Sittenverfall, abzugrenzen, muss immer der Punkt der Vorteilsnahme bzw. Vorteilsgewährung, in der Politik aus öffentlichen Mitteln, in der Wirtschaft aus Mitteln des Prinzipals, hinzukommen. Um es noch einmal klar zu sagen: die Vergabe von öffentlichen Geldern an Freundinnen oder Geliebte gilt als korruptes Verhalten. Dagegen ist es keine Frage der Korruption, sondern der privaten Lebensführung, ob jemand, der oder die verheiratet ist, daneben noch Geliebte oder Freundinnen hat.

Die Einstellung derartiger Personen aus dem persönlichen Umfeld auf berufliche oder öffentliche Stellen ist korrupt. Dies ist zuletzt wieder an dem Skandal aus dem Jahr 2010 um die Verwendung der Abgeordnetenmittel im britischen Unterhaus deutlich geworden. Es gibt durchaus Rechtfertigungsargumente, weil viele Abgeordnete in ihrer unmittelbaren Nähe gerne solche Personen haben möchten, denen sie unbedingtes Vertrauen schenken können. Deshalb wird mitunter als zusätzliches Kriterium angefügt, dass eine derartige Einstellungspraxis nur dann verwerflich sei, wenn die eingestellte Person nicht über die entsprechende Qualifikation verfügt. Ist sie dagegen qualifiziert, würde nichts gegen die Einstellung sprechen. Dieser Punkt ist bis heute nicht ausdiskutiert. Wir neigen eher der strikteren Definition zu, wollen aber keine allzu jakobinischen Regeln befürworten, weil diese ihrerseits nur wieder zu einem Tugendterror führen würden, der darauf hinausliefe, dass man Menschen, die man kennt und schätzt, überhaupt nicht mehr einstellen darf.

Es kommt übrigens bei einer *politischen* Definition von Korruption nicht darauf an, dass durch sie vorhandene Rechtsnormen verletzt werden. Das ist die *juristische* Definition. Sie ist zu eng. In der Politik ist es im Gegenteil so, dass nach ihren Maßstäben und Kriterien die Rechtsnormen verändert bzw. neue Rechtstatbestände geschaffen werden müssen, wenn bestimmte Verfahrensweisen einer Administration als korrupt oder zumindest als Einfallstor von Korruption erkannt werden, die vorher straffrei waren. Die politische und vor allem öffentliche Definition ist vor der juristischen Definition, was Juristen oftmals nur ungern einsehen mögen. Entscheidend ist aber, wer die Gesetze macht und gibt, und das ist immer noch das Parlament, und keine Autokratie von Richtern.

Regierungsethik und Ethik-Codes

In Europa glaubt man – gegen alle Tatsachen und gegen alle Skandale – immer noch daran, dass bestimmte Regelungen der Regierungsethik sich sozusagen von selbst verstünden und deshalb nicht eigens kodifiziert werden müssten. Das ist typisch für eine erstarrte Gesellschaft von Hierarchien und Privilegien, in der zwar harte Normen gelten, die über Ausschluss oder Zugehörigkeit entscheiden, in denen man aber geneigt ist, diese Normen informell zu handhaben, d.h. nicht explizit mitzuteilen. Dadurch ergibt sich nämlich die Chance, diejenigen, die nicht dazu passen, aus heiterem Himmel auszuschließen, weil sie gegen irgendeine Regel verstoßen haben, ohne diese Regel selbst überprüfbar und rechtlich einklagbar zu machen. Anderseits kann man talentierte Aufsteiger, die die Normen und Regeln nicht beherrschen, dennoch je nach politischer Erforderlichkeit integrieren oder eben auch wieder stürzen.

In Einwanderergesellschaften wie den USA dagegen besteht die Neigung, die Regeln lieber klar und nachvollziehbar zu definieren. Jeder kann sie kennen, jeder Beamte liest sie bei seiner Einstellung durch und wird entlassen, wenn er dagegen verstößt, selbst wenn es für den Verstoß gute Gründe gegeben haben mag. Die Regeln werden dadurch formalistischer, aber eben auch der Willkür des Einzelfalls stärker entzogen. Das ist in einigen Fällen hart, in anderen Fällen aber durchaus gerechter. Deshalb sind die USA das Land der Ethik-Codes. Die Ausgangssituation ist das Bewusstsein, dass die Regeln für Regierung und Verwaltung eben nicht klar definiert sind, so dass Verstöße sich schon aus der Unklarheit über die geltenden Regeln ergeben müssen. Es kommt also darauf an, die Regeln für jedermann nachvollziehbar festzulegen und zu formulieren, damit hinterher keiner sagen kann, er habe es nicht gewusst.

Das ist ein durchaus kantisches Vorgehen, der von moralischen Normen ja verlangte, dass sie klar und verständlich sein müssten. Komplizierte Regelungen, die nur Experten richtig verstehen und auslegen können, oder Regeln des Herkommens, die eher rhetorisch nach der Durchsetzungskraft oder Lautstärke der Stimme bzw. der medialen Wirksamkeit Gültigkeit haben, gelten als konservativ. Liberal bzw. fortschrittlich sind solche Regeln, die aufgezeichnet, verständlich und nachvollziehbar sind, und zwar nicht bloß für Philosophen, Politikwissenschaftler, Juristen und andere Experten, sondern für den *common sense*, d.h. für jeden, der bei klarem Verstand ist, und auch für solche, die nicht in besonderer Weise intellektuell oder akademisch ausgebildet sind. Die Regeln müssen also klar und gegen spitzfindige, so-

phistische Auslegungen möglichst resistent sein. Ein Beispiel für solche Regeln ist in *Pinellas County*, Florida erlassen worden.[141]
Derartige Codes gibt es in den USA seit etwa 1924. 1961 hat Präsident Kennedy durch eine Regierungsanordnung die Bedeutung dieser Codes verstärkt. In der Folge des Watergate-Skandals kam es geradezu zu einer Welle von derartigen Codes. 1978 wurde ein „Ethics in Government Act" verabschiedet, der Regierungsethik als Aspekt öffentlicher Verwaltung ansah. Bis heute haben 36 US-Staaten derartige Codes angenommen. Umstritten ist bis heute, ob derartige Codes auf philosophischen Grundlagen beruhen sollten, oder auf professioneller Verantwortlichkeit, oder aber auf juristischen bzw. verfassungsrechtlichen Regeln, und natürlich die Frage, ob derartige Codes eher allgemein gehalten oder sehr detailliert sein sollten. D. h., sollten generelle Ideale festgehalten werden, oder aber quasilegale klare Sanktionen angedroht werden für den Fall des Verstoßes?[142] Die OECD hat vergleichbare Regeln für die öffentliche Verwaltung in ihren Mitgliedsländern entworfen.[143]

---

[141] Ein Beispiel für solche Regeln: „Wir, die Angestellten von Pinellas County als diejenigen, die öffentliche Dienstleistungen bereitstellen, und um Vertrauen und Zuverlässigkeit anzuregen, sind den höchsten Maßstäben persönlicher Integrität, Ehrlichkeit und Kompetenz verpflichtet.
Um dies zu erreichen, stellen wir offenes und zugängliches Regieren zu Verfügung, indem wir höflichen, responsiven Service für alle Bürger in gleicher Weise gewähren.
Akzeptieren wir ausschließlich genehmigte Zuwendungen für die Ausübung unserer Pflichten und lehnen respektvoll alle Angebote von Geschenken oder Vergünstigungen von denjenigen, mit denen wir dienstlich zu tun haben, ab.
Wir legen jeglichen tatsächlichen oder so empfundenen Interessenkonflikt offen und berichten über ihn.
Wir halten uns an alle Gesetze und Regeln, die für den County gelten und wenden diese unparteilich auf jederman an.
Weder erwarten wir noch nehmen wir an jegliche unangemessenen Einflüsse, Begünstigung noch persönliche Bevorzugung.
Wir nutzen die Finanzmittel des Verwaltungsbezirks effizient. Dazu gehören Materialien, Ausrüstung und unsere Arbeitszeit.
Wir respektieren und schützen die privilegierten Informationen, zu denen wir Zugang haben im Rahmen unserer Aufgaben, nutzen sie niemals um Kontroversen anzustacheln." Abgedruckt in Cooper, Terry L.: Handbook of Administrative Ethics, New York 1994, S.221f.
[142] vgl. Plant, Jeremy F.: Codes of Ethics, in: Cooper, Terry L.: Handbook of Administrative Ethics, New York 1994, S. 221-241.
[143] Grundsätze für eine Verwaltungsmoral im öffentlichen Dienst (Empfehlung der OECD Mai 1998):
Die folgenden Prinzipien wurden von einer Arbeitsgruppe entwickelt und vom Ausschuß der OECD für öffentliche Verwaltung diskutiert. Sie wurden auf einem Symposium am 4. und 5. November 1997 in Paris überarbeitet. Der OECD-Rat genehmigte sie am 23. April. 1998. Die OECD-Minister begrüßten die Empfehlung auf ihrer Jahresversammlung am 27./28. April 1998 und erbaten einen Bericht im Jahr 2000.

Worauf wir hinaus wollen, ist, dass wir in Europa ebenfalls klare Regelungen benötigen. Und zwar zum doppelseitigen Schutz: Einerseits muss der Souverän, also der demokratische Bürger, vor denjenigen geschützt werden, die seine Steuergelder zu verschwenden geneigt sind und ihre privaten Interessen über seine Bedürfnisse und berechtigten Erwartungen stellen. Andererseits müssen diejenigen, die öffentliche Ämter übernehmen, aber auch davor geschützt werden, dass plötzlich und nachträglich, sozusagen aus heiterem Himmel, an sie Erwartungen formuliert und Skandale erzeugt werden, mit denen sie nicht notwendigerweise hätten rechnen müssen. Wenn es Regeln und Codes gibt, dann wäre ihnen nur der Verstoß gegen diese vorzuwerfen, aber nicht die Verletzung von Normen, insbesondere im sexualmoralischen Bereich, die in diesen Codes keine Rolle gespielt haben. Durch die öffentliche Formulierung dieser Normen, die natürlich nicht zu schwammig sein darf, wird zugleich gewährleistet, dass über die politisch Tätigen kein Tugendterror nach dem Modell des französischen Jakobinismus oder der iranischen Revolution hereinbricht. Ein Staat, in dem man für eine tatsächliche oder vermeintliche Liebesbeziehung zum Tode verurteilt werden kann, ist ein verbrecherischer Staat, und eine Gesellschaft oder ein Land, die eine derartige Norm befürworten oder tolerieren, ist eine verbrecherische Gesellschaft.

Kodifizierte Regeln, die nachprüfbar sind, haben etwas elementar demokratisches; denn jeder kann sich auf den Wortlaut berufen, während bei informellen und traditionellen Regeln kein klarer Wortlaut vorhanden ist und das Wort der Weisen gilt. Das ist übrigens auch einer der Gründe für die

---

„Die moralischen Normen für den öffentlichen Dienst sollten eindeutig festgelegt sein.
Die moralischen Normen sollten ihren Niederschlag im Rechtssystem finden.
Den öffentlichen Bediensteten sollte eine moralische Anleitung geboten werden.
Die öffentlichen Bediensteten sollten ihre Rechte und Pflichten bezüglich der Aufdeckung von Verstößen kennen.
Das moralische Verhalten von öffentlichen Bediensteten sollte durch eine politische Verpflichtung auf die Moral verstärkt werden.
Der Entscheidungsprozeß sollte transparent und überprüfbar sein.
Es sollte eindeutige Leitlinien für die Interaktion zwischen dem öffentlichen und dem privaten Sektor gegen.
Die Führungskräfte sollten ein moralisches Verhalten vorleben und fördern.
Das moralische Verhalten sollte durch Regeln, Verfahren und Praktiken der Verwaltung gefördert werden.
Die Anstellungsbedingungen und die Personalführung sollten ethisches Verhalten fördern.
Im öffentlichen Dienst sollten angemessene Mechanismen der Rechenschaftspflicht vorgesehen werden.
Zur Ahndung von Fehlverhalten sollten geeignete Verfahren und Sanktionen vorgesehen werden."

Illegitimität des derzeitigen deutschen Steuerrechts, das in den meisten Punkten nur in der Auslegung durch Gerichte bzw. juristische Fachleute gültig ist. Sobald das Recht eine Komplexität erlangt hat, die nur Experten zugänglich ist, ist der interessegeleiteten Auslegung durch die juristische Klasse Tür und Tor geöffnet und es verliert an Akzeptierbarkeit durch den Steuerbürger.

Die größte Sorge aber der Korruptionskontrolle ist die, dass sie die Regierungsarbeit ineffektiv machen könnte, dass sie so unrealistisch sei, dass sie die Regierenden so sehr mit den Aufgaben der Umgehung und des Verbergens von Aktivitäten belaste, dass sinnvolles Regieren kaum mehr möglich sei. In der EU wird das Grundproblem so gesehen, dass alle Behörden nach den bürokratischen Standards der französischen Kameralistik mit mehrfachen Kontrollen und Gegenzeichnungen gestaltet sind. Jede EU-Generaldirektion aber, die handeln will und etwas Effizientes zu Wege bringen will, muss diese umgehen und verletzen. Dadurch entwickelt sich eine Kultur der Korruption und Umgehung, die in Frankreich selbst noch durchaus unschädlich sein mag, weil jeder Verwaltungsbeamte an sie gewöhnt ist. Wo aber in der EU französische Verwaltungsdoktrin und protestantische Ethik aufeinanderstoßen, wie das im Falle der Auseinandersetzung zwischen Edith Cresson und jenem holländischen EU-Beamten Paul van Buitenen der Fall war, scheitert dieser Modus. Selbst in Frankreich hat er wohl nur zeitweise und durch Gewöhnung funktionieren können.

Korruptionskontrolle kann die Verwaltung so ineffektiv machen, dass diese, um überhaupt etwas zu leisten, Kulturen der Umgehung sowie komplementär dazu verschärfter Kontrollen entwickeln muss. Das Ziel der absoluten Integrität kann also durchaus in sein Gegenteil umschlagen, nämlich an die Gewöhnung an die berüchtigten „unbürokratischen Maßnahmen", die im Falle von Unglücken und Katastrophen ja auch immer angekündigt werden und bedeuten, dass das Geld ohne viel Prüfung an diejenigen gezahlt wird, die mit berechtigten oder unberechtigten Forderungen aufwarten. Wer am frechsten fordert, bekommt bei solchen Gelegenheiten wohl auch am meisten. Die ehrlichen Opfer warten bis zuletzt. Man kennt das von den Erdbeben aus Italien, aber auch die Abwicklung der unbürokratischen Hilfe in Deutschland war nicht immer kritikfrei möglich.[144]

Viele Kritiker der EU-Kommission sagen inzwischen, dass die Gewöhnung an die Umgehung unpraktikabler kameralistischer Richtlinien eine der Hauptursachen der EU-Korruption gewesen ist. Das mag so sein. Entschei-

---

[144] Anechiarico, Frank and James B. Jacobs, The Pursuit of Absolute Integrity. How Corruption Control makes Government ineffective, Chicago und London 1996.

dend aber scheint uns, dass Korruption sich durch Kontrollen allein nicht wirksam bekämpfen lässt, auch wenn Kontrollen und Richtlinien unverzichtbar sind. Hinzukommen muss eine zivilgesellschaftliche Ablehnung von Korruption. Also eine Verankerung des Bewusstseins, dass Korruption schädlich ist und vor allem den unteren sozialen Schichten schadet. Korruption wirkt bekanntlich im Gegensatz zu einer progressiven Steuer, die mit höherem Einkommen ansteigt, als Regressivsteuer. D.h. die kleineren Einkommen und die kleinen Firmen werden am höchsten belastet, während Großfirmen die gezahlten Beträge leichter aufbringen können.

Wie ist mit Anschuldigungen der Veruntreuung von Geldern, des Abrechnungs- und Spesenbetrugs umzugehen? Hier sollte auch in der Politik die Regel gelten, dass bei unklaren Abgrenzungen zwischen privater und öffentlicher Nutzung, zwischen parteipolitischer und staatlicher Nutzung von Ressourcen im Zweifel für die Angeschuldigte gewertet werden sollte. Hierzu ist im Abschnitt über parlamentarische Untersuchungsausschüsse einiges mehr gesagt worden. Für die Angeschuldigten scheint umgekehrt als effektivster Ausweg aus einer Beschuldigungskrise angesichts der immer wieder neu erzeugten skandalisierenden Öffentlichkeitsstimmung eher das Gegenteil zu gelten: nichts abstreiten, alles zugeben und Reue zeigen. Die skandalsuchende Öffentlichkeit ist nun mal so etwas wie der ultimative Richter. Hier könnte vielleicht Nietzsche ironischer Hinweis an die frühen Christen hilfreich sein: „es ist besser, sich seine Schuld einzureden, als seine Unschuld, denn man weiss nicht genau, wie ein so mächtiger Richter gesinnt ist, - fürchten aber muss man, dass er lauter Schuldbewusste zu finden hofft! Bei seiner grossen Macht wird er leichter einen Schuldigen begnadigen, als zugestehen, dass einer vor ihm im Rechte sei."[145]

Gewissen: Die Vier

Das Ypsilanti-Jahr 2008 in Hessen war ein Jahr des Gewissens und stellt geradezu ein Lehrstück dar, an dem die Politik des Gewissens diskutiert werden kann. Vor der Hessenwahl im Januar 2008 war die sozialdemokratische Standardantwort auf die Frage, ob eine Koalition mit der Linkspartei möglich sei, eine klare Ablehnung gewesen. Nach der Wahl strebte die maß-

---

[145] Friedrich Nietzsche, Morgenröte, in ders., Sämtliche Werke. Kritische Studienausgabe, Hg. Colli und Montinari, Bd. 3, München 1980, S. 72 (Aph. 74).

gebliche Gruppe der hessischen Parteiführung entschlossen diese Koalition an. Zunächst stellte sich eine einzelne SPD-Abgeordnete dagegen, Dagmar Metzger. Sie wurde unter massiven Druck gesetzt und in der tribunalartigen Atmosphäre einer Parteiversammlung zur Rede gestellt. Sie blieb aber bei ihrer Position, bei einer Ministerpräsidentenwahl nicht für ihre Spitzenkandidatin Ypsilanti stimmen zu wollen, wenn diese auf die Stimmen der Linkspartei angewiesen sei. Dagmar Metzger sah dies als Gewissensfrage an.

Dabei kam es zu interessanten Debatten darüber, ob Gewissensfragen nicht auf bestimmte besonders herausgehobene ethische Probleme, wie z.B. Abstimmungen über die Abtreibungsfrage, die Kriegsdienstverweigerung oder vergleichbare, oftmals religiös aufgeladene Fragen beschränkt werden müssten oder sogar immer schon beschränkt gewesen seien. In solchen Frage herrschte oft ein Konsens der Parteiführungen, den sogenannten Fraktionszwang aufzuheben und den Abgeordneten die Abstimmung freizustellen. Bei einer normalen Ministerpräsidentenwahl aber könne und dürfe das Gewissen keine Rolle spielen. Der Wortlaut des Grundgesetzes und der hessischen Verfassung lautet aber anders, denn jede Frage kann zur Gewissensfrage werden, wenn sie nur in die entsprechende Zuspitzung gebracht wird. In diesem Fall war sie mit einem fundamentalen moralischen Akt, nämlich mit einem Versprechen verbunden. Dagmar Metzger hatte im Wahlkampf ein ausdrückliches und vielfach besiegeltes Versprechen abgegeben. Sie wurde hierbei durch ihre Lebensgeschichte und ihr familiäres Umfeld doppelt bestärkt. Aufgewachsen in Berlin, hatte sie die Teilung hautnah erlebt, auch als Teilung ihrer eigenen Familie. In Darmstadt schließlich war ihr Schwiegervater der ehemalige Oberbürgermeister Günther Metzger, Organisator des Seeheimer Kreises in der SPD und aktiver Vertreter einer antitotalitären Tradition in dieser Partei. Sie verstand sich mit ihm so hervorragend, dass er sie bei ihrem von Tür zu Tür geführten Wahlkampf gelegentlich begleitete und mit seiner immer noch gegebenen lokalen Prominenz für sie warb. Hinzu kam, dass sie als Abgeordnete nicht über die Landesliste in den Landtag eingerückt, sondern direkt gewählt worden war, die Wahl also zu einem erheblichen Teil auf ihr persönliches Engagement zurückführen konnte. Sie hatte gegen die amtierende hessische Kultusministerin Karin Wolff gewonnen.

Die empirische Politikwissenschaft weist immer wieder darauf hin, dass auf Bestimmungen wie im Artikel 38 des Grundgesetzes nur selten von Abgeordneten zurückgegriffen wird. Prozentual falle dies kaum ins Gewicht. Dennoch enthält die permanente Möglichkeit, sich auf den Satz: „Sie sind

Vertreter des ganzen Volkes, an Aufträge und Weisungen nicht gebunden und nur ihrem Gewissen unterworfen" zu berufen, eine massive Stärkung der Position der Abgeordneten. Die Formulierung im Grundgesetz ist die prägnanteste. Die hessische Verfassung ist in diesem Punkt etwas zurückhaltender und sichert in Art. 76 zu, dass jeder Abgeordnete „sein Mandat ungehindert und ohne Nachteil auszuüben." Art. 77 setzt hinzu, dass die Abgeordneten Vertreter des ganzen Volkes sind. Viele vertraten die Position, Dagmar Metzger hätte zwar ihrem Gewissen folgen dürfen oder sollen, hätte dann aber ihr Mandat niederlegen müssen. Dies schloss sie ausdrücklich aus, denn ihr Versprechen bezog sich ja nicht nur auf ihr persönliches Abstimmungsverhalten, sondern auf den Kurs der SPD. Wenn sie den Weg freigemacht hätte für einen Nachrücker, der für eine Linkskoalition war, hätte sie ja durch ihr Handeln genau das herbeigeführt, was sie durch ihr öffentliches Auftreten verhindern wollte.

Die Situation Dagmar Metzgers kann als die paradigmatische Gewissenssituation angesehen werden: eine einzelne Person steht auf gegen eine überwältigende Mehrheit, innerhalb derer, wie sich herausgestellt hat, auch einige schwankten, deren Aktivisten und Sprecher aber auf das heftigste verbal auf die Abweichlerin einschlugen. Die Parteiratssitzung am Morgen des 8. März 2008 wurde zu einem Tribunal, im Vergleich zu dem die Behandlung Martin Luthers auf dem Wormser Reichstag geradezu fair war, wenn wir der Schilderung eines Journalisten trauen dürfen, der dabei war. Die atmosphärischen Elemente einer Gewissenserforschung erscheinen uns außerordentlich relevant, weil sie klarmachen, dass die Berufung auf das Gewissen in der Politik kein Abstraktum ist, sondern zum konkreten Ort der Qualen werden kann: „Die Sitzung begann mit frenetischem Applaus für Andrea Ypsilanti, die den Saal mit ihrer Entourage erst betrat, als alle anderen schon da waren. Dann wechselte der Gefühlsstrom Farbe und Richtung und ergoss sich als endloser Schwall von Vorwürfen und Beschimpfungen über Metzger. Sauerei! Verrat! Parteischädigung! Sumpf! Schickimicki-Tante! Fährt in den Skiurlaub! Eine Abgeordnete verlangte, Metzger solle ihre Telefonverbindungs-Nachweise offen legen, damit man alle ausfindig machen könne, die mit ihr gesprochen hatten. Die Verräter! (...) Als fünfte oder sechste Rednerin bekam Dagmar Metzger Gelegenheit zur Stellungnahme, wurde aber laufend von Zwischenrufen unterbrochen. (...) Zaghaft zu ihren Gunsten sprachen Everts und Faeser, allerdings nur in einem allgemeinen Sinn, nämlich im Blick auf die Freiheit des Mandats. Das erforderte schon Mut. (...) Die Atmosphäre war hasserfüllt, beängstigend. Die hundert Personen in dem allzu engen Saal bildeten einen aufgewühlten Mob. (...) Es war eine Herzjagd auf Abtrünnige."[146]

Im Laufe des Jahres 2008 schlossen sich noch drei weitere SPD-Abgeordnete dem Vorgehen von Dagmar Metzger an, so dass es sich insgesamt um vier Abweichler handelte. Da Andrea Ypsilanti mit der Linkspartei und den Grünen ursprünglich auf zwei Stimmen Vorsprung hätte rechnen können, also auf die eine Stimme Dagmar Metzgers nicht notwendig angewiesen war, wurde nunmehr klar, dass es nicht gehen würde. Wäre zu den Vieren eine weitere Abgeordnete hinzugekommen, hätte die Abweichlergruppe eine eigene Fraktion bilden, möglicherweise mit der CDU koalieren und dadurch Neuwahlen verhindern können. Entsprechende Sondierungen führten aber zu nichts. Ein Bündnis mit der CDU, das in der Vorbereitung der ja spätestens innerhalb von fünf Jahren folgenden Landtagswahl auch die Gründung einer eigenen Partei als Abspaltung von der SPD hätte nach sich ziehen müssen, wäre auch mit den gewissensmäßig begründeten Positionen einiger der Beteiligten nicht vereinbar gewesen. Die öffentliche Berufung auf das Gewissen enthält ja auch eine Selbstfesselung der eigenen Handlungsoptionen. Je mehr man sich auf das Gewissen beruft, um so gefährdeter ist die eigene Glaubwürdigkeit, wenn im praktischen politischen Prozess dann unvermeidlicherweise doch wieder taktiert und finassiert werden muss. Es könnte sogar sein, dass eine so nachdrückliche und spektakuläre Berufung auf das eigene Gewissen nicht allein wegen der Rache der Mehrheit innerhalb der Partei, die diese Abgeordneten nicht wieder nominieren wird, sondern auch aus eigenen inneren Gründen in eine relative Politikunfähigkeit führt.

Welcher praktische Rat ist aus dieser Konstellation zu entwickeln? Die Meinungen der Praktiker hierzu sind geteilt. Hans-Jochen Vogel, der SPD Altvorsitzende, war der Auffassung, eine solche Entscheidung müsse auf jeden Fall offen und öffentlich diskutiert werden. Hans Apel, ein ebenso langjähriger Praktiker, hielt das Gegenteil für richtig: „Wieso? Die sind verrückt, wenn sie das offen machen."[147] Es hat Präzedenzfälle gegeben, was die Stimmverweigerung eines Parteimitglieds bei einer entscheidenden Ministerpräsidentenwahl angeht: In Niedersachsen, als der designierte SPD-Kandidat Helmut Kasimier nicht gewählt wurde, was zu einer langjährigen CDU-

---

[146] Volker Zastrow, Die Vier. Eine Intrige, Berlin 2009, S. 320ff. Zastrows Buch ist wesentlich mehr als eine Dokumentation, sondern basiert auf umfassenden eigenen Recherchen und Interviews dieses FAZ-Mitarbeiters.
[147] Zastrow, a.a.O. S. 404.

Herrschaft unter Ernst Albrecht führte, und in Schleswig-Holstein, als am 17. März 2005 in vier Wahlgängen ein hartnäckiger Stimmverweigerer die Ambitionen von Heide Simonis scheitern ließ. In beiden Fällen ist der Täter bis heute nicht bekannt. Nicht die Gewissensberufung, sondern die geheime Wahl war hier das Prinzip. In Hessen hatte man sich in der Vorbereitung der Ministerpräsidentenwahl vielerlei spekulative Gedanken gemacht, wie durch eine – illegale – Markierung der Stimmzettel sichergestellt werden könne, dass man mögliche Abweichler über die Person Dagmar Metzgers hinaus auf jeden Fall erkennen und zur Rechenschaft ziehen könne. Üblicherweise wird den Verdächtigen nahegelegt, eine besondere Tinte zu verwenden oder ein unauffälliges Zusatzzeichen auf dem Stimmzettel anzubringen, das dann von dem Parteimitglied im Präsidium oder der Zählkommission überprüft werden kann. Bald gab es auch den Vorschlag, die Abgeordneten könnten ja in der Wahlkabine durch ein Handyfoto belegen, dass sie „richtig" abgestimmt hätten und auf diese Weise das Wahlgeheimnis brechen. Das Landtagspräsidium hatte sich entsprechende Gegenmaßnahmen überlegt. Zu jenem Zeitpunkt waren die Fingerabdrücke und die DNA-Spuren noch nicht auf unseren Ausweisen gespeichert. Zukünftige Diskussionen werden voraussichtlich auch noch um diese Variante bereichert werden.

Die Konsequenz der verdeckten Abweichung war ähnlich wie bei der öffentlichen: Abweichler werden auf das Heftigste beschimpft. Ralf Stegner, der Hauptverdächtige im Fall Simonis, sprach von „ehrloser Schweinerei" und nannte die Abweichung in einem Brief „feige", „schäbig" und „charakterlos". In der Ypsilanti-Affäre 3 Jahre später haben die Medien ihn bevorzugt als Experten befragt. Er fand wieder die heftigsten Worte: „Ein solches Verhalten kann in keiner Partei geduldet werden" und fügte die Wertung „charakterlos und völlig niederträchtig" hinzu.[148] Die von vielen professionellen Politikern empfohlene Möglichkeit, vom Wahlgeheimnis Gebrauch zu machen und die eigene Entscheidung nicht öffentlich zu machen, ist allerdings nicht in jedem Fall gangbar, insbesondere dann nicht, wenn der Abstimmung lange Diskussionen und Auseinandersetzungen vorangegangen sind, aus denen man vermuten oder gar schließen kann, wer der oder die Abweichler gewesen sein müssen. Dies gab im hessischen Fall den Ausschlag für die öffentliche Behandlung der Gewissensfrage nicht nur bei Dagmar Metzger, sondern auch bei Jürgen Walter, denn diesem wurde seit seiner Niederlage gegen Andrea Ypsilanti in der Parteiabstimmung über die

---

[148] Zastrow, a.a.O. S. 103.

Spitzenkandidatur für die Landtagswahl nachgesagt, er sinne auf Revanche. So war klar, dass bei jeder undeklarierten weiteren Gegenstimme gegen Ypsilanti unterstellt werden würde, diese könne nur von Jürgen Walter oder aus seinem engeren Kreis kommen.

Wie sieht eine Bewertung dieses spektakulären Falles aus der Perspektive politischer Ethik aus? Es ist nicht so einfach, wie es scheint. Das Wahlgeheimnis, sowohl für Abgeordnete als auch für den Normalwähler, hat aus gutem Grund Verfassungsrang, denn nur so kann eine unbeeinflusste Stimmabgabe garantiert werden. Ohne dieses Geheimnis hätten wir ein imperatives Mandat. Die Abgeordneten wären sonst nur Marionetten ihrer Partei. Das Wahlgeheimnis ist ein hohes Gut, denn auch wenn behauptet wird, jeder könne in unserer freien Gesellschaft jederzeit frei seine Meinung sagen, zeigen die Alltagserfahrung, aber auch gerade dieser Fall, wie schwierig es sein kann und mit wie schweren persönlichen Konsequenzen es verbunden sein kann, in einer Entscheidungssituation, in der es auf jede Stimme ankommt, nachhaltige Bedenken zu äußern und Einwendungen zu machen. Alexis de Tocqueville hat bei seiner USA-Reise von 1831/32 sehr genau beobachtet, dass in dieser demokratischen Gesellschaft der Konformitätsdruck deutlich höher und bedrängender war als in Frankreich. Gegen diesen Konformitätsdruck sind Sicherungsmechanismen nötig, damit Minderheiten nicht rücksichtslos übergangen werden können. Der Meinungsdruck hat in der hessischen Affäre zum Teil sogar die Form von Mobbing und Psychoterror angenommen, so in der Äußerung der SPD-Aktivistin Ulli Nissen, im Mittelalter seien solche Leute „geteert, gefedert und geviertteilt" worden.[149] Frau Nissen bezeichnete eine der Abweichlerinnen, Carmen Everts, als Lügnerin und fügte hinzu, wenn Lügen kurze Beine hätten, dann mussten ihr „die Beine abfaulen".[150] Solche unkontrollierten Äußerungen sind verbale Aggressionen, die gerne als Ausbruch besonders gefühlsseliger oder gar offenherziger Personen verharmlost werden, aber in zugespitzten Situationen vor allem als wirkungsvolles Druckmittel zur Unterdrückung abweichender Meinungen dienen. Ulli Nissen führte ihre eigene unkontrollierte und (hass)gefühlvolle Art, sich zu äußerte, immer wieder als Beispiel dafür an, dass die freie Meinungsäußerung innerhalb der hessischen SPD doch jederzeit möglich sei, und dass sie es nicht verstünde, wenn drei der vier Abweichler sich so lange zurückgehalten hätten und nicht sofort mit ihrer abweichenden Meinung hervorgetreten seien. Doch diese Rednerin schwamm mit der Mehrheit und

---

[149] Zastrow, a.a.O. S. 65.
[150] Zastrow, a.a.O. S. 81.

erhöhte durch die Exaltation ihrer Äußerungen noch den Konformitätsdruck, während vorsichtig abwägende Äußerungen auf Murren, Ablehnung und Zwischenrufe stießen. Es ist schwer, einer solchen Atmosphäre mental standzuhalten.

Ein Plädoyer für Mut und Zivilcourage ist gegenüber solchen institutionellen Sicherungen unabdingbar, ist aber ohne institutionelle Sicherungen zu schwach. John F. Kennedy hat einen Band mit Porträts von Helden der Zivilcourage herausgebracht, um durch diese Vorbilder zu mehr Mut im öffentlichen Disput anzuregen.[151] Die Betonung der Heldenhaftigkeit ist aber ein deutlicher Hinweis auf die Schwäche dieses Konzepts. Nur die wenigsten Menschen sind Helden. Die hessischen Abweichler haben es immer wieder von sich gewiesen, in eine Heldenrolle gedrängt zu werden. Dazu passt auch, dass drei der Abweichler sich nach langem Zögern erst sehr spät zum Widerspruch entschieden und öffentlich erklärt haben. In der Diskussion wurde ihnen dieses immer wieder vorgeworfen: Eine Gewissensentscheidung müsse man sofort treffen und nicht erst nach langem Hin und Her. Doch gerade die quälend lange Dauer der Entscheidungsfindung kann ein Hinweis auf tatsächliche Gewissensqualen sein. Zur öffentlichen Berufung auf das eigene Gewissen wird man sich angesichts solchen öffentlichen Drucks erst dann nötigen lassen, wenn man in die Enge getrieben worden ist, wenn es gar nicht anders mehr geht.

Hieraus folgt, dass es keine moralische Verpflichtung geben kann, in solchen oder ähnlichen Fällen seine Position offenzulegen. Aber ist damit nicht das Demokratieprinzip verletzt? Hat der Wähler nicht Anspruch darauf, dass ihm gegenüber öffentlich Rechenschaft über das Stimmverhalten abgelegt wird? Ist das Wahlgeheimnis für Abgeordnete nicht auch eine Chance des verdeckten Stimmenkaufs, wie im Falle des konstruktiven Misstrauensvotums im Deutschen Bundestag gegen Willy Brandt im Jahre 1972, als ein CDU-Abgeordneter, wie sich später herausstellte, von der Stasi gekauft worden war? Der Abgeordnete Steiner jedenfalls, der damals für Brandt und gegen Barzel stimmte, hätte sein Verhalten nicht sehr überzeugend begründen können. Hier zeigt sich der Ambivalenzgrad politischer Ethik. Weder Strukturen noch Situationen sind immer so eindeutig, dass klare, moralisch richtungsweisende Antworten möglich wären. Es bleibt eine Abwägungsfrage, die allerdings in der Gesamtbeurteilung gerade wegen der Gefahr einer zentralisierten Konformitätssteuerung von Abgeordneten durch ihre Frakti-

---

[151] John F. Kennedy, Zivilcourage (Profiles in Courage), München 1983.

onsspitzen zugunsten des freien Mandats ausgeht. Davon unberührt ist, dass das Verhalten des Abgeordneten Steiner sowohl strafrechtlich (zum Zeitpunkt der Entdeckung allerdings war diese Tat verjährt) wie moralisch verwerflich ist, und dass hierüber relativ leicht Einigkeit zu erzielen ist.

Eine politisch-ethische Bewertung des Verhaltens der hessischen Abweichler ist demgegenüber schwieriger. Die entschiedene, aktive Berufung auf das eigene Gewissen, das durch das Wählerversprechen gebunden war, spielte vor allem bei Dagmar Metzger eine tragende Rolle. Ihre antitotalitären politischen Grundüberzeugungen verlangten von ihr ein Abstimmungsverhalten der eindeutigen Ablehnung der Linkspartei. Aber auch hier bleibt die Frage nach dem *respice finem*, nach den zu erwartenden Konsequenzen. Wenn aus dieser Gewissensbindung nicht das Ausscheiden aus der Politik folgen soll – und das wäre ja widersinnig, weil dann genau das eintreten würde, was Dagmar Metzger verhindern wollte, nämlich die Beteiligung der SED-Nachfolgepartei an der Regierungsmacht in Hessen, dann wäre, wenn eine Große Koalition aus dem Bereich des Möglichen gerückt war, nur die Abspaltung von der SPD und in der Folge die Gründung einer eigenen Partei der Weg gewesen. Eine Grundsatzentscheidung, die vor den Konsequenzen der eigenen Entscheidung Halt macht, ist nur eine halbe Sache. Wenn dies nicht gewollt wird, bleibt im Grunde nur der Rückzug aus der Politik und das Eingeständnis der Scheiterns, verbunden mit der ebenso faden wie fragwürdigen Genugtuung, dass in diesem Fall ja auch die andere Seite, nämlich die Führungsgruppe der SPD um Andrea Ypsilanti, gescheitert ist.

Politische Ethik hat als Verantwortungsethik immer nach solchen Konsequenzen zu fragen. Wir sind in der Politik immer auch für die – von uns möglicherweise durchaus ungewollten – Folgen und Nebenfolgen unseres Handelns verantwortlich und sind dazu verpflichtet, diese zu bedenken, insbesondere wenn dies in längerdauernden Entscheidungsprozessen auch technisch und zeitlich möglich ist.

Doch werfen wir einen Blick auf die andere Seite, auf den Wortbruch Andrea Ypsilantis, die ja vor der Wahl ebenso wie Dagmar Metzger erklärt hatte, ein Bündnis mit der Linkspartei zur Erlangung der Regierungsmacht komme auf keinen Fall in Frage. Die Wahlforscher stimmen darin überein, dass ihr unerwartet hohes Stimmenergebnis unter anderem auch auf diese deutliche Festlegung zurückzuführen gewesen sei. Nach der Wahl stellte sich die Situation anders dar. Eine große Koalition, allerdings unter der knappen Führung der CDU wäre möglich gewesen. Da man aber einen Wahlkampf vor allem gegen den CDU-Ministerpräsidenten Roland Koch gemacht hatte, kam aus der Sicht der hessischen SPD-Führung nur eine Ablösung Kochs, und damit eine Anti-Koch-Koalition in Frage. Die Option einer großen Koalition ohne Koch, die, wie aus CDU-Kreisen nachträglich angedeutet wurde, durchaus im Rahmen des Möglichen gelegen hätte, wurde nicht sondiert. Die FDP hatte durch ihre klare Koalitionsaussage zugunsten der CDU ein Anti-Koch-Bündnis ohne die Linkspartei ausgeschlossen. Hier kamen also mehrere Festlegungen und Gegenzüge in das Spiel, die nach einer Flexibilisierung und Auflösung, also einer wirklich talentierten politischen Führung verlangten. Stattdessen legte sich die SPD-Führung auf das Bündnis mit Linken und Grünen fest, trotz der Unklarheit über die Verlässlichkeit der Linksfraktion und trotz der bekannten Widerstände in der eigenen Partei, die letztlich den Ausschlag für das Scheitern gaben.

Unter dem Gesichtspunkt politischer Ethik ist der Bruch einer vor der Wahl gegebenen Zusage, jedenfalls wenn es sich um eine unter mehreren handelt, die, wie sich hinterher herausstellt, sich gegenseitig ausschließen, keineswegs von vornherein zu verurteilen. Andrea Ypsilanti wies darauf hin, sie habe die Ablösung der Regierung Roland Koch als Hauptparole im Wahlkampf vertreten und hätte schon deshalb nicht eine Koalitionsregierung unter dessen Führung ernsthaft in Erwägung ziehen können. Wenn die Erfüllung dieses Wahlversprechens nunmehr nur unter Bruch des anderen Versprechens, nicht mit der Linkspartei zusammenzugehen, möglich war, dann hätte dies eben in Kauf genommen werden müssen. Darüber hinaus war an eine Regierungsbeteiligung der Linkspartei nicht gedacht, sondern nur an ein Tolerierungsabkommen, das ermöglicht hätte, die Ministerinnenposten allein zwischen SPD und Grünen aufzuteilen.

In ähnlicher Weise hatte auch die Bundes-SPD im Wahlkampf 2005 gegen die von der CDU geplante Mehrwertsteuererhöhung um 2 Prozentpunkte als „Merkelsteuer" polemisiert, nach der Wahl aber um des höheren Ziels der Haushaltskonsolidierung und der Sozialpolitik willen sogar einer Erhöhung um 3 Prozentpunkte zugestimmt. Solche Brüche sind, wenn sie überzeugend erklärt werden können, nicht verwerflich, wenn die äußeren Bedingungen sich ändern und unerwartete Lösungen erfordern. Das war bei dieser Wahl, bei der auf eine CDU/FDP – Koalition gesetzt worden war, durchaus der Fall. Öffentlichkeit und Wähler sind oftmals durchaus bereit, dies als notwendige gegenseitige Zugeständnisse hinzunehmen, weil sie sich bewusst sind, dass Kompromisse zu einer erfolgreichen demokratischen Kooperation dazugehören.

Die Berufung auf ein Gewissen, das dieses nicht zulassen würde, bringt dagegen die Gefahr, genau dieses ausgleichende Kernelement der parlamentarischen Demokratie unter Bedingungen des Verhältniswahlrechts zu gefährden. Die Gewissensanrufung ist, wie Niklas Luhmann sagen würde, im Kern polemogen, also streiterzeugend. Wenn man sich erst einmal zu einer quälenden Gewissensentscheidung durchgerungen hat, sind keine Kompromisse mehr möglich. Wenn ein Teilnehmer des politischen Spiels eine Frage als Gewissensfrage deklariert, ist damit impliziert, dass er unabhängig von den Veränderungen äußerer Konstellationen auf jeden Fall an seiner Position festhalten muss, wenn er oder sie glaubwürdig bleiben will. Das Gewissen kann dann von einem minoritätsschützenden und Offenheit garantierenden Element der Verfassung zu einem vordemokratischen Moment des absoluten Richtigkeitsanspruchs werden. Das Festhalten daran macht die nötigen Adjustierungen, die immer mit Kompromissen verbunden sind, schwierig bis unmöglich, und schafft im Grunde eine vorbürgerkriegsartige Situation. Wenn vorhin die Schärfe der konsenserzwingenden Polemik kritisiert wurde, dann ist aus dieser neuen Perspektive nunmehr die Inflexibilität der Gewissensposition zu kritisieren. Wir sollten nicht vergessen: auf Luthers großes Gewissenswort folgten mehrere Religionskriege, die schließlich im Dreißigjährigen Krieg gipfelten. Die theologischen Differenzen, um die es gegangen war, erscheinen dem Außenstehenden müßig, jedenfalls den unbedingten Vernichtungswillen dieser Auseinandersetzungen nicht wert. Die Historiker betonen deshalb auch immer die Interferenz machtpolitischer Erwägungen. Dabei sollte nicht übersehen werden, dass die Grausamkeit und unerbittliche Härte dieser Auseinandersetzungen, auch ihre Unlösbarkeit, bis nicht die völlige Erschöpfung der Gegner erreicht war, doch wesentlich durch die religiöse Grundierung des Konflikts verursacht wurde. Dort, wo die Berufung auf das Gewissen nicht mehr Schutzklausel und Schutzmechanismus, sondern Kampfparole wird, kann sie sich zur menschengefährdenden Massenvernichtungswaffe entwickeln.

Die politische Ethik in der Demokratie ist deshalb wesentlich eine Ethik des Kompromisses. Der beißende, scheinbar überlegene Spott, den Kurt Tucholsky in der Weimarer Republik über deren Kompromisssucht ausgegossen hat, hat sicherlich seinen Teil zur Delegitimierung dieser Republik bei den linken Intellektuellen beigetragen. Kompromissunfähigkeit kann zur tödlichen Gefahr für die Demokratie werden. Gebietsabkommen können nicht abgeschlossen werden, wenn jeder Zentimeter als „heiliger Boden" erklärt wird, wie dies im Nahostkonflikt der Fall ist. Dann bleibt nur der durch Waffenstillstände nur aufgehaltene und unterbrochene Kampf bis zur Entscheidung.

Das Gewissen erscheint in dieser Perspektive dann als ein vordemokratischer, religiöser Überhang. Es gibt, angeregt durch zwei kluge Schriften Carl Schmitts, eine umfangreiche Diskussion über die Frage, ob wesentliche politische Grundbegriffe nicht auf säkularisierte Theologeme zurückzuführen seien.[152] Hier haben wir es mit einer umgekehrten Situation zu tun. Der Gewissensbegriff ist bis heute in seiner praktisch-politischen Verwendung nicht konsequent säkularisiert. Das wurde z.B. deutlich, als nach der Einführung der Kriegsdienstverweigerung aus Gewissensgründen dafür eine tribunalartige Gewissensprüfung für erforderlich gehalten wurde und dabei vor allem religiöse Gründe auf fraglose Anerkennung rechnen konnten, während konsequent säkular argumentierende Verweigerer mit Ablehnung zu rechnen hatten. Die Spruchpraxis wurde immer mehr verfeinert und der sich weiter säkularisierenden Gesellschaft zunehmend angepasst, im Grunde hat aber erst die Abschaffung der als peinlich empfundenen Gewissensprüfung und deren Ersetzung durch eine einfache Erklärung des Wehrpflichtigen hier Abhilfe geschaffen.

Betrachten wir die Abstimmungen des Deutschen Bundestages, bei denen die Fraktionen nach Art. 38 die Abstimmung ausdrücklich vom „Fraktionszwang" befreit hatten, lassen sich hier ähnliche Feststellungen machen. Zunächst waren es vor allem die religiös motivierte Abtreibungsfrage und ähnliche Entscheidungen, bei denen klar war, dass die Fraktionsführungen sich nicht über die religiöse Bindung der Abgeordneten hätten hinwegsetzen können. Später allerdings wurden auch ganz praktische Abstimmungen, wie die über die Verlegung der Hauptstadtfunktion von Bonn nach Berlin „freigegeben", die mit herkömmlichen Gewissensfragen nichts mehr zu tun hatten.

An dieser Stelle ist noch einmal ein genauerer Blick auf den Wortlaut des Art. 38 GG angebracht, denn die bisherige Diskussion könnte den Anschein erwecken, als sei das Recht eines Abgeordneten, von der vorgegebenen Partei- oder Fraktionslinie abzuweichen, daran gebunden, dass er Gewissensgründe hierfür geltend machen kann. Das ist zwar bei der Kriegsdienstverweigerung nach Art. 12a in der Tat der Fall, nicht aber in Art. 38, denn dort heißt es lediglich, Abgeordnete seien an Aufträge und Weisungen nicht gebunden. Sie können also ihre Entscheidungen nach den Kriterien treffen, die ihnen gut dünken. Wenn es weiter heißt, sie seien „nur ihrem Gewissen un-

---

[152] Carl Schmitt, Politische Theologie. Vier Kapitel zur Lehre von der Souveränität, 4. Aufl. Berlin 1985 sowie ders., Politische Theologie 2, 5. Aufl. Berlin 2010.

terworfen", ist damit ganz offensichtlich nicht gemeint, dass ihre Entscheidungen auf Gewissensgründen basieren müssten. Sie können durchaus auf pragmatischen Rücksichten, auf Gewohnheit oder was auch immer gründen. Es wird lediglich verlangt, dass sie ihrem Gewissen nicht zuwider handeln, d.h. nichts tun, was sie vor ihrem Gewissen nicht vertreten können. Das Gewissen ist nicht die leitende Instanz, sondern vielmehr ein letztes, individuelles und von außen nicht überprüfbares Kontrollinstrument der praktischen Entscheidung. Die meisten politischen Entscheidungen, die ein Abgeordneter zu treffen hat, werden sein Gewissen nicht berühren. Es könnte allerdings dann berührt sein, wenn er sich in einer ansonsten belanglosen Entscheidung durch Interessenten kaufen ließe, was darüber hinaus inzwischen auch strafrechtlich sanktioniert werden kann. Die Erinnerung an das Gewissen ist zu lesen als eine Ermahnung an die Abgeordneten, von ihrer Unabhängigkeit und Entscheidungsfreiheit, also ihrer Freiheit, von den Vorgaben ihrer politischen Organisationen abzuweichen, in verantwortungsvoller Weise Gebrauch zu machen. Die Formulierung, sie seien „nur" ihrem Gewissen unterworfen, impliziert auch, dass sie im Ernstfall eine Entscheidung durchaus allein mit sich selbst und mit niemandem anders ausmachen können.

Im Artikel 12a über die Kriegsdienstverweigerung liegen die Dinge anders. Hier ist in der Tat eine Verweigerung nur aus Gewissensgründen, also nicht aus pragmatischen Gründen möglich. Im Unterschied zu früher brauchen diese Gründe allerdings nicht mehr vor einem Ausschuss glaubhaft gemacht zu werden. Dieser Punkt wirft ein weiteres Licht auf das Gewissen: es ist von außen nur schwer bis gar nicht überprüfbar. Es wirkt im finsteren Inneren des Selbst, also im Sinne einer Art von Black Box. Da darüber hinaus jede Entscheidung, wenn sie nur hinreichend zugespitzt wird, zu einer Gewissensfrage werden kann, ist diese Black Box mit beliebigen Inhalten füllbar.

Die hessische Affäre ist so vielschichtig, dass sie uns Gelegenheit gibt, noch einen weiteren wichtigen Aspekt zu erörtern. Die letztlich vier sozialdemokratischen Abgeordneten, die nicht bereit waren zur Wahl einer von der Linkspartei unterstützten Ministerpräsidentin, waren innerhalb der hessischen SPD eindeutig eine Minderheit. Doch es wäre eine zu starke Vereinfachung, dies nur unter dem Aspekt des Minderheitenschutzes zu diskutieren, denn sie stießen offenbar sowohl bei der Mehrheit der Wähler als auch bei einer großen Zahl von Journalisten auf z.T. begeisterte Zustimmung. Formulierungen wie „die vier Aufrechten" oder „die phantastischen Vier" geisterten durch die Blätter und Online-Redaktionen, die „Welt" sprach von einer

„Sternstunde der Demokratie."[153] Der Grund hierfür: die Mehrheit innerhalb der hessischen SPD-Funktionäre und die Mehrheit der eigenen Wähler waren auseinandergedriftet. Die hessische SPD führte einen Sonderdiskurs, der sie von den Wählern zunehmend isolierte, was sich in einem nachhaltigen Rückgang der Stimmenzahlen zeigte, der durch die besonderen Umstände der Ypsilanti-Wahl und die Abnutzungserscheinungen der Regierung Roland Kochs nur unterbrochen worden war. Einige Beobachter führen das auf den nachhaltigen Einfluß der Generationskohorte der Nach-68er zurück, die eine Distanz zur Arbeitswelt der Handwerker, Arbeiter und Kleinbürger sowie eine unbedingte Empathie mit den Empfängern staatlicher Leistungen an den Tag gelegt hätten.

Die SPD, einst die politische wie wirtschaftliche Führungspartei in Hessen, entwickelte daraus die Tendenz, sich aus der Gesellschaft zurückzuziehen und den Kontakt auf die Gesinnungsgenossen innerhalb des eigenen Sympathisantenumfeldes zu beschränken.[154] Innerhalb der Partei führte dies zu Entwicklungen, welche die Minderheitsposition, in die die Abweichler geraten waren, recht überzeugend erklären: Zwar gingen die Stimmenzahlen der SPD zurück, die für die Niederlage Verantwortlichen aber wurden dadurch nur gestärkt, denn nach dem Prinzip der Listenwahlen kamen vor allen die vorderen Plätze, und damit die Repräsentanten der innerparteilichen Mehrheit zum Zuge. Mögliche wirtschaftsfreundliche und stärker wählerzugewandte andere wurden auf die hinteren Plätze verbannt und hatten bei zurückgehenden Stimmenzahlen nur die Chance, als Direktkandidaten in den Landtag einzuziehen, wie das im Falle von Dagmar Metzger und Silke Tesch der Fall war. Die Listen werden von der engeren Parteiführung festgelegt und dem Parteitag vorgeschlagen. Wer auf dem Parteitag eine Kampfkandidatur gegen einen Listenvorschlag wagte, erklärt sich von vornherein als Gegner der Führung und als jemand, der nicht mitspielt und nicht bereit ist, „sich hinten anzustellen", wie die Funktionärsformel lautet. Die spezielle Situation in der hessischen SPD hat Volker Zastrow so zusammengefasst: „Der Aderlaß begünstige die Vorherrschaft der Linken. Wenn in einer Partei ein Flügel übermächtig wird, stärken ihn deren Niederlagen bei allgemeinen Wahlen."[155] Die Parteienforschung sagt voraus, dass dies auf mittlere und längere Sicht den Niedergang der Partei durch Entfremdung vom Wähler beschleunigen wird. Der Mobilisierungseffekt gegen die CDU Roland Kochs und das

---

[153] Zastrow, a.a.O. S. 92.
[154] Zastrow, a.a.O. S. 68f.
[155] Zastrow, a.a.O. S. 73.

zunächst überzeugend wirkende „neue Gesicht" Andrea Ypsilantis hatten das im Januar 2008 noch durch einen beachtlichen Zustimmungserfolg etwas überdeckt, obwohl schon hier warnende Stimmen darauf aufmerksam machten, dass die 36,7% der SPD ihr bis dahin zweitschlechtestes Ergebnis in Hessen überhaupt gewesen waren. Ein weiterer Punkt kam hinzu: Wenn man nach der inneren Selbstgruppierung der sozialdemokratischen Landtagsabgeordneten in die linke „Vorwärts" und die eher pragmatisch orientierte „Aufwärts"-Gruppe nachzählt, dann waren 22 Parteilinke, auf den hinteren Plätzen bzw. über Direktwahl immerhin noch 20 sogenannte Parteirechte in den Landtag gekommen. Für die Stimmung entscheidend war der Aufschwung gegenüber dem Desaster der vorangegangenen Wahl von 2003 mit 29,1% und der erhebliche Stimmenverlust Roland Kochs, der als Sieg über die CDU gefeiert werden konnte.

Damit haben wir einen doppelten Befund: die innerparteiliche Minderheit steht in einem intensiveren Kontakt zur gesellschaftlichen Außenwelt als die von den Wählern entfremdete Mehrheit. Die innerparteiliche Schließung der Diskussion ist vom weiteren politischen Niedergang begleitet: In der vorgezogenen Landtagswahl 2009 setzte der Niedergang der SPD sich fort. Sie erreichte mit 23,7% einen erneuten Minusrekord, nachdem die Umfragen schon während des ganzen Jahres 2008 in den 25%-Bereich zurückgegangen waren. Unter dem Gesichtspunkt der politischen Ethik stehen hier zwei Regeln im Widerstreit: die innerparteiliche Solidaritätsregel, welche es gebietet, innere Differenzen nicht nach außen zu tragen, sondern in der Öffentlichkeit geschlossen aufzutreten auf der einen Seite, auf der anderen die Regel der Offenheit und des Eingehens auf andere Meinungen, weil nur so grobe Führungsfehler und die Abkapselung von der Gesellschaft vermieden werden kann. Diskussionsoffenheit ist ja nicht nur eine empfehlenswerte Tugendregel für eine politische Führungsgruppe, sondern eine Überlebensregel, wenn sie politisch mittelfristig erfolgreich sein will. In Hessen hat sich die erste Regel durchgesetzt. Volker Zastrow hat eine Hypothese darüber aufgestellt, warum dies so war: „Daß eine Partei sich so verkapseln kann, liegt letztlich an den Wahllisten. Diese Listen bestimmen nämlich, wer auch bei schlechten Ergebnissen in den Landtag oder Bundestag gelangt. Wer vorn auf der Liste steht, kommt immer ins Parlament – solange nur die Partei die Fünf-Prozent-Grenze durchbricht. Die SPD könnte ruhig noch weiter in der Wählergunst absinken, sagen wir auf 13 Prozent. Die ersten zehn Kandidaten auf ihrer Landesliste würden dennoch unweigerlich in den Landtag kommen. Von einem Wahlergebnis, das ihnen persönlich Sorge machen müsste, sind sie also ziemlich weit entfernt."[156] Wenn diese Hypothese zutrifft, ist die Aufstellung der Landeslisten ein Mechanismus der innerparteilichen Schließung, der umso stärker wirkt, je kleiner die Partei ist, denn bei relativ großen Parteien haben überzeugende Kandidaten von den hinteren Plätzen immer noch eine Chance, auch direkt gewählt zu werden. Eine Änderung der Aufstellungsmodalitäten der Kandidaten könnte also eine größere Bürgernähe der Parteien bewirken. Aber wie sollte eine stärkere öffentliche Beteiligung am Aufstellungsprozeß der Kandidatinnen aussehen? Könnten dann nicht z.B. auch Anhänger der Konkurrenzparteien dabei sein, die vielleicht für die weniger attraktiven, weniger aussichtsreichen Kandidaten eintreten, um die Chancen der eigenen Partei zu erhöhen? Solche Tricks werden aus einigen der Vorwahlkämpfe in den USA berichtet.

Mit einer anderen Möglichkeit wird seit längerem in Deutschland experimentiert: dem Kumulieren und Panaschieren, also mehr oder weniger komplexen Formen, mittels derer die einzelnen Wähler nicht nur ihre Parteipräferenz, sondern auch die Gewichtung ihrer Stimme für einzelne Kandidaten deutlich machen können. Dies ist bei Kommunalwahlen in einer Reihe von Bundesländern, auch in Hessen, möglich, nicht jedoch bei Landtagswahlen. Schon die Direktwahl der Bürgermeister in mittlerweile allen Kommunen hat einen anderen, eher öffentlichkeitsorientierten, eher populären Politikertypus gefördert, welcher sicherlich zur Lebendigkeit unserer kommunalen Selbstverwaltung beiträgt.

Im Ergebnis zeigt sich: die Zuspitzung dieses Konflikts auf einige wenige Abweichler und letztlich auf eine Gewissensfrage hängt auch damit zusammen, dass die institutionellen Mechanismen im Vorwege eine Entfremdung, eine Einkapselung, einen parteiinternen Sonderdiskurs hervorgebracht haben, der z.T. sogar sektenhafte Züge angenommen hat. Hier ist eine innerparteiliche Diskussion schon über einen länger zurückreichenden Zeitraum aus dem Ruder gelaufen. Die Berufung auf das Gewissen stand hier nicht am Anfang des Prozesses (das war bei Luther und der Reformation übrigens ganz ähnlich), sondern war das Ergebnis eines Prozesses, das allerdings an den meisten Peripetien dieser Entwicklung durch kluges Agieren noch hätte abgewendet werden können. Der Analyse- und Unterhaltungswert dieser hessischen Ereignisse hatte zweifellos seinen Grund in ihren tragischen Zügen,

---

[156] Zastrow a.a.O. S. 69f.

denn beide Seiten steuerten mit recht unerbittlicher Konsequenz auf die gemeinsame Katastrophe zu.[157]

Die differenzierte Diskussion der Gewissensfragen in der Politik führt damit letztlich doch zu einigen bemerkenswert eindeutigen Regeln für Praktikerinnen und Praktiker:

1. Auf das Gewissen sollte man sich nur im äußersten Notfall berufen, weil dann Kompromisse, das Lebenselement der Demokratie, erschwert werden.
2. Bei Art. 38 des Grundgesetzes handelt es sich um eine Regel zur Stärkung der Stellung des Abgeordneten gegenüber Fraktionsführung und Partei. Der Gewissensbegriff spielt dort keine tragende, sondern nur eine den Abgeordneten ermahnende Rolle, davon verantwortungsvoll Gebrauch zu machen.
3. Es ist immer hochriskant, die eigene Gewissensentscheidung nach außen zu kehren.
4. Umgekehrt können Formen von Gewissenskontrolle durch Tribunalisierung und insistierende Befragung politisch wie menschlich zerstörerisch wirken.
5. Es ist ratsam, das Wahlgeheimnis in jedem Fall zu wahren und zu schützen. Es handelt sich um ein so hochrangiges Recht, dass gelegentlicher Mißbrauch in Kauf genommen werden muß.
6. Es ist unklug, eine praktisch-politische Entscheidung so zuzuspitzen, dass einer Minderheit nur der Rückzug auf das eigene Gewissen bleibt.
7. Das Gewissen ist eher für das Binnenverhältnis der Person als für das Außenverhalten des Politikers eine geeignete Appellationsinstanz.

Was ist Zivilcourage?

Eine tiefergehende Erforschung zivilcouragierten Handelns kommt zu ganz anderen Ergebnissen als die meist mit Aufrufen verbundene Diskussion in den Medien. Es scheint nämlich, dass Zivilcourage weniger in der altruistischen Tugend guter Bürger besteht, die sich aufopferungsvoll für andere einsetzen, sondern vielmehr in einer Grundhaltung, einem Habitus. Man ist

---

[157] Eine stärker politikwissenschaftlich-theoretisch ausgerichtete Analyse der Rolle und Funktion des Gewissens in politischen Kontexten wird in der Dissertation von Christian Mönter vorgelegt.

zivilcouragiert, weil man so ist und so empfindet, weil man es für sich selbst und das eigene Selbstbild tut. Man protestiert, man widerspricht, aber im Grunde der Motivation nicht als Einsatz für andere, sondern, um mit sich selbst identisch zu sein. Die gründlichste Studie zu diesem Thema ist von Wolfgang Heuer vorgelegt worden.[158]

Ihm gelingt es, den Begriff „Zivilcourage" neu zu bestimmen. Heuer bezeichnet Zivilcourage als „Mut des Sprechens und Handelns", als „den Mut des Einzelnen, der sich in einer Minderheitenposition befindet" und der „mit den jeweiligen Ansichten und Verhaltensweisen" anderer in Konflikt gerät. Der Umfang der Zivilcourage ist laut Heuer dort besonders groß, wo ein hohes Maß an Abhängigkeit vorliegt oder der Konsens der Mehrheit besonders geschlossen wirkt. Zivilcourage zeichnet sich durch eine „humane Orientierung" aus, sie ist Ausdruck einer „zivilisierten Haltung" und unterscheidet sich dadurch von sportlichem oder militärischem Wagemut sowie von der Motivation, zum Beispiel terroristische Anschläge zu begehen.[159]

Er hat in einer ostdeutschen Stadt fünfunddreißig narrative Interviews mit Menschen geführt, die er selbst als oppositionell und eigensinnig charakterisiert. Mit sechs dieser Interviewten hat er zwei Jahre später je ein weiteres Gespräch sowie eine Gruppendiskussion verwirklicht. Sein Ziel war es dabei, die „jeweiligen habituellen Eigenarten der Beteiligten" zu untersuchen.

Heuers leitende These lautet, Zivilcourage sei – entgegen gängigen Auffassungen – nicht (notwendig) mit altruistischem Verhalten verknüpft bzw. altruistisch motiviert und es sei ein Fehler, Zivilcourage mit Altruismus gleichzusetzen. Weiter und umfassender kritisiert Heuer die geläufige Annahme, „moralische Gründe als Ursachen für couragiertes Handeln" anzunehmen.[160] Schließlich meint er drittens, Veröffentlichungen über Zivilcourage seien zumeist von dem Anliegen geleitet, „ein theoretisches, normatives Konstrukt"[161] vorzulegen, das couragiertes Handeln lehr- und lernbar macht. Damit würde von vornherein der Untersuchungsgegenstand unzulässig beschränkt und im Grunde zu einer Art von staatsbürgerkundlichem Projekt umfunktioniert.

Alle drei Thesen Heuers haben einiges für sich: ja, es muss begrifflich (möglichst) präzise zwischen Zivilcourage und Altruismus, aber auch zwischen Zivilcourage und bürgerschaftlichem Engagement, zwischen Zivilcou-

---

[158] Wolfgang Heuer, Couragiertes Handeln, Lüneburg 2002.
[159] Heuer, a.a.O. S. 10f.
[160] Heuer S. 13.
[161] Heuer S. 300.

rage und gesellschaftlicher Verantwortung unterschieden werden. Weiter hat Heuer recht, dass es sinnvoll sein könnte, zu untersuchen, ob couragiertes Handeln durch moralische Gründe oder auf andere Weise motiviert ist.

Wolfgang Heuer fasst Zivilcourage als Haltung oder als Habitus und stützt sich dabei im wesentlichen auf den Habitus-Begriff von Pierre Bourdieu. Die Besonderheit couragierten Handelns liegt nach Heuer weder in seiner Seltenheit oder in der Aktivität (gegenüber einem passiven Verhalten), noch darin, dass es den Menschen um ihre persönliche Wahrheit geht. Alles drei kann ihm zufolge auch auf nicht couragiertes Alltagshandeln zutreffen. „Was hier allerdings die couragiert von den nicht couragiert Handelnden unterschiedet, ist der Grad der öffentlichen Verteidigung oder Behauptung der eigenen Wahrheit", was „zu seiner Verwirklichung des Mutes bedarf".[162]

Indem Heuer couragiertes Handeln als Habitus darstellt, beschreibt er es als „nicht nur nicht voraussetzungslos, sondern auch nur schwer zu beeinflussen und zu verändern",[163] couragiertes Handeln sei nicht erlernbar, zumindest weder kurzfristig noch mithilfe theoretischer Ansätze. Allein spezifische Umstände einer Lebenswelt ließen das langsame Erwerben eines entsprechenden Habitus oder eine Habitusveränderung zu.

In seinem Fazit betont Heuer erneut, dass es sich bei dem Habitus couragierten Handelns nicht um Altruismus handle, sondern dass „die habituelle Entwicklung überwiegend in der Beziehung des Einzelnen zur vielfältigen Umwelt entsteht und dadurch geprägt wird". Damit eröffnet er einen Gegensatz zwischen einem gesellschaftlich geprägten Habitus und einem innerlich bestimmten Altruismus. Heuer betont das situative Element (im Unterschied zum zeitlich projektiven) couragierten Handelns und beschreibt es als ein Initiieren von Beziehungen zu anderen Menschen. „Zivilcourage als Mut des Sprechens und Handelns tritt in der direkten Beziehung zwischen Menschen zutage" schreibt Wolfgang Heuer.[164]

Damit konterkariert er Theorieansätze, welche die Zivilcourage heroisieren und sie auf Mut, Gemeinsinn und Orientierungsvermögen beruhen lassen.[165] Ihnen setzt er die Ergebnisse seiner Gespräche mit faktisch zivilcouragiert handelnden Personen entgegen, die weder über besonderes Urteilsvermögen, besondern Gemeinsinn noch z.T. auch Mut verfügten. Heuer

---

[162] Heuer S. 295
[163] Heuer S. 297
[164] Heuer S. 296.
[165] z.B. Simone Dietz, Die Bürgerlichkeit der Vernunft: Orientierung durch Zivilcourage, in: Dies. u.a. (Hg.), Sich im Denken orientieren. Für Herbert Schnädelbach, Frankfurt am Main 1996, S. 150ff.

vermag zu zeigen, dass das ausschlaggebende Motiv eher habituell ist. In einem Fall war dies so zugespitzt worden, dass ein Proband erklärte, er habe in den jeweiligen Situationen gar nicht anders handeln können. Das Handeln ist dann weder durchdacht noch auf seine Folgen hin berechnet. Es erfolgt nicht aus moralischen Erwägungen, sondern aus der Persönlichkeit heraus. Die „eigene Wahrheit", also Authentizität, erscheint wesentlich wichtiger als komplexe theoretische oder moralische Motivationsstrukturen. Den Reichtum der jeweiligen Erzählungen setzt er der Armut der entsprechenden Begriffe entgegen. Es gelingt ihm, anschaulich zu machen, dass seine Befragungsmethode ertragreicher und vielgestaltiger ist als eine bloße normative Reflexion aus der guten Absicht heraus. Heuer kritisiert, dass der Begriff der Zivilcourage sich sozusagen verselbständigt habe und nur noch ein abstraktes, normatives Konstrukt darstelle, das schließlich sogar in technokratischer Weise als lehrbar und lernbar angesehen werde. An der einschlägigen Literatur zeigt er, wie sehr die hohe Moral der Akteure, ihre Werte und Tugenden als Vorbild und Ansporn herausgestellt werden und die Welt in Anpasser und zivilcouragierte Retter aufgeteilt wird. Die behutsame Empirie seiner Befragungen zeigt demgegenüber, dass die zivilcouragierten Menschen keineswegs ein ideales Gegenbild zu den anderen, weniger couragierten Menschen darstellen. Sie leiden nicht nur unter Härte, Einsamkeit und Entbehrungen, sie fühlen sich nicht nur oftmals ausgeschlossen, sondern geraten vor allem auch immer wieder in Konfrontationen, deren Folgen sie nicht abschätzen können. Ihre „eigene Wahrheit" muss ja nicht richtig oder zutreffend sein. Im Grunde ist in allen analysierten Fällen das zivilcouragierte Handeln als arational anzusehen. Nicht zweckgerichtetes, sondern sozusagen ursprüngliches, existentielles Handeln ist die Ausdrucksform. Es ist darüber hinaus auf durchaus amoralische Erwägungen gestützt und zielt eher auf die Verteidigung der eigenen inneren Würde und der inneren Balance.[166] Es wäre ein methodischer Fehler, ein solches durchaus „schwaches" Handeln mit starken normativistischen Theorien zu überfrachten und künstliche Wertungen zu entwickeln, die den realen Verhaltensmustern nicht entsprechen und diese überfordern. Zu kritisieren sind vor allem die Verselbständigung und Instrumentalisierung der Begrifflichkeit zu einem technischen Wissen. Es kommt Heuer demgegenüber darauf an, Zivilcourage zu entmystifizieren und in seiner Hermeneutik die Lebendigkeit und Subjekthaftigkeit der Akteure aufrechtzuerhalten.

---

[166] Heuer a.a.O. S. 293.

Zivilcourage ist wünschenswert. Es wäre jedoch ein Fehlschluss, daraus die Schlußfolgerung zu ziehen, ein solches Verhalten könne in sinnvoller Weise zum Bestandteil des staatsbürgerkundlichen Lehrplans werden. Man kann Zivilcourage empfehlen, ermutigen und unterstützen, wird aber berücksichtigen müssen, dass Menschen sich von innen heraus, nicht unbedingt aus Altruismus, sondern aus Gründen ihres Selbstwertgefühls und ihrer Identität couragiert verhalten.

Ist Ungleichheit ein moralisches Problem?

Immanuel Kant bezeichnete die Ungleichheit unter Menschen „als reiche Quelle so vieles Bösen, aber auch alles Guten".[167] Hier ist nicht die Gleichheit vor dem Gesetz oder das gleiche Stimmrecht in der Demokratie gemeint, sondern die soziale Gleichheit. In der politischen Philosophie galt es jahrtausendelang, seit Aristoteles, als ausgemacht, dass Ungleichheit auf natürliche Unterschiede der Menschen zurückzuführen und daher nicht zu beanstanden sei. Erst Jean-Jacques Rousseau hat im Jahre 1754 eine bündige und massive Kritik jeglicher Ungleichheit vorgetragen und nicht mehr die Anlage, sondern das Eigentumsrecht für diese verantwortlich gemacht, also etwas künstlich Konstruiertes.[168] Das Naturrecht des 18. Jahrhunderts hielt alle Menschen für gleich – damit wurde, ganz unabhängig von keineswegs geleugneten natürlichen Unterschieden, im Grunde jede Art sozialer Hierarchie in Frage gestellt. Bei genauerem Hinsehen stellt sich heraus, dass es vier Formen der Ungleichheit gibt, zwei davon mit einer Wertung und Rangordnung verbunden, zwei andere dagegen eher wertfrei und nebeneinander ordnend:

---

[167] Immanuel Kant, Mußmaßlicher Anfang der Menschengeschichte (1786), in ders., Kleinere Schriften zur Geschichtsphilosophie, Ethik und Politik, Hg. Karl Vorländer, Hamburg 1973, S. 47-66, hier S. 60.
[168] Jean-Jacques Rousseau, Über den Ursprung der Ungleichheit unter den Menschen (1755), in ders., Schriften zur Kulturkritik, Französisch-Deutsch, Hg. Kurt Weigand, Hamburg 1983.

Weniger wertend, eher deskriptiv nebeneinanderordnend	Mit oftmals starken Wertungen verbunden
Natürliche Verschiedenheit des Aussehens, Charakters, der Interessen.	Natürliche Verschiedenheit der Intelligenz, der Talente, Kräfte und Willensenergie.
Soziale Differenzierung prinzipiell gleichwertiger Positionen im Sinne von Kooperation oder Arbeitsteilung.	Soziale Schichtung nach Ansehen und Reichtum als Randordnung des sozialen Status.[169]

Das Eigentum, nach Locke, Rousseau und Marx der Grund für soziale Ungleichheit, konnte nicht die letzte Antwort sein, denn es hat sich in Gesellschaften ohne Eigentum, mit denen seitdem experimentiert worden ist, herausgestellt, dass auch dann sich deutliche Rangordnungen des Ansehens und der sozialen Geltung ergeben. Ralf Dahrendorf hat sich deshalb vor 50 Jahren, nach den Erfahrungen der Gleichheitsgesellschaften, um eine schlichte soziologische Antwort bemüht, die darin besteht, dass jede Gesellschaft gewisse Verhaltensnormen formaler wie informeller Art aufstellt und diese mit Sanktionen verbindet. In der Rangordnung oben stehen diejenigen auf Dauer (gewisse Einschränkungen müssen gemacht werden, da Oberschichten einer vergangenen Epoche wie Adel oder Bürgertum ihre begünstigte Schichtposition noch eine Zeitlang erhalten können), die sich diesen Regeln konform verhalten. Wer von ihnen aus welchen Gründen auch immer abweicht, wird eine schlechtere Position einnehmen. In dieser Antwort sind für Dahrendorf zwei geschichtsphilosophische Konsequenzen impliziert: die Geschichte wird weitergehen, denn die weniger gut weggekommenen Gruppen in einer Gesellschaft werden sich um Regeländerung bemühen. Sie werden versuchen, ein Normensystem durchzusetzen, das ihnen einen ansehnlicheren Rang verspricht. Und zweitens: eine grundsätzliche Überwindung der Ungleichheit ist ausgeschlossen, weil jede, auch eine neue entstehende Schichtung die Explosivität der Unzufriedenheit der weniger gut Weggekommenen enthält.[170]

Diese Antwort muss deshalb als schlicht gelten, weil die Korrelation von Normenkonformismus und guter Position unzulänglich ist. Nicht jede Inno-

---

[169] vgl. hierzu Ralf Dahrendorf, Über den Ursprung der Ungleichheit unter den Menschen in ders., Pfade aus Utopia. Arbeiten zur Theorie und Methode der Soziologie, München und Zürich 4. Aufl. 1986, S. 355.
[170] Dahrendorf, a.a.O. S. 376-379.

vation muss auch zugleich eine sozialschichtungsbeeinflussende Regeländerung sein. Innovatives Denken enthält aber immer ein gewisses Maß an Abweichung. Die Ökonomie der Aufmerksamkeit innerhalb einer Gesellschaft belohnt ebenfalls bestimmte Formen und Arten von Abweichungen. Die Strukturierungen sind wesentlich komplexer – was Dahrendorf vermutlich auch nicht bestreiten würde, denn er hat für den Zweck seiner damaligen Antrittsvorlesungen einen bislang unterschätzten Aspekt pointiert hervorheben wollen. Ein weiterer Punkt ist einschränkend anzumerken: nicht jede Regeländerung, welche neue Positionsvorteile ermöglicht, muss ein Moment der Freiheit und der gesellschaftlichen Dynamik sein. Es kann sich auch um *rent-seeking* handeln, um das Streben nach einem durch politischen Druck, aber nicht durch irgendeine Leistung bewirktes anstrengungsarmes Einkommen. Regeländerungen sind typischerweise Ergebnisse sozialen Umdenkens oder politischer Maßnahmen. Soziale Gruppen, auch recht kleine, wenn sie nur schlagkräftig genug auftreten, können durchaus den öffentlichen Moraldiskurs oder den politischen Entscheidungsprozeß so beeinflussen, dass sie auf diese Weise Sondervorteile auf Kosten der übrigen für sich durchsetzen: „Wer Gleichheit fordert, will Privilegien."[171] Vielleicht wäre Dahrendorfs Antwort etwas komplexer ausgefallen, wenn er sich mit seiner These der Regeländerung zugunsten der B-Elite nicht heimlich, sondern offen auf Vilfredo Paretos Theorie der Elitenzirkulation gestützt hätte.

Das Lob der Ungleichheit, wie Kant und Dahrendorf es formulieren, hat einen bewusst paradoxalen Zug. Keiner dieser liberalen Theoretiker verlangt, sich mit ihr abzufinden. Im Gegenteil, die Ungleichheit soll ein Stachel bleiben, ein Moment des Antriebs und damit der Freiheit. Ein Stachel aber kann sie nur dann sein, wenn sie nicht akzeptiert wird. Eine Gesellschaft, die Gleichheit erzwingen wollte, würde nach Dahrendorf der Perfektion entweder des Terrors oder der absoluten Langeweile unterliegen, d.h. die erreichte Egalität wäre nicht nur unmöglich, sondern vor allem auch schreckenerregend. Kurt Vonnegut hat diese schwarze Utopie ein wenig ausgemalt: „Man schrieb das Jahr 2081, und jedermann war endlich gleich. Die Menschen waren nicht nur vor Gott und dem Gesetz gleich. Sie waren in jeder Hinsicht gleich. Niemand sah besser aus als der andere. Niemand war stärker oder schneller als der andere. (...) George, dessen Verstand weit überdurchschnittlich war, trug einen kleinen geistigen Störsender im Ohr. Er war gesetzlich verpflichtet, ihn ständig zu tragen. Der Apparat war mit einem Regierungs-

---

[171] Norbert Bolz, Diskurs über die Ungleichheit, München 2009, S. 29.

sender gleichgeschaltet. Ungefähr alle zwanzig Sekunden sandte der Sender ein scharfes Geräusch ab, um Leute wie George davon abzuhalten, dass sie aus ihren Geistesgaben unfairen Nutzen zogen."[172]

Von der Position einer entschieden rechtsliberalen Bürgerlichkeit aus hat Norbert Bolz dieses Denken der Ungleichheit weiter zugespitzt, indem er es auf die Gleichheitsimplikationen des Begriffs der sozialen Gerechtigkeit übertragen hat. Genauer gesagt wirft er einem großen Teil des gegenwärtigen Diskurses über soziale Gerechtigkeit vor, Ungerechtigkeit mit Ungleichheit zu verwechseln. Im Sinne von Kant und Dahrendorf schreibt er: „Ungerecht ist nämlich nicht die Ungleichheit, sondern das, was motivierte Menschen am Aufstieg hindert."[173] „Armut und Unglück sind in der Regel keine Ungerechtigkeiten, sondern Übel."[174] „Der vorsorgende Sozialstaat operiert mit drei Kurzfehlschlüssen: er schließt von Ungleichheit auf Benachteiligung, von Benachteiligung auf soziale Ursachen und von sozialen Ursachen auf paternalistische Maßnahmen."[175] Der etwas aufgeregte Tonfall dieser Bolzschen Sozialphilosophie sollte nicht darüber hinwegtäuschen, dass er ein klassisches, nämlich ein Problem Alexis de Tocquevilles berührt: die Gefährdung der Freiheit im Zeitalter der Gleichheit: „Wir können das gute Leben, das uns die moderne Gesellschaft ermöglicht, nicht leben, solange wir noch an Rousseau glauben."[176]

Hinter den scheinbaren Gerechtigkeitsfragen im sozialen Bereich verbirgt sich sehr häufig ein implizites Gleichheitspostulat. Das ist selbst in der Theorie der Gerechtigkeit von John Rawls so, dessen ingeniöses Differenzprinzip, demzufolge soziale Ungleichheiten dann gerechtfertigt sind, wenn sie im Prinzip allen zugutekommen, damit die Forderung der Gleichheit als begründungslose Selbstverständlichkeit einfach voraussetzt. Rawls setzt immerhin, der Argumente Tocquevilles und anderer eingedenk, die Freiheit als das erste seiner beiden Gerechtigkeitsprinzipien vor dieses Differenzprinzip, so dass er durchaus als liberaler Theoretiker angesehen werden kann, insofern als er rechtliche und politische Gleichheit mit einer Rechtfertigung sozialer Ungleichheit verknüpft.

---

[172] Kurt Vonnegut, Harrison Bergeron. In ders., Geh zurück zu deiner lieben Frau und deinem Sohn. Erzählungen, Reinbek 1974, S. 10.
[173] Norbert Bolz, Diskurs über die Ungleichheit, München 2009, S. 11.
[174] Bolz, ebenda S. 12.
[175] Bolz, ebenda S. 17.
[176] Bolz, a.a.O. S. 171.

Respekt als archaische Formel

Die Kategorie des Respekts ist in der politischen Philosophie vor allem durch den israelischen Philosophen Avishai Margalit und in der politischen Soziologie durch Richard Sennett in die Argumentation eingebracht worden.[177] Respekt wird in unseren Gesellschaften meist als symmetrische Kategorie der gegenseitigen Anerkennung mißverstanden. Es handelt sich aber eher um einen archaischen Begriff, der die Anerkennung des Höhergestellten verlangt, und zwar normalerweise in Situationen, in denen dies durch einen sozialen Wandel oder schlicht durch einen Fehler desjenigen, der auf den nötigen Respekt hingewiesen wird, nicht als selbstverständlich vorausgesetzt werden kann. So ist es kein Zufall, dass Respekt heute vor allem von älteren Brüdern in Migrantenfamilien eingefordert wird, die in einer modernen Gesellschaft, in der Frauen und Jüngere die gleichen Rechte haben, auf ihren patriarchalischen Privilegien und Führungsansprüchen beharren. Im Hintergrund der Forderung nach Respekt steht deshalb normalerweise eine latente oder auch manifeste Gewaltdrohung, die im Extremfall in den spektakulären „Ehrenmorden" gipfeln kann, mit denen unsere Justiz es gelegentlich zu tun bekommt. Wer Respekt einfordert, will illegitime Herrschaft ausüben. Der Begriff ist herabgesunken in das Milieu von Straßengangs.

„Respektspersonen" haben in unserer Gesellschaft der Gleichen ihre Rolle verloren. Auch Pfarrern und Bankiers sieht man heute auf die Finger, während früher die Respektablität es gebot, die Verstöße mit dem Deckmantel der Verschwiegenheit zu verhüllen. Eine Standesehre und Standesethik, auch eine Ethik des „Ehrenworts" diente dazu, Unrechtmäßigkeiten zu verhüllen. Das „Ehrenwort" Uwe Barschels hat niemand mehr ernst genommen, das Ehrenwort Helmut Kohls in der Parteispendenaffäre war nur noch eine Formel, um seine mangelnde Aussagebereitschaft zum Ausdruck zu bringen. Die Forderung nach Respekt weist in eine bizarre, überholte Sozialstruktur zurück, in der es üblich war, Verfehlungen der Oberen zu decken.

Wenn in der Politik heute vom Respekt vor der Würde eines Amtes gesprochen wird, dann ist dies normalerweise mit einem Rücktritt oder einer Rücktrittsforderung verbunden. Hier gilt, schon moderner, schon bürokratischer, das durch Wahl oder Ernennung erworbene Amt als höherrangig gegenüber der immer fehlbaren Person, die es auszufüllen versucht. Hier mag

---

[177] Richard Sennett, Respekt im Zeitalter der Ungleichheit, Berlin 2004; Avishai Margalit, Politik der Würde. Über Achtung und Verachtung, Berlin 1997.

ein Residuum des alten Respektsbegriffs noch eine gewisse Rolle spielen. Der Respektbegriff ist in der heutigen politischen Ethik fast vollständig durch die Idee der wechselseitigen Anerkennung ersetzt worden. Respekt dagegen, im Sinne einseitiger Anerkennung, ist abgesunken in die Sprachformen gewaltbereiter Unterschichtjugendlicher, die mit der Faust „Respekt" einfordern.

Frantz Fanon und der Aufruf zur antikolonialen Gewalt

Im Jahre 1961 erschien in Paris das flammende Plädoyer eines Antikolonialisten: Frantz Fanons „Les damnés de la terre". Mit seinen einfachen, einprägsamen Formeln ist es ein Manifest der Gewalt. Im ersten Kapitel dieses Buches hatten wir Gene Sharps Manifest des gewaltfreien Widerstands behandelt. Hier nun liegt der Gegenentwurf vor. In der antikolonialen Gewalt sieht Fanon das entscheidende Mittel nicht nur, um die ausländischen Kolonialregime abzuschütteln, sondern aufgrund ihrer zusammenschweißenden Wirkung auf die eigene Bevölkerung eines neues, aktives, nationales Selbstbewußtsein zu entwickeln. Es geht ihm um die Geburt neuer afrikanischer Nationen aus dem Geist der Gewalt: „Die nackte Dekolonisation lässt durch alle Poren glühende Kugeln und blutige Messer ahnen. Denn wenn die letzten die ersten sein sollen, so kann das nur als Folge eines entscheidenden und tödlichen Zusammenstoßes der beiden Protagonisten geschehen."[178] Sprache und Stil dieses Buches sind einhämmernd und aggressiv, allerdings lässt Fanon es an Begründungen nicht fehlen. „In den kapitalistischen Ländern schiebt sich zwischen die Ausgebeuteten und die Macht eine Schar von Predigern und Morallehrern, die für Desorientierung sorgen. (...) Dagegen sind es in den kolonialen Gebieten der Gendarm und der Soldat, die, ohne jede Vermittlung, durch direktes und ständiges Eingreifen den Kontakt zum Kolonisierten aufrechterhalten und ihm mit Gewehrkolbenschlägen und Napalmbomben raten, sich nicht zu rühren. Man sieht, der Agent der Macht benutzt die Sprache der reinen Gewalt."[179] Reformen sind für Fanon nur Anpassungsversuche an die Welt der Kolonialisten. Diese gilt es aber zu vernichten: „Die koloniale Welt zerstören heißt nicht mehr und nicht weniger, als eine der beiden Zonen vernichten, sie so tief wie möglich in den Bo-

---

[178] Frantz Fanon, Die Verdammten dieser Erde, Reinbek 1969, S. 28.
[179] Ebenda S. 29.

den einstampfen oder vom Territorium vertreiben."[180] Das ist Fanons Lehre aus der algerischen Erfahrung, die er zunächst als französischer Arzt kennengelernt hatte, bis er kündigte und auf die Seite der Aufständischen überging. Gewalt ist für ihn der Weg der Entrechteten zur Menschlichkeit: der Kolonisierte muss seine Waffen reinigen, um seine Menschlichkeit triumphieren zu lassen. „Es geschieht aber, dass der Kolonisierte, wenn er eine Rede über die westliche Kultur hört, seine Machete zieht oder sich doch versichert, dass sie in Reichweite seiner Hand ist."[181]

Fanons Aufrufe zum Kampf sind begeistert und bewusst undifferenziert, sie sind aber keineswegs unkritisch gegenüber den revolutionären Bewegungen, denn er kennt ihre Versuchungen und hat sie schon Ende der fünfziger Jahre präzise gesehen und beschrieben. Die Versuchung sieht er allerdings in erster Linie in der Herausbildung universalistisch orientierter städtischer Eliten, denen er den gewaltsamen Aktivismus der Landbevölkerung gegenüberstellt. „Der berühmte Grundsatz, dass alle Menschen gleich seien, lässt in den Kolonien nur *eine* Anwendung zu: der Kolonisierte wird behaupten, dass er dem Kolonialherrn gleich sei. Ein Schritt weiter, und er wird kämpfen wollen, um mehr zu sein als der Kolonialherr. Tatsächlich hat er schon beschlossen, den Kolonialherrn abzulösen, seinen Platz einzunehmen. Man sieht, eine ganze materielle und moralische Welt bricht zusammen. Der Intellektuelle, der für seinen Teil dem Kolonialisten auf die Ebene des abstrakten Universalen gefolgt ist, wird darum kämpfen, dass Kolonialherr und Kolonisierter in einer neuen Welt friedlich miteinander leben können."[182] Die entscheidende Frage ist für Fanon aber die Umkehr der sozialen Verhältnisse, d.h. die Frage, ob die letzten wirklich die ersten geworden sind. Eine bloße Ablösung und Ersetzung der weißen Beamten, Rechtsanwälte und Händler durch Einheimische, wie sie seitdem in vielen afrikanischen Ländern stattgefunden hat, würde diesem Kriterium nicht standhalten.

Fanon polemisiert gegen die afrikanischen Intellektuellen, die humanistischen Idealen nachjagen und doch nur die bisherigen Posten der Weißen wollen. Im antihumanistischen bewaffneten Befreiungskampf werden sie eines besseren belehrt, weil sie, wenn sie ernsthaft kämpfen, in die Berge und aufs Land fliehen müssen, sich unter die Bevölkerung mischen und von dieser lernen, ein einfacher Bruder, eine Schwester oder Genosse zu sein, kein Individuum mehr, sondern Bestandteil einer Gemeinschaft. Die Gemein-

---

[180] Ebenda S. 31.
[181] Ebenda S. 33.
[182] Ebenda S. 34f.

schaft des Kampfes tritt an die Stelle einer individualistischen Suche nach Wahrheiten: „Aber der Fellache, der Arbeitslose, der Ausgehungerte nimmt nicht die Wahrheit für sich in Anspruch. Er sagt nicht, er sei die Wahrheit: er verkörpert sie."[183] Die Moral wird so zu einer manichäischen Kampfmoral: „Wahr ist, was die Auflösung des Kolonialregimes vorantreibt, was das Entstehen der Nation begünstigt. Wahr ist, was die Eingeborenen schützt und die Ausländer verdirbt. Im kolonialen Kontext gibt es keine unbedingte Wahrheitsregel. Und das Gute ist ganz einfach das, was *ihnen* schadet."[184] Der Kolonialherr ist schlicht der Feind, derjenige, den es zu töten gilt. Fanon beschreibt dies mit existentialistischer Pointierung: „Der Kolonisierte ist ein Verfolgter, der ständig davon träumt, Verfolger zu werden."[185] Nur die Massen der Bauern haben nach Fanons Ansicht dann, wenn sie einmal aktiv und in den Kampf gegen die Kolonialherren eingetreten sind, die richtige Perspektive. Die Eliten der Kolonisierten nehmen gegenüber dem Gewaltproblem eine zweideutige Stellugn ein: „Sie sind gewalttätig in ihren Worten und reformistisch in ihren Taten."[186] Der Grund: sie sind städtisch geprägt, sie gehören zu einer Klasse von individuell befreiten Sklaven, zu den Freigelassenen. „Die Massen dagegen wollen nicht die Erfolgschancen von einzelnen sich vergrößern sehen. Nicht den Status des Kolonialherrn verlangen sie, sondern seinen Platz. Die Kolonisierten wollen in ihrer überwältigenden Mehrheit die Farm des Kolonialherrn. Sie haben nicht die Absicht, mit dem Kolonialherrn in einen Wettbewerb zu treten. Sie wollen seinen Platz."[187] Ganz offenkundig ist dies eine Politik, wie sie heute von antikolonialistischen Größen wie Robert Mugabe betrieben wird. Gewalt ist deshalb erfolgversprechend, weil heute aus finanziellen Gründen „kein kolonialistisches Land in der Lage ist, die einzige Kampfform zu wählen, die eine Erfolgschance hätte: die fortgesetzte Stationierung einer starken Besatzungsmacht."[188] Fanon scheint die Gewalt nicht nur als Mittel des Befreiungskampfes, sondern als fortgesetzte Notwendigkeit zu verstehen. Sie soll nach der Befreiung fortgesetzt werden. Gewalttätige Auftritte machen in der Dritten Welt Eindruck. „Und wenn Chruschtschow in der UNO mit seinem Schuh auf den Tisch haut, findet das kein Kolonisierter, kein Vertreter der unterentwickelten Länder lächerlich. Denn Chruschtschow zeigt den koloni-

---

[183] Ebenda S. 38.
[184] Ebenda S. 39.
[185] Ebenda S. 41.
[186] Ebenda S. 46
[187] Ebenda S. 47.
[188] Ebenda S. 57.

sierten Ländern, die auf ihn sehen, dass er, der Mushik, der übrigens Raketen besitzt, diese erbärmlichen Kapitalisten so behandelt, wie sie es verdienen. Ebensowenig macht Castro, wenn er in Militäruniform in der UNO sitzt, bei den unterentwickelten Ländern Skandal. Castro zeigt nichts anderes, als dass er sich der fortdauernden Herrschaft der Gewalt bewusst ist. Erstaunlich ist nur, dass er nicht mit seinem Maschinengewehr in die UNO kam; aber wahrscheinlich hätte man dagegen protestiert."[189] Dieser Kult der Gewalt wurde später fortgeführt mit Yassir Arafats erster Rede vor der UNO, die er nicht nur in Uniform, sondern nach einigen Diskussionen sogar mit umgeschnallter Pistole halten durfte. Natürlich hatte Arafat von Fanon gehört.

Das politisch-ethische Problem der Gewalt hat Fanon auf eine doppelte Weise beantwortet: antikoloniale Gewalt ist immer Gegengewalt. Wenn die Kolonialherren beginnen, zu gewaltlosen Strategien wie Verhandlungen Zuflucht zu nehmen, so ist das nur ein Zeichen ihres Zurückweichens und eine Gefahr für die Befreiungsbewegung, weil diese, und das ist Fanons zweites Argument, durch die Gewaltanwendung und deren Folgen gerade die Integration der vorher heterogenen Kolonisierten zu einer Art nationaler Einheit schaffen will. Wie kann man Vertrauen innerhalb einer kämpfenden Organisation schaffen? Indem man erwartet, dass jeder, der hinzukommt, mindestens einen Kolonialherrn persönlich ermordet hat. Fanon verweist auf die Rekrutierungsstrategien der Mau-Mau in Kenia: „Arbeiten heißt, am Tod des Kolonialherrn zu arbeiten."[190] „Aber das kolonisierte Volk erlebt es, dass diese Gewalt, weil sie seine einzige Arbeit darstellt, positive und aufbauende Züge annimmt. Die gewalttätige Praxis wirkt integrierend (...). Der bewaffnete Kampf mobilisiert das Volk, er wirft es in eine einzige Richtung ohne Gegenströmung. (...) Dadurch wird die zweite Phase, die der Bildung einer Nation, erleichtert: es existiert ein in Blut und Zorn geschaffenes Bindemittel."[191] In dieser Integrationswirkung liegt auch der Grund dafür, warum nach der Entkolonialisierung die Kampfrhetorik weitergeführt wird. Das Volk wird weiterhin mobilisiert, gegen das Elend, das Analphabetentum, die Unterentwicklung zu kämpfen. Fanon hofft zugleich, dass die Integrationswirkung des Kampfes totalisierend und national wirkt, d.h. den Regionalismus und die Stammesverbände auflöst und es ermöglicht, die traditionalen Herrschaftsstrukturen der Häuptlinge und lokalen Gerichtsbarkeit aufzulösen. „Auf der individuellen Ebene wirkt die Gewalt entgiftend. (...) Die Gewalt

---

[189] Ebenda S. 60.
[190] Ebenda S. 66.
[191] Ebenda S. 72.

hebt das Volk auf die Höhe seiner Anführer. (...) Von der Gewalt erleuchtet, rebelliert das Bewußtsein des Volkes gegen jede Pazifierung."[192]

Mit Gandhi setzt sich Fanon an keiner Stelle seines Hauptwerkes auseinander. Der Mythos der Gewaltlosigkeit war nach der indischen Unabhängigkeit verflogen. Die Dritte Welt setzte auf die antikoloniale Gewalt. Diese soll nach Fanon auch im internationalen Kontext eine Rolle spielen. Hier hofft er darauf, dass die Dritte Welt die Strukturen des Kalten Krieges zu ihren Gunsten nutzen kann. Er glaubt nicht daran, dass die Kampfanstrengung des internen Aufbaus die erhofften Resultate bringen wird: Straßen, Brücken, Industrien, Schulen. Dies würde Jahrhunderte dauern. Deshalb sollen die westlichen Länder, sollen der Kolonialismus und Imperialismus keine „Entwicklungshilfe", sondern Reparationen zahlen. Nicht eine Strategie der Hilfe und der Dankbarkeit, sondern eine der Forderung, die den Europäern klar macht, dass sie etwas schuldig sind, dass sie zahlen müssen. Dies muss auch den Massen Europas klargemacht werden, die sich nur zu oft mit den Kolonialherrn verbündet und von deren Aktivitäten profitiert haben. Hier spielt Fanon auf die hochproblematische Rolle der französischen kommunistischen Partei an, die sich in der Algerienfrage lange Zeit nicht deutlich genug gegen die eigene Regierung gestellt hatte.

In diesen strategischen Überlegungen der fünfziger Jahre des 20. Jahrhunderts sind sehr viele von den Elementen versammelt, die heute noch in der Drittweltdiskussion eine wesentliche Rolle spielen. Sehr selten allerdings sind sie in solcher Dichte, Schärfe und Zuspitzung von einem authentischen Vertreter dieser Bewegung formuliert worden. Die Forderung und ihr Adressat werden klar benannt, nämlich die westlichen Länder. Gemeint sind nicht nur die Regierungen, sondern ebensosehr die Bevölkerungen. Diese werden unter die Anklage gestellt, ihren Wohlstand und Fortschritt auf dem Rücken der Sklaverei und durch das Blut der Sklaven erworben zu haben. Dieser Wohlstand sei skandalös, weil er direkt aus dem Boden und der Erde der unterentwickelten Welt stammt, der nun die nötige Infrastruktur, nämlich Schulen, Straßen, Bahnen und Krankenhäuser fehlen. „Wir haben beschlossen, das nicht mehr zu vergessen."[193] Dieser moralische Appell an das Schuldbewußtsein der westlichen Länder zielt offenbar darauf, dort Gewissensregungen auszulösen, was, wie wir aus der Beobachtung der Begründungsgeschichte der Transferzahlungen an diese Länder ableiten können, teilweise auch gelungen ist. Unter dem Aspekt der moralischen Rhetorik ist

---

[192] Ebenda S. 72f.
[193] Ebenda S. 75.

das Auftrumpfen, das Fordern, das Verlangen von Reparationen allemal schwungvoller als die Bitte um Hilfe, die sich allein auf den Mangel gründet. Fanon propagiert stattdessen einen moralischen Anspruch, der sogar eines Tages, vor irgendeinem internationalen Gericht, einmal zu einem Rechtsanspruch ausgebaut werden könnte. Die moralische Forderung wird untermauert durch den Aufruf zum Kampf und den Aufruf, die Kolonialherren zu töten. Aus westlicher Perspektive ist dies oft als Widerspruch aufgefaßt worden und wird von vielen der heutigen Entwicklungshelfer, die mit ihren klimatisierten UN-Allradfahrzeugen unter der Missachtung von Verkehrsregeln durch diese Länder rasen, meist gar nicht mehr verstanden, weil man nicht bemerkt, dass man sich vielerorts wieder ganz wie die alten Kolonialherren und Kolonialherrinnen aufführt. Versucht man sich in die existentialistische Moralvorstellung Fanons hineinzuversetzen, erscheint die Gewaltdrohung der Kolonisierten zugleich als die materielle Untermauerung der Forderung nach Kompensationszahlungen. Die Widersprüchlichkeit liegt unter anderem auch darin, dass hier eine Art von auftrumpfendem Opferdiskurs vorliegt, auf den 50 Jahre nach der Entkolonialisierung die Reaktion von der Nutzlosigkeit ihrer Hilfszahlungen frustrierter Westler durchaus eine andere sein kann: Du bist kein Opfer mehr, streng dich an!

Auf eine sehr interessante Weise hat Fanon die Größe und Schwächen der Spontaneität beschrieben. Sie ermöglicht kollektive Rauschzustände im Prozess der Befreiung, und sie integriert auch Jugendkriminelle und Lumpenproletarier. Fanon wendet diesen ursprünglich kritisch gemeinten marxistischen Begriff ins Positive: „Das Lumpenproletariat, diese Horde von Ausgehungerten, die aus der Stammes- und Klassengesellschaft herausgerissen sind, bildet eines der spontansten und radikalsten unter den revolutionären Kräften eines kolonisierten Volkes."[194] Die in dieser Gruppe verbreitete Kriminalität deutet Fanon antikolonial und als produktive Kraft des Widerstandskampfes: „Dieses Lumpenproletariat ist dabei, wie eine Meute Ratten, trotz Tritten und Steinwürfen, die Wurzeln des Baumes anzunagen. (...) Sie rehabilitieren sich nicht gegenüber der Kolonialgesellschaft oder ihrer Moral; ganz im Gegenteil: sie bejahen ihre Unfähigkeit, anders in die Stadt hineinzukommen als durch die Gewalt der Granate oder des Revolvers."[195] Das strategische Ziel ist ganz unmittelbar: die Fremden müssen verschwinden. Im Umfeld der Revolutionäre, in den Dörfern herrscht eine auffallende Herzlichkeit, Großmut und entwaffnende Brüderlichkeit untereinander, deren Gegenseite die

---

[194] Ebenda S. 100.
[195] Ebenda S. 101.

Verfolgung und Bestrafung von tatsächlichen oder angeblichen Verrätern und Bestochenen ist. Innere Feindschaften der Kolonisierten werden in diesem rauschhaften Zustand überwunden. Aber „diese große Leidenschaft der ersten Stunden bricht auseinander"[196], wenn die Kolonialmacht Reformen durchführt und auf brutale Unterdrückungsmethoden zu verzichten beginnt. Der primitive Manichäismus der Anfänge wird überwunden, die Kolonisierten machen die Erfahrung, dass die Unterdrückung auch einen autochthonen, einen schwarzen oder arabischen Anstrich bekommen kann. Fanon warnt davor, dies als nationalen Verrat zu brandmarken: dem Volk müsse vermittelt werden, es sei ein sozialer Gegensatz. Einzelne Kolonialherren andererseits sympathisieren mit den Aufständischen oder gehen gar auf deren Seite über. Das ursprünglich manichäische Bewusstsein muss sich differenzieren: „Das rassische und rassistische Niveau wird nach zwei Richtungen hin überschritten. Man stellt nicht mehr jedem Neger oder jedem Moslem ein Echtheitszeugnis aus. Man greift nicht mehr nach seinem Gewehr oder Messer, wenn sich irgendein Kolonialherr nähert."[197]

Doch die Entwicklung eines solchen differenzierteren sozialen Bewusstseins ist einerseits Aufgabe der Führergruppen, der antikolonialen Eliten, die aber durch ihre Trägheit, ihre Feigheit im entscheidenden Moment des Kampfes ein solch hochgestecktes Ziel kaum erreichen können. Das führt zu tragischen Mißgeschicken des nationalen Bewusstseins, wie Fanon das umschreibt: in den jungen unabhängigen Ländern führt der Weg wieder zurück von der Nation zur ethnischen Gemeinschaft, vom Staat zum Stamm. Eine nationale Bourgeoisie in dem Sinne, wie Fanon sie sich vorstellt, hat sich nicht entwickelt. Die Universitäts- und Geschäftseliten sind nur wenige, konzentrieren sich in der Hauptstadt und finden ihre Berufe als Staatsangestellte, als freie Berufe und im Handel, nicht aber in Industrie und Finanz. Es fehlt an Leuten, die mit Produktion, Erfindung, Aufbau und wirklichen Arbeitsprozessen vertraut sind, es handelt sich hauptsächlich um Vermittlungstätigkeiten. „Die nationale Bourgeoisie hat die Psychologie von kleinen Geschäftemachern, nicht von Industriekapitänen."[198] Sie tritt dadurch im Grunde an die Stelle der einstigen europäischen Bevölkerung: Ärzte, Rechtsanwälte, Kaufleute, Vertreter, Generalvertreter, Transithändler. Sie sind Kleinverdiener, denen der dynamische Aspekt der Pioniere, Erfinder und Weltentdecker fehlt, den es sonst in jeder nationalen Bourgeoisie gibt. „Sie folgt der

---

[196] Ebenda S. 108.
[197] Ebenda S. 113.
[198] Ebenda S. 116.

westlichen Bourgeoise in ihrem negativen und dekadenten Stadium, ohne die ersten Etappen der Erforschung und Erfindung durchschritten zu haben."[199] Die Vorstellung einer Nationalisierung der Kader, einer Afrikanisierung färbt sich immer mehr mit Rassismus. „Vom Nationalismus sind wir zum Ultra-Nationalismus, zum Chauvinismus, zum Rassismus übergegangen."[200] Damit meint Fanon den Kampf nicht nur gegen die weißen Kolonialherren, sondern gegen die Geschäftsleute in anderen Länder, z.B. in der Elfenbeinküste gegen Voltaer und Dahomer oder gegen Sudanesen im Senegal. Fanon wendet sich auch gegen die Denunziation des arabischen und islamischen Imperialismus in vielen schwarzafrikanischen Ländern. Der Rassismus, der die Kolonialzeit gekennzeichnet hatte, wird jetzt noch weiter zugespitzt.

Fanon stellt sich in Fortsetzung seiner Analysen zur Spontaneität des Volkes einen Weg vor, die afrikanische Einheit nicht durch die nationalen Bourgeoisien, sondern durch den Druck und die Führung des Volkes zu erlangen. Die charakteristischen staatlichen Einheitsparteien der befreiten Länder lehnt er ab. Er spricht sogar davon, dass man auf der institutionellen Ebene die parlamentarische Phase übersprungen habe und sich gleich für Diktaturen nationalsozialistischen Typs entschieden habe. Im Grunde habe man den Schmalspur-Faschismus, wie er damals in einigen Ländern Lateinamerikas triumphierte, kopiert. In der Analyse Fanons ist dies das dialektische Resultat eines halbkolonialen Status in der Unabhängigkeitsperiode.[201] Mit halbkolonial meint er die Rolle der nach dem Sieg etablierten korrupten Volksführer, die sich vom Lande abgewandt haben, nicht mehr vorwärts gehen und das Volk über die Partei unter Kontrolle zu halten versuchen. Wie in Lateinamerika wird die Armee zur Stütze der Unterdrückung. „Eine bürgerliche Phase ist in den unterentwickelten Ländern unmöglich. Es wird zwar eine Polizeidiktatur geben und eine Kaste von Nutznießern, aber die Errichtung einer bürgerlichen Gesellschaft ist zum Scheitern verurteilt."[202] Die neuen Länder werden nicht zu einer Replik Europas, sondern zu dessen Karikatur. Fanon erklärt, ganz gegen die heutigen Lehren von der Entwicklung einer Zivilgesellschaft, die bürgerliche Klasse in diesen Ländern für einfach überflüssig. Sie sei keine wirkliche Bourgeoisie, sondern eine kleine Kaste mit langen, raffgierigen Zähnen, eine Bourgeoisie von Beamten. Sie würde Jahrhunderte brauchen, um nur die allerersten Anfänge einer Industrialisierung zu schaf-

---

[199] Ebenda S. 118.
[200] Ebenda S. 120.
[201] Ebenda S. 132.
[202] Ebenda S. 134.

fen. Deshalb schlägt Fanon vor, als erstes den tertiären Sektor zu nationalisieren, also erstaunlicherweise nicht die Landwirtschaft oder die Industrie, sondern die Welt des Handels und der Dienstleistungen. Es geht ihm um demokratisch kontrollierte Verkaufs- und Einkaufsgenossenschaften dezentraler Art, die nur mit einem aktivierten und politisierten Volk möglich sind. Er empfiehlt also sozialistische Lösungen, allerdings nicht im klassischen sozialistischen Sinne der Schlüsselindustrien. Außenpolitisch plädiert er deshalb auch entschieden für eine Äquidistanz gegenüber den beiden Parteien des Kalten Krieges.

Seine schärfste Kritik richtet er gegen die staatlichen Einheitsparteien, die sich in Nachrichtendienste verwandelt hätten und ihre militanten Mitglieder nur noch als Denunzianten gegenüber abweichenden Meinungen, gegenüber dem Aufkommen möglicher Oppositionskräfte benutzen. Dadurch garantieren sie oftmals, 99% der Stimmen zu erhalten. Die Partei wird zur Gefahr. „In Gegenwart eines Parteimitglieds schweigt das Volk, macht sich zum Lamm und gibt Lobreden an die Adresse der Regierung und des politischen Führers ab."[203] Die Funktion dieser Partei besteht aber vor allem darin, der objektiv überflüssigen nationalen Bourgeoise ihre Stellung zu sichern. Zugleich dient die Partei der Ethnisierung der Politik, wenn sie ihre Minister, Botschafter und Präfekten aus dem Volksstamm oder gar der Familie des Führers auswählt. An diesem Punkt beginnt Fanon die Widersprüchlichkeit, oder, wie er formuliert, die Dialektik seiner Gewaltlehre zu entwickeln: die oft unheilvolle Rolle dieser Führer kommt daher, dass die Parteien in bestimmten Gebieten „wie ein *gang* organisiert sind, bei dem der Härteste die Führung übernimmt."[204] Das Volk ist aber nach Fanon keine Herde, die noch der Führung bedarf. Die Partei sollte seiner Auffassung nach nichts sein als ein Instrument in den Händen des Volkes. Sie müsste daher aus den Städten fliehen und dafür sorgen, dass sich ihre Mitglieder, bis auf wenige, im wesentlichen in den ländlichen Gebieten aufhalten. Die Massen seien fähig, sich selbst zu regieren, ihre Politisierung könne nicht darin bestehen, ihnen große aufputschende Reden zu halten, sondern sie aktiv zu beteiligen, und vor allem, hier ist Fanon entscheidend seiner Zeit voraus, die Frauen den Männern auch im täglichen Leben gleichstellen. Die Kritik, die Fanon hier an der postkolonialen Situation übt, ist immer noch in sehr vielen Ländern hochaktuell.

---

[203] Ebenda S. 140.
[204] Ebenda S. 141.

Fanons rechtfertigende Ethik der Gewalt hat viele Leser an den faschistischen Mythos der Gewalt erinnert, wie ihn Georges Sorel entwickelt hat.[205] Zunächst werden die Gewaltausbrüche der Kolonisierten als Gegengewalt gegen eine fundamentalstrukturelle Gewaltsituation der Kolonisation gerechtfertigt. Die Gewalt hat für Fanon darüber hinaus aber nicht nur eine negative Abwehrfunktion, sondern bekommt eine positive Rolle zugesprochen, weil sie a) heilsam wirkt auf die Neurosen und psychischen Erkrankungen der Unterdrückten b) unter diesen ein Klima der Gemeinschaftlichkeit, der revolutionären Brüderlichkeit schafft, c) durch die Gegenreaktion der Herrschenden die Massen empört, mobilisiert und in den Kampf einbezieht und d) innerhalb der Kolonisierten die Spreu vom Weizen trennt, die Verräter und Reformisten zu entlarven erlaubt und die praktisch sympathisierenden Intellektuellen zwingt, aufs Land zu flüchten und sich unter die Bauernbevölkerung zu begeben, wodurch sie ihren elitären moralischen Universalismus und überhaupt ihre elitäre Rolle verlieren. Diese vierfache Positivwirkung der revolutionären Gewalt stellt eine funktionalistische Argumentation dar. Das wird insbesondere an den Analysen deutlich, die der über einige Jahre praktizierende Psychiater Fanon der damals so genannten „nordafrikanischen Kriminalität" widmete, die empirisch in auffallend massiver Kriminalität, insbesondere in Form von Gewaltdelikten im wesentlichen innerhalb der Kolonisierten selbst festgestellt war. 1954, mit Ausbrechen des algerischen Aufstandes, verschwand dieses Phänomen fast vollständig. „Der nationale Kampf scheint die angestaute Wut kanalisiert, alle affektiven und emotionalen Regungen ‚nationalisiert' zu haben."[206] Einschränkend vermerkt Fanon, in diesem Punkt ganz Wissenschaftler, dass große soziale Explosionen generell die Häufigkeit sowohl von Straftaten als auch von psychischen Störungen vermindern, so dass das vorsichtige „scheint" seiner Formulierung durchaus einen guten Grund hat.

Politische Ethik und Revolutionstheorie sind sich heute durchweg einig, dass Gewaltanwendung als Ausdruck des Widerstandsrechts zum Sturz einer Fremdherrschaft berechtigt ist. Das *ius ad bellum* kann hier nicht bestritten werden. Auffällig ist allerdings die oftmals systematische Verletzung des *ius in bello* durch die unterschiedslose Tötung auch und gerade von weißen Zivilisten. Die Bombenwürfe in von Franzosen besuchte Cafés in Algier, welche Fanon vorbehaltlos rechtfertigt, haben weltweit ja nicht nur aus rassistischen Vorurteilen Empörung ausgelöst. Die Tötung von Zivilisten war hier keine in

---

[205] Georges Sorel, Über die Gewalt, Frankfurt am Main 1981 (zuerst 1906).
[206] Fanon, a.a.O. S. 235.

Kauf genommene Nebenwirkung, sondern das Ziel selbst, um die französischen Kolonisten zum Abzug und zum Wegzug aus Algerien zu nötigen. Nicht das Militär war das Ziel (das ja auch nur zum Schutz der französischen Siedler eingesetzt wurde), sondern die Beseitigung der Kolonisateure selbst. Im Gegenzug haben die französischen Fallschirmjäger in der Schlacht um Algier zum Mittel der Folter gegriffen, um durch bessere Information die Anführer des Aufstandes auffinden und beseitigen zu können. Doch nicht einmal im Kriegsrecht, das fast alles zuläßt, was dem Gegner schadet, ist ein Verstoß durch einen Verstoß der Gegenseite zu rechtfertigen. Für Fanon liegt die Legitimität allein auf Seiten der Aufständischen: sie dürfen zu jedem Mittel greifen, weil die andere Seite radikal im Unrecht ist und bleibt, selbst dann, wenn sie ihre Repressionstechniken reduziert und ihre Truppen zu kriegsrechtlich korrektem Vorgehen anzuhalten versucht. Der Aufständische darf nach Fanon alles, der Kolonialherr nur eines: nämlich verschwinden. Der asymmetrische Partisanenkrieg und verdeckte Terror wird also durch eine asymmetrische Moral gerechtfertigt. Jede Form von Universalismus wird als Objektivismus im Interesse der weißen Kolonialherren gebrandmarkt und damit als im Grunde rassistische Parteinahme für den Gegner. Der Bruch in der Argumentation, die Tatsache, dass ein universalistische Denken gerade das Gegenteil von Rassismus darstellt, ist dem an französischen Universitäten ausgebildeten Fanon selbstverständlich bewußt. Deshalb wählt er die Formel, dass der Aufständische nicht die Wahrheit für sich in Anspruch nimmt, sondern sie verkörpert. Nach den Regeln sprachphilosophischer Argumentationstheorie bedeutet die Verkörperung der Wahrheit gar nichts, für eine Philosophie der Existenz, wie sie Jean-Paul Sartre vertritt, allerdings sehr viel. Es handelt sich um die Entscheidung zum Widerstand, mit der Sartre während der deutschen Besatzung von Paris gerungen hat, und die er nun, in der Algerienfrage, umso entschiedener trifft. Bemerkenswert ist, dass nicht nur Fanon davon ausgeht, dass diese Entscheidung die rassistisch gesetzten Grenzen der ursprünglichen Mobilisierung überschreiten kann, dass eben auch Anhänger der anderen Seite zu den Aufständischen übergehen können. Die Sympathien mit dem Aufstand waren außerhalb Frankreichs sogar noch ausgeprägter. In Deutschland bemühten sich eine ganze Reihe von sogenannten „Kofferträgern" um die verdeckte Finanzierung und Unterstützung des Aufstandes. In diesen Jahren erwarb Hans-Jürgen Wischnewski seinen Namen „Ben Wisch", der ihm Respekt und hilfreiche Kontakte in der arabischen Welt einbrachte und ihm schließlich dazu half, die Mogadishu-

Krise 1977 im Sinne der damaligen Bundesregierung und der Staatsräson zu lösen. Ganz ähnlich haben sich später Sympathien für den Vietcong entwickelt, nicht nur in Europa, sondern nicht zuletzt auch in den USA selbst, obwohl dieser ebensowenig Rücksicht auf Zivilisten nahm wie die algerische Befreiungsfront. Das existentielle Merkmal des Kampfes aus dem Untergrund gegen eine wegen ihrer technischen Mittel scheinbar überlegene Militärmaschinerie, das David gegen Goliath-Syndrom scheint hier eine wesentliche Rolle zu spielen. Die politische Ethik der Kriegsbeobachtung reagiert sehr empfindlich selbst auf kleine Verletzungen des *ius in bello*, nimmt aber Befreiungs-, Aufstands- und Partisanenbewegungen normalerweise aus dieser Kritik aus. Dies geschieht sogar dann, wenn die Beobachter mit den Zielen des Aufstandes keineswegs übereinstimmen. Die praktische politische Ethik ist nicht an universellen Prinzipien oder verallgemeinerbaren Regeln interessiert, sondern verteilt ihre Zustimmung oder Verurteilung nach anderen Kriterien. Fanons Buch über „Die Verdammten dieser Erde" ist der wohl wichtigste Schlüssel, um diese fundamentale Asymmetrie zu begreifen. Ist das konsistent? Nein. Fanon selbst macht darauf aufmerksam und besteht darauf, gegen jeglichen intellektualistischen Universalismus zu polemisieren. Stattdessen sollen die Intellektuellen auf ihre Sonderrolle verzichten, zu den Bauern gehen und sich ihnen anschließen: also ungefähr das, was Mao Tse-Tung und seine Revolutionäre in China getan haben, die bei Fanon an keiner Stelle ausdrücklich erwähnt werden (Castro ist ihm sympathischer), aber zwischen den Zeilen ständig präsent sind. Es ist eine antiintellektuelle, antitheoretische Position der Entscheidung. Dieses dezisionistische Pathos, diese Neigung zum Bäurischen, zur Wahrheit der Provinz findet sich ganz ähnlich auch bei dem philosophisch bedeutendsten aller existentialistischen Theoretiker, bei Martin Heidegger. Der Extremismus der Dezision kann linke, aber durchaus auch faschistische Züge annehmen. In der Phänomenologie der Bewegungen, in den marschierenden Kolonnen, in der Herausbildung von Einheitsparteien aus Gruppen verschworener Kämpfer, in den Kampfanzügen der Führer, wie Fanon sie – keineswegs unkritisch – schildert, ist diese Ähnlichkeit unübersehbar. Wir haben es also mit einer politischen Ethik des Extremismus und seiner Sympathisanten zu tun. In der Praxis wird man selten eine so klare und eindeutige Argumentation wie bei Fanon und Sartre finden. Normalerweise wird mehr Wert auf den Einbau von Paradoxien, auf Bekenntnisse gelegt, dass man eigentlich doch einen weniger gewalttätigen Weg vorziehen würde. Das hängt aber damit zusammen, dass kaum jemand aufgrund seiner sozialen Position es wagen kann, solche offenen Aufrufe zu erlassen. Fanon lebte in Tunis und reiste in der dritten Welt als Botschafter der algerischen Befreiungsbewegung, Sartre stand unter den Sonderkonditionen des de Gaulleschen „Voltaire verhaftet man nicht". Die deutschen Sympathisanten arbeiteten dagegen schon verdeckt.

Die Ethik der Entscheidung finden wir in durchaus vergleichbarer Weise in der deutschen Kriegsliteratur des ersten Weltkrieges. Im bestformulierten Buch dieser Literatur, in Thomas Manns „Betrachtungen eines Unpolitischen" von 1917, finden sich viele der Elemente vorgezeichnet, vielleicht argumentativer, vielleicht mehr die Gegenseite respektierend, aber im Grunde mit den gleichen antiuniversalistischen Positionen, während er den aufklärerischen Schriftstellern der westlich-alliierten Seite gerade deren liberalen Universalismus als Ideologie vorhielt.[207] Thomas Mann ist nach dem Schock der Niederlage auf die demokratische, die universalistische Seite übergewechselt.

Fanon dagegen ist kurz vor der Veröffentlichung seines Hauptwerkes in jungen Jahren an Leukämie gestorben, er hatte nicht mehr die Chance einer Korrektur. Er geht auch weiter, er ist radikaler als der frühe Thomas Mann, denn bei Fanon ist jede denkbare Symmetrie der Kriegsgegner aufgehoben. Er propagiert die politische Ethik einer Entscheidungssituation radikal asymmetrischer Art, bei der die eigene Seite alles Recht hat und deshalb zu allen Mitteln greifen darf, während die Gegenseite ins vollkommene Unrecht gesetzt wird. Viele Kritiken Fanons an den Eliten der Befreiungsbewegung in diesem Buch weisen allerdings darauf hin, dass er nach dem Sieg keineswegs in bequemen Botschafterpositionen ausgeharrt hätte, sondern vermutlich in vielfältige Auseinandersetzungen auch mit den neuen Machthabern geraten wäre. Seine antiintellektualistische Orientierung an der einfachen Bauernbevölkerung, in der man zur Gemeinschaft gehört und nicht ‚abhauen'[208] kann, allerdings hätte er vermutlich nicht korrigiert. Der wesentliche Punkt seines Ansatzes ist die Nötigung zur Parteinahme. Es gibt kein Außen, keine objektive Beobachterposition.

Wenn man nun aber weder Maoist noch Faschist ist und auch nicht in der akuten Situation einer bewaffneten Auseinandersetzung steht, sondern z.B. Journalist egal welcher Hautfarbe oder gar Wissenschaftler, dann wird man diese politische Ethik der Dezision sehr genau beschreiben können, aber

---

[207] Thomas Mann, Betrachtungen eines Unpolitischen, Gesammelte Werke in Einzelbänden, Hg. Peter de Mendelssohn, Frankfurt am Main 1983.
[208] Fanon a.a.O. S. 37.

keinen Grund sehen, sie für sich zu übernehmen. Man wird sich ihr trotzdem nicht immer entziehen können. In Somalia und vergleichbaren Ländern werden seit 2010 Journalisten gezielt angegriffen, weil schon eine Berichterstattung, die mehr als eine Seite zu Wort kommen lässt, als Attacke empfunden wird, der gegenüber jede Art von Gegengewalt angemessen erscheint. Der Arm der Dezisionisten kann durchaus auch in das Heimatland reichen, wie die Attacken auf dänische Karikaturisten zeigen.

Fast wie in einem schriftstellerischen Wettbewerb versucht Sartre die hämmernde und dynamische Revolutionsrhetorik Frantz Fanons in seinem Vorwort zu dessen Buch noch zu überbieten. Er faßt dessen Kernthese über die Gewalt so zusammen: „Und der Kolonisierte heilt sich von der kolonialen Neurose, indem er den Kolonialherrn mit Waffengewalt davonjagt. (...) Denn in der ersten Zeit des Aufstands muss getötet werden: einen Europäer erschlagen heißt zwei Fliegen auf einmal treffen, nämlich gleichzeitig einen Unterdrücker und einen Unterdrückten aus der Welt schaffen. Was übrigbleibt, ist ein toter Mensch und ein freier Mensch."[209] Diese blutige Operation befreit auch die Europäer, indem sie den Kolonialherrn ausrottet, „der in jedem von uns steckt".[210] Sartres Schillern zwischen mörderischer und selbstmörderischer Rhetorik zeigt, dass in seinem Denken eine halt- und grenzenlose politische Antiethik mit zerstörerischen Intentionen wirksam war.

Das kleinere Übel und seine Abgründe

Das Argument des kleineren Übels ist eine häufig unvermeidliche Entscheidungshilfe, denn typische politische Situationen nötigen zur Entscheidung zwischen unerwünschten Alternativen. Wir haben zwar von Luhmann gelernt, dass auch das fanatische Streben nach dem Guten sehr ungut sein kann, aber die Risiken des kleineren Übels sind anders geartet. Sie liegen darin, dass zunächst einmal jeder zustimmen wird, dass bei der Wahl zwischen zwei Übeln selbstverständlich das jeweils kleinere gewählt werden müßte. Doch dabei ergibt sich ein Problem, das ich aufzeigen möchte an dem Versuch des kanadischen Politiktheoretikers und praktischen Politikers Michael Ignatieff, eine politische Moral in Zeiten des Terrors zu entwickeln. Wir

---

[209] Sartre, Vorwort, in Fanon S. 18.
[210] Sartre, a.a.O. S. 20.

werden sehen, wie uns Ignatieffs Argumentation Schritt für Schritt, kaum merklich in Regionen führen wird, in die wir niemals gehen wollten. Ignatieffs Ausgangsfrage hat er wie folgt formuliert: „Wenn Demokratien den Terrorismus bekämpfen, verteidigen sie die These, dass ihr politisches Leben frei von Gewalt sein sollte. Doch ein Sieg über den Terror erfordert Gewalt. Er mag auch Zwang nötig machen, Täuschung, Geheimhaltung und die Verletzung von Rechten. Wie können Demokratien zu diesen Mitteln greifen, ohne die Werte zu zerstören, für die sie stehen? Können sie zu dem kleineren Übel greifen, ohne sich dem größeren zu beugen?"[211] Rein logisch gesehen, und das ist die Tücke dieser Fragestellung, kann eine Position des kleineren Übels Schritt für Schritt auch die Diktatur legitimieren. Aus diesem Grund bedarf sie einiger Einschränkungen und Spezifikationen. Dafür gibt Ignatieff drei Kriterien an: Ausnahmen zerstören die Regeln nicht, sondern retten sie unter der Bedingung, dass sie a) vorübergehend sind, b) öffentlich gerechtfertigt werden und c) nur als letztes Mittel eingesetzt werden.[212]

Dies ist im folgenden zu explizieren. Demokratische Verfassungen erlauben für Notstandssituationen generell eine Aufhebung von Rechten in jeweils unterschiedlich bestimmten Grenzen. Oft ist eben schnelles Handeln in Notfällen geboten. Grundsätzlich unterliegen solche Maßnahmen aber immer der Notwendigkeit öffentlicher Rechtfertigung, also der nachträglichen Kritik, sowie, selbst wenn sie vom Parlament gebilligt worden sind, einer verfassungsgerichtlichen Nachprüfung. Wie lässt sich ein terroristischer Notstand, der eine Grundrechtseinschränkung rechtfertigen könnte, definieren? Michael Ignatieff bietet folgende Option an: „Ein terroristischer Notstand ist genau der Fall, bei dem ein lebenswichtiges Interesse der Mehrheit durch individuelle Freiheit bedroht werden kann – die Freiheit zu planen, sich zu verschwören, sich der Entdeckung zu entziehen. Eine Demokratie hat keinen wichtigeren Zweck als den Schutz ihrer Mitglieder, und Rechte sind dazu da, diesen Zweck zu sichern."[213] Die damit verbundene Gefahr, dass der Schutzanspruch der Mehrheit zu einer Tyrannei der Mehrheit missbraucht wird, kann nur durch einen demokratischen Prozess der kritischen Rechtfertigung in Grenzen gehalten werden. Ignatieff betont, dass Demokratie keine Verpflichtung zum eigenen Untergang aus Prinzipientreue beinhaltet. Die Moral des kleineren Übels, die er vertritt, beruht auf dem skeptischen Bewusstsein, dass

---

[211] Michael Ignatieff, Das kleinere Übel. Politische Moral in einem Zeitalter des Terrors, Hamburg und Berlin 2005, S. 7.
[212] Ignatieff S. 9.
[213] Ignatieff S. 19.

politische Führer immer wieder in Situationen geraten, in denen sie auf der Basis unvollständiger und ungenauer Informationen dennoch weit reichende Entscheidungen treffen müssen; es handelt sich also um eine Moral der situativen Abwägung. Dieses Recht gilt selbstverständlich auch für die demokratische Öffentlichkeit. Und es gibt wohl eine Art Recht der Regierenden, sich aus Vorsicht zu irren. Wenn die berühmte Aschewolke des Vulkans sich als nicht messbar erweist, dann war man eben dennoch aus Gründen der Vorsicht genötigt, von ihr auszugehen und den Flugverkehr vorsorglich zu stoppen. Durch einen vorsichtigen, grundwerteorientierten Konservatismus sollen allzu tief greifende Eingriffe in Grundrechte vermieden werden. Wenn man bedenkt, dass konservative Politiker normalerweise härteres Durchgreifen zu fordern pflegen, versucht Ignatieff diesem Begriff einen etwas verschobenen Sinn zu geben, eher wohl im Sinne dessen, was Ärzte als schonende, konservative Therapie bezeichnen.

Einschränkend vermerkt Ignatieff zugleich, dass eine derartige wertgebundene Zurückhaltung möglicherweise dann aufgegeben werden muss, wenn die Demokratien sich Terroristen gegenüber sehen, die über Massenvernichtungswaffen verfügen: Dann, aber auch schon nach einem neuen Terroranschlag mit zahlreichen Opfern, „würde mit harten Bandagen gekämpft werden".[214] Ganz nachvollziehbar ist diese Position nicht, denn die eben errichteten Grenzen werden durch die Konstatierung einer neuen und veränderten Qualität von Nuklearterrorismus sogleich wieder verwischt. Richtig daran ist allerdings die Erwägung, dass demokratische Öffentlichkeiten angesichts einer derartigen Situation nur wenig Geduld haben dürften, anwaltlichen Sophismen Gehör zu schenken. Würden diese dennoch die Grundlagen der Politik bestimmen, bestünde dann in der Tat die Gefahr, dass der Ruf nach einem starken Mann (oder einer starken Frau) sowie nach der Außerkraftsetzung institutioneller Schranken auf breite Zustimmung stieße: eine echte und tatsächliche Gefährdung der Demokratie.

Damit ergibt sich die Frage: wenn öffentliche Kontrolle erforderlich ist, wie steht es mit der Frage der Geheimoperationen und der Geheimhaltung? Hier schlägt Ignatieff vor, die generelle Entscheidung für Geheimhaltungsmaßnahmen in bestimmten Bereichen selbst nicht als geheim anzusehen, wohl aber die Einzelaktionen. Seine Grenzziehung: „Es ist nie gerechtfertigt, einen Ausländer oder Staatsbürger in Geheimverfahren einzusperren oder auszuweisen."[215] Ansonsten aber konstatiert der Menschenrechtstheoretiker

---

[214] Ignatieff, S. 29.
[215] Ignatieff, S. 20.

kühl: „Entweder wir bekämpfen das Böse mit dem Bösen oder wir unterliegen."[216] Kämpfe zwischen Terroristen und dem Staat sind für ihn immer auch Kämpfe um die Meinungsführerschaft. Selbst wenn auch auf der Seite des Staates - wie man wohl nicht ausschließen kann - Zyniker tätig sind, so ist doch entscheidend, bestimmte Standards zu akzeptieren, um die Loyalität der eigenen Bevölkerung zu erhalten. Auch hier sind Grenzlinien zu beachten, die Ignatieff funktionalistisch zieht: „Öffentliche Desinformation, deren alleiniger Zweck darin besteht, den Feind zu täuschen, kann gerechtfertigt sein, doch die bewusste Irreführung einer demokratischen Wählerschaft mit der Absicht, Risiken zu übertreiben oder als minimal erscheinen zu lassen, darf niemals sein."[217]

Die Moral des Notstands kennt eine weitere Grenze: „Ein Terroranschlag kann die Einschränkung von Freiheit nur dann rechtfertigen, wenn die Aufhebung von Freiheitsrechten die Sicherheit tatsächlich erhöht. Wenn dies der Fall ist, sollte es auch rechtens sein, Verdächtige einzusperren und sie ohne Prozess in Haft zu halten, bis die Natur des Risikos, das sie darstellen, bestimmt werden kann. Zudem müssen Häftlinge das Recht auf Verteidigung und eine gerichtliche Überprüfung ihrer Haft behalten."[218] Auch hier geht es also um die Einführung von Fristen.

In der amerikanischen Verfassung sind nach Art. 1, Abs. 9 Grundrechtseinschränkungen im Falle von Krieg und Bürgerkrieg möglich. In europäischen Verfassungen sind die Notstandsregelungen normalerweise sehr viel ausführlicher formuliert. Nach dem Art. 15 der europäischen Menschenrechtskonvention könnten Staaten die Menschenrechtsgarantieren aussetzen, wenn sie sich „einem Krieg oder einem anderen öffentlichen Notstand gegenübersehen, der das Leben der Nation bedroht." In dieser Formulierung liegt ein erheblicher Spielraum. Allerdings muss eine Rechtfertigung vor dem obersten Gericht erfolgen. Außerdem erlaubt die Konvention es nicht, einige „absolute" Rechte einzuschränken, wozu das Recht auf Freiheit von Folter, außergerichtlicher Tötung, Sklaverei, Zwangsarbeit und Bestrafung ohne ordentliches Gerichtsverfahren gehören.

Die Menschenrechte werden damit eindeutig in eine Hierarchie gebracht: Es gibt fundamentale und nachrangige. Damit wird die Position der Wiener Erklärung von 1993, derzufolge die Rechte unteilbar und allgemeingültig seien, in Frage gestellt. Menschenrechte sind in der praktisch justiziablen

---

[216] Ignatieff, S. 39.
[217] Ignatieff, S. 41.
[218] Ignatieff, S. 52.

Form der europäischen Konvention eben doch nicht jene vollkommen gleichrangigen Rechte der gängigen Menschenrechtsrhetorik.[219]

Lässt man derartige Einschränkungen prinzipiell zu, dann betrachtet man die Menschenrechte als eine Größe in der politischen Auseinandersetzung unter anderen. Gleichrangig treten Erwägungen der Sicherheit oder aber des Siegs und der Niederlage hinzu. Eine absolute Geltung der Menschenrechtsposition müsste ja konsequenterweise implizieren, dass man auch dann an ihr festhält, wenn sie den eigenen Untergang oder den Tod von sehr vielen Menschen zur Folge hätte. Im in absehbarer Zeit zu erwartenden Fall von Nuklearterrorismus z.B. hätte man, wenn man streng und ausschließlich auf rechtsstaatliche Mittel setzt, unter Umständen abzuwarten, bis es zur Explosion gekommen ist, weil nur so der tatsächliche Nachweis einer entsprechenden Absicht zu erbringen ist. Der Furor anwaltlicher Menschenrechtsrhetorik ist in Gefahr, sich bis zu dieser Position zu versteigen: sollen die Staatsorgane doch zusehen, wie sie mit der Bedrohung fertig werden. Michael Ignatieff bescheidet sich mit der schlichten Feststellung: „Wir könnten auch verlieren".[220]

Doch auch hier gelten, wie in allen strategischen Situationen, die Abwägungen: wie könnte der mögliche Gegner aussehen? Welche Ressourcen hat er zur Verfügung? Welche Gegenmittel und welche eigenen Ressourcen können mobilisiert werden? Man sollte sich jedoch nicht von einer Rhetorik der größten Gefahr verführen lassen, wie das m.E. Michael Ignatieff und Benjamin Netanjahu in ihrer Behandlung der Gefahr eines Nuklearterrorismus tun.[221] Netanjahus Argumentation zeigt, dass schon vor dem Anschlag vom 11. Sept. 2001 alle einschlägigen Argumente genannt worden sind. Das spektakuläre Ereignis hat kurzfristig die Bereitschaft zu Gegenmaßnahmen verstärkt.

Es stimmt nicht, dass die Menschenrechtseinschränkungen um so massiver sein dürfen, je größer die Bedrohung ist. Ausnahmen müssen auch dann spezifisch sein, d.h. geeignet sein, genau die bevorstehende und zu erwartende Bedrohung zu reduzieren oder zu verhindern. Auch die größte Gefahr kann keine Blankovollmacht geben. Das gilt auch für den Fall der nuklearen Bedrohung. Man sollte bedenken, daß der Kalte Krieg unter permanenter nukle-

---

[219] Walter Reese-Schäfer, Theorien der Menschenrechte: Ein neuer Blick in ders., Politisches Denken heute, Zivilgesellschaft, Globalisierung und Menschenrechte, München und Wien 2007, S. 233-250.
[220] Ignatieff a.a.O. S. 210.
[221] Ignatieff a.a.O. S. 199-132; Benjamin Netanjahu, Das Gespenst des Nuklearterrorismus, in ders., Der neue Terror. Wie die demokratischen Staaten den Terrorismus bekämpfen können, München 1995, S. 147-156.

arer Bedrohung in keinem europäischen Land und schon gar nicht in den USA je zu einem Ausnahmezustand geführt hat und dennoch gewonnen werden konnte. Die schiere Größe der Gefahr rechtfertigt noch gar nichts. Sinnvoll sind allein Maßnahmen mit klar definierbaren Effekten. Die akute und unmittelbar bevorstehende Androhung eines Angriffs kann durchaus die Unterbrechung jeglicher Kommunikation durch die Behörden rechtfertigen. Eine latente, jahrelange Bedrohung dagegen kann nur allgemeine polizeiliche Überwachungs- und Abhörmaßnahmen zur Gefahrenabwehr legitimieren. Und auch hier gilt, dass die Möglichkeit einer kritischen Überprüfung offen gehalten werden muss. Andernfalls würden wir Nordkorea ähnlich, wo es weder Internet noch Mobiltelefone gibt.

Um Einschränkungen von Grundrechten in den Demokratien politisch wirksam aussprechen zu können, bedurfte es in den dreißiger und vierziger Jahren des Schocks der Tyrannis. Mit dem Verblassen der Erinnerung daran ist die öffentliche Diskussion bei uns wieder hinter diesen Erkenntnisstand zurückgefallen. Der klassisch liberale Grundrechteabsolutismus, der den Staat nicht im Sinne zivilgesellschaftlicher *Human-Security*-Ideen als Ermöglichungsinstrument individueller Freiheit, sondern als strukturellen Hauptfeind der Freiheit ansieht, bestimmt wieder die öffentliche Debatte in Europa. Der Terrorismus hat trotz der inzwischen auch in vielen europäischen Ländern verübten Großanschläge noch nicht dieses unmittelbare Schockpotential entfalten können. Trotz aller Globalisierung und Europäisierung: ein Attentat in New York, London oder Madrid wird in Deutschland, Dänemark oder Schweden keineswegs als unmittelbare, handlungsauslösende Bedrohung wahrgenommen. Die Unterdrückung der Meinungs- und Veröffentlichungsfreiheit von Karikaturisten scheint sogar einige Mitglieder der religiösen Rechten wie der multikulturalistischen Linken mit klammheimlicher Zustimmung zu erfüllen.

Diskussionen über die Vereinbarkeit von nachhaltigen Abwehrmaßnahmen mit den Grundrechten haben uns die ganzen siebziger und achtziger Jahre hindurch begleitet, als wir es mit dem hausgemachten Terrorismus kleiner Gruppen zu tun hatten, welche die marxistisch inspirierten Parolen der Studentenbewegung von 1968 gewaltsam in die Tat umzusetzen versuchten. Unter heftigen Diskussionen und großen Mühen wurde damals der Paragraph eingeführt, der allein schon die Zugehörigkeit zu einer terroristischen Vereinigung strafbar machte, sowie eine Kronzeugenregelung, die Aussagewilligkeit honorierte und es dadurch ermöglichte, den Zusammenhalt und das Schweigegebot innerhalb dieser Gruppen teilweise aufzubrechen. Die

Kronzeugenregelung wurde seit 1989 wieder aufgegeben und musste erst jetzt wieder eingeführt werden. Die Strafbarkeit der Zugehörigkeit wurde erst jetzt, im Zusammenhang mit dem islamistischen Terror, auch auf ausländische Terrororganisationen ausgedehnt. Dies hatte man in den siebziger Jahren vermieden. Das Argument lautete damals, man könne im Ausland nicht zwischen berechtigten Befreiungsbewegungen und terroristischen Gruppen unterscheiden, weil die jeweiligen Regierungen, insbesondere diktatorische Regimes, ohnehin jeden Widerstand als terroristisch diffamieren würden.

In den klassischen Demokratien hat sich gezeigt, dass Einschränkungen von Grundrechten in Demokratien nach dem Abklingen der Gefahr rasch wieder aufgehoben worden sind, weil der demokratische Kern intakt geblieben war. Die diktatorischen Vollmachten, über die Churchill und Roosevelt im zweiten Weltkrieg verfügten, wurden nach dem Krieg unverzüglich wieder abgebaut, Churchill wurde sogar unmittelbar nach Kriegsende abgewählt. Im Umgang mit dem marxistisch motivierten Terrorismus der 70er und 80er Jahre hat sich in Deutschland, Frankreich und Italien gezeigt, dass ein vollständiger Sieg möglich ist, ohne die verfassungsmäßige Ordnung auszuhebeln. Die Horrorbilder, die zu jener Zeit aus anwaltlicher Perspektive über den Weg in den Überwachungsstaat und aus linker Perspektive über die Gefahr eines autoritären Genscherfaschismus (Hans-Dietrich Genscher war damals Innenminister) gezeichnet wurden, sind dann doch nicht Wirklichkeit geworden.

Schon der damalige Typus des Terrors war international organisiert und schaffte es vorübergehend sogar, neue Anhänger durch den Hinweis auf eine zu harte Behandlung der schon verhafteten Terroristen zu rekrutieren. Hier zeigt sich übrigens auch, dass die liberalen politischen Systeme stärker sind, als sie sich selbst wahrnehmen.[222] Ein Sieg über eine terroristische Bewegung ist also durchaus schon bei nur marginalen Einschränkungen von Rechten im Rahmen der Verfassung und ohne Aufgabe der fundamentalen Menschenrechtsordnung möglich.

Die neue terroristische Gefahr seit den Anschlägen vom September 2001 ist noch nicht wirklich im europäischen Bewusstsein verankert. Die erste Reaktion, den NATO-Bündnisfall zu erklären, hat sich mehr als Strohfeuer erwiesen. Obwohl die Bedrohung durch Anschläge nicht nachgelassen hat, die Gefahr also weiterhin klar und gegenwärtig ist, hat sich in Europa die Position durchgesetzt, weniger die militärischen Mittel der Kriegführung,

---

[222] Ignatieff, S. 10.

sondern vielmehr die polizeilichen Mittel des Rechtsstaats einzusetzen. Das Kriegsrecht erlaubt es, Gefangene bis zum Kriegsende festzuhalten, der Rechtsstaat dagegen verlangt, dass es nach angemessener Zeit zu einer gerichtlichen Überprüfung der Inhaftierung kommen muss. Richtig an der europäischen Position ist, dass ein lang andauernder Kriegszustand die unbegrenzte Aussetzung von Menschenrechten für einige Verdächtige ermöglichen würde. Die amerikanische Regierung hatte schon im September 2001 erklärt, dass der Krieg gegen den Terror voraussichtlich sehr lange dauern würde. Damit aber entfällt das Argument einer vorübergehenden und zeitlich begrenzten Ausnahmeregelung zur Einschränkung von Rechten. Eine Argumentation, die sich realistischerweise auf eine zu erwartende lange Kriegsdauer stützt, steht in direktem Widerspruch zur Rechtfertigung der Aussetzung von Menschenrechten durch zeitlich begrenzte Dauer. Die Ausnahme würde zur Regel. Deshalb ist die europäische Position in dieser Frage in sich schlüssig und konsequent.

Ein lang anhaltender Krieg, der weitgehend an den Rändern der Zivilisation geführt wird, ist ein wesentlich schwächeres Rechtfertigungsargument als eine Krise im Kern des eigenen Verfassungssystems, also z.B. der Wahlerfolg einer verfassungsfeindlichen Partei. Bemerkenswert ist, dass die Bereitschaft, Grundfreiheiten aus Sicherheitsgründen zurückzustellen, durchaus auch so verstanden wird, dass sogar Teile der Zivilgesellschaft selbst zur Selbsteinschränkung der eigenen Freiheiten bereit sind, um so möglicherweise vor terroristischen Reaktionen geschützt zu sein. Die öffentliche Diskussion nach den dänischen Mohammed-Karikaturen hat gezeigt, dass die eigene Meinungs- und Pressefreiheit als nachrangiges Gut betrachtet wird, für die das Eingehen eines Risikos oder der Kampf sich nicht lohnen. Gesellschaftliche Unterdrückung durch lautstarke Minderheiten wird mit einer bemerkenswerten Bereitwilligkeit hingenommen, die nur wenigen kritischen Beobachtern aufgefallen ist. Henryk M. Broder hat in seinem Pamphlet „Hurra, wir kapitulieren! Von der Lust am Einknicken" gezeigt, eine wie breite Anhängerschaft dieses Verhalten in Europa inzwischen gefunden hat. Er beklagt insbesondere, in welchem Maße die sich sonst als „kritisch" oder „mutig" präsentierenden Größen des Kulturbetriebs wie Peter Zadek, Günter Grass oder John le Carré die Anpassung und Unterwerfung unter die Drohung mit moslemischen Gewalttakten empfehlen: „In der Politik wird noch beraten, wie man sich ohne allzu viel Gesichtsverlust informell ergeben könnte, in der Kultur wurden die Kapitulationserklärungen schon unterschrieben."²²³ Selbst die akademische Freiheit wird aufgegeben: „Die Rektoren der holländischen Universitäten (mit Ausnahme der Rijksuniversiteit Groningen und der Vrije Universiteit Amsterdam) einigen sich Anfang Juli darauf, die akademische Freiheit zu begrenzen, um kritische Äußerungen über den Islam zu unterbinden."²²⁴ Die Nachrangigkeit auch der eigenen Freiheit im öffentlichen Bewusstsein gegenüber der Hoffnung auf Sicherheit ist ein klassisches Thema der politischen Ideengeschichte.

Die Gefahr für unsere Menschenrechte, für unsere Freiheit wird also keineswegs nur von einigen allzu energischen Bekämpfungsmaßnahmen des Staates gegenüber Terroristen hervorgerufen, sondern ebenso sehr von einer Nachgiebigkeit und Anpassungsbereitschaft der Zivilgesellschaft gegenüber Gewaltdrohungen. Und es kann durchaus geschehen, dass ein fürsorglicher Staat, wie es der bayerische Ministerpräsident schon gefordert hat, seine Gesetze gegen Religionskritik so verschärft, dass er sich selber zum ausführenden Organ fundamentalistischer Gewalttätigkeit macht. Michael Ignatieff stellt dazu etwas schroff fest: „Wo terroristische Gräueltaten Unterstützung oder passive Komplizenschaft auslösen, werden sie gefährlich."²²⁵

Als letzte Möglichkeit der Abwehr von Grundrechtsverstößen bleiben in liberalen Demokratien immer der zivile Widerstand und der zivile Ungehorsam. Dieser hängt allein vom Willen der Menschen, sowohl der politischen Eliten, der Polizeikräfte wie auch der Allgemeinbürger ab, im Ernstfall für die Demokratie auch zu kämpfen. Dieser Widerstandswille hat sich gegenüber dem islamistischen Terror bislang noch nicht wirklich entwickelt. Davon wird es aber abhängen, ob die Demokratien überleben können. Michael Ignatieff verweist auf die früheren Erfolge: „Selbst in Italien mit seinen relativ schwachen Koalitionsregierungen und einer Bürokratie, die nicht gerade für ihre Effizienz bekannt ist, haben sich Polizei und Militär in den 1970er Jahren beim Kampf gegen den Terrorismus der Roten Brigaden als höchst energisch erwiesen. (....) Theoretiker, die davon ausgehen, dass die liberale Demokratie durch den kapitalistischen Individualismus geschwächt worden sei, unfähig, den Bürgerwillen zum Zusammenstehen zu mobilisieren, sollten sich terroristische Notstandssituationen ansehen und ihren Standpunkt überdenken."²²⁶ Dort, wo die Zivilgesellschaft intakt ist, können Demokratien notfalls auch mit Beharrlichkeit und äußerster Härte reagieren, ohne ihre

---

[223] Broder, Henryk M.: Hurra, wir kapitulieren! Von der Lust am Einknicken, Berlin 2006, S. 137.
[224] Ebenda S. 116.
[225] Ignatieff, S. 124.
[226] Ignatieff a.a.O. S. 109.

Identität aufs Spiel zu setzen. Dort aber, wo sie sich in einer Identitätskrise befinden, ist ein Reflexionsprozess nötig, der zu einer Wiedergewinnung der eigenen Grundlagen und eines demokratischen Selbstverständnisses führen muss.

Die politische Gesellschaft selbst steht also auf dem Spiel und ist das Gegenbild zu einer Welt des Terrors. Sie ist auf wirkungsvolle Abwehrreaktionen gegen das Eindringen terroristischer Gewalt angewiesen und darf dies keineswegs allein den Spezialisten und Sondereinheiten von Polizei und Militär überlassen, wie das in Algerien der Fall ist, während die verschüchterten Bürger am Spielfeldrand als Zuschauer verharren und selbst das Jubeln und lautstarke Demonstrieren eher den Freunden und Komplizen des Terrors überlassen.

Für die relativ einfache Situation des antikolonialen Befreiungskampfes oder den Widerstand gegen eine Besatzung ist eine politische Ethik auf der sicheren Seite, die fordert, „dass den Unterdrückten immer friedliche politische Mittel zur Besserung ihrer Lage zur Verfügung stehen. Wo ihnen solche Mittel verweigert werden, wird es unvermeidlich zur Gewalt kommen."[227] Das deckt sich mit den Prämissen der UN-Charta. Wenn aber die „Unterdrückten" keine sind, sondern, wie die islamistischen Organisationen, selber neue Formen der Unterdrückung, z.B. der Meinungsfreiheit, in unsere Gesellschaft einführen wollen, oder, wie die internationalen Terrorbewegungen der 70er Jahre, eine Zwangsgesellschaft etablieren möchten, wenn es sich um relativ kleine Minderheiten handelt, die der übrigen Gesellschaft, und zwar keineswegs nur der Mehrheit, sondern nicht zuletzt auch den übrigen Minderheiten ihre Vorstellungen und Obsessionen aufzwingen will, dann gehen Unterdrückung und Gewalt nicht so sehr vom „System" aus, sondern von den vorgeblichen Befreiungskämpfern. Möglicherweise wäre es schon ein bedeutender Schritt, wenn dies in der Zivilgesellschaft wahrgenommen und verstanden würde.

Institutionenethisch gesehen ist die Frage der erlaubten und verbotenen Methoden der Terrorismusbekämpfung seit den siebziger Jahren des 20. Jahrhunderts recht überzeugend geklärt. Die damals gemachten Erfahrungen können heute weiter genutzt werden. Einzig bei Flugzeugentführungen war eine Modifikation notwendig. Galt bis 2001 die Regel, dass sich Besatzungen und Fluggäste allen Wünschen der Entführer bereitwillig zu unterwerfen hätten, so ist heute die aktive Gegenwehr wieder eine Option. Die Absiche-

---

[227] Ignatieff, a.a.O. S. 11.

rung allerdings der in der politischen Klassen mittlerweile Allgemeingut gewordenen Grundpositionen in der Zivilgesellschaft bildet eine legitimatorische Lücke. Die Zivilgesellschaft neigt zu Unterwürfigkeit und Ängstlichkeit gegenüber Forderungen, die mit Gewaltdrohung vorgetragen werden. Ein unmittelbarer, elementarer Widerstandswille gegen Zumutungen, wie Henryk M. Broder ihn einfordert, scheint weitgehend zu fehlen, wenn selbst dänische Zeitungen ihren Karikaturisten aus Ängstlichkeit („aus Sicherheitsgründen") lieber feuern als ihn weiterzubeschäftigen. Denn es stimmt nicht, dass eine Grundhaltung der Unterwürfigkeit und Ängstlichkeit gegenüber Gewaltdrohungen einen friedlichen Lösungsansatz fördert. Sie wirkt nämlich auch als Katalysator auf die Gewaltspirale, die dann wegen der wachsenden Erfolge von der anderen Seite umso heftiger in Bewegung gehalten wird. Institutionenethische Lösungen haben eine eindrucksvolle argumentative Kraft, sie sind aber nicht durchhaltbar ohne einen stabilen Rückhalt im öffentlichen Moralempfinden der Zivilgesellschaft. Das war der Grund, warum Thomas Hobbes als den entscheidenden Begründungsschritt seiner Vertragstheorie auf die Angst der Bürger vor dem Kampf jeder gegen jeden gesetzt hat. Wenn die Angst aber nicht zum Vertrag der Gleichen auf gegenseitigen Gewaltverzicht, sondern schlicht zur Unterwerfung unter den nicht unbedingt Stärkeren, aber Lautstärkeren und Gewaltbereiteren führt, dann erfüllt sie nicht den von Hobbes erhofften rationalen Zweck.

Rassismus: Das antiethische Prinzip

Rassistisch sind immer die anderen. Eine der beunruhigendsten Studien zur Welt des kritischen Antirassismus ist deshalb Nora Räthzels und Annita Kalpakas Text „Die Schwierigkeit, nicht rassistisch zu sein"[228] Rassismus wird hier nicht als böse Absicht, sondern als Lebensform beschrieben, die sich keineswegs auf rechtsextreme Gruppen beschränkt. Die beiden Autorinnen entdecken diese Lebensform auch bei verständnisvollen, engagierten Linken.[229] Der Begriff „Rassismus" erscheint ihnen besser als „Ausländerfeindlichkeit" geeignet, um das Phänomen zu beschreiben, denn die Ablehnung richtet sich offensichtlich nicht gegen Engländer, Spanier oder Japaner, sondern gegen Afrikaner, Türken oder Araber.

---

[228] Annita Kalpaka/Nora Räthzel, Die Schwierigkeit, nicht rassistisch zu sein, 2. Aufl. Leer 1990.
[229] Kalpaka/Räthzel, S. 9.

Der Rassismus des 19. Jahrhunderts hatte seinen Ausgangspunkt in Arthur de Gobineaus vierbändigem „Versuch über die Ungleichheit der Menschenrassen" aus den Jahren 1853 bis 1855. Gobineau ist auf der Suche nach Naturgesetzen, die die soziale Welt regieren. Insbesondere geht es ihm um die Erklärung für den Verfall von Gesellschaften. Sein Schlüsselbegriff hierfür ist „Dekadenz", eines der prägenden Schlagworte des damaligen Feuilletons und durch das Werk Charles Baudelaires zu beeindruckender Prominenz gelangt. Da ihm selbst als Privatgelehrter die mangelnde wissenschaftliche Absicherung seines Projekts sehr bewusst war, argumentiert er ex negativo, indem er zu zeigen versucht, dass der Verfall und Untergang von Gesellschaften keineswegs in Fanatismus, Luxus, schlechten Sitten oder Rückgang der Religiosität begründet ist, auch nicht in der Qualität von Regierungen. So bleibt für ihn nur ein einziger Grund: In den Gesellschaften mischen sich Rassenanteile. Je intensiver die Mischung, so die rassistische These, desto geringer die Leistungsfähigkeit und desto näher der Untergang. Rassenunterschiede sind für Gobineau dauerhafte Differenzen, die Menschen sind ungleich an geistiger Befähigung. Den relativen Wert einer Rasse kann man nach dieser Lehre ablesen an der Qualität der Sprache, welche diese entwickelt hat. Bei Gobineau verbindet sich das rassistische Denken mit einem Herabblicken auf die unteren Schichten der französischen Gesellschaft: diese seien die Nachkommen der Kelten und Galloromanen, die französische Aristokratie dagegen sei germanisch.[230] Bei Gobineau finden sich schon die wesentlichen Grundgedanken des Rassismus im 19. Jahrhundert, es fehlt bei ihm allerdings noch der Antisemitismus, der dann von Richard Wagner und Houston Stewart Chamberlain ins Spiel gebracht wurde.[231] Detlev Claussen nennt diesen Ansatz in seiner vergleichenden Bewertung rassistischer Theorien deshalb noch etwas wohlwollend einen aristokratischen Rassismus im Unterschied zu den plebejischen Formen, welche dieser im 20. Jahrhundert angenommen hat.[232]

Die rassistischen Lehren haben wegen ihrer pseudonaturwissenschaftlichen Begründung im 19. Jahrhundert großes Aufsehen erregt, obwohl weder Gobineau noch Chamberlain in irgendeiner Weise eine ernsthafte wissen-

---

[230] Arthur Graf Gobineau, Versuch über die Ungleichheit der Menschenrassen, 4 Bde, Stuttgart 1939.
[231] Richard Wagner: Die Kunst und die Revolution; Das Judentum in der Musik; Was ist deutsch? Hrsg. u. komm. Von Tibor Kneif, München 1975; Houston Stewart Chamberlain, Die Grundlagen des 19. Jahrhunderts, 2. Bde. 5. Aufl. München 1904.
[232] Detlev Claussen, Was heisst Rassismus?, Darmstadt 1994, S. 43. Eine philosophische Kritik an Gobineau findet sich bei Ernst Cassirer, Der Mythus des Staates. Philosophische Grundlagen politischen Verhaltens, Frankfurt am Main 1985, S. 289-321.

schaftliche Ausbildung aufweisen konnten. Chamberlain selbst war das vollkommen bewusst, er betont es in seinem selbst vom Kaiser Wilhelm II. verschlungenen Bestseller „Grundlagen des 19. Jahrhunderts" ausdrücklich. Das hat diese Lehre aber in der öffentlichen Wahrnehmung und in der politischen Diskussion aber nicht davor geschützt, als eine Art neuester wissenschaftlicher Erkenntnisstand wahrgenommen zu werden, weil sie parallel liefen zum Aufschwung von Naturwissenschaften und Technik, zum Siegeszug der darwinschen Biologie und zur kolonialistischen Begegnung mit immer neuen Stammesvölkern. Bei Houston Stewart Chamberlain zeigt sich, wie Argumentationsweisen, die entfernt analog zu damals aktuellen Wissenschaftsentwicklungen auftraten, trotz der Beteuerungen des Autors, er sei wissenschaftlicher Laie, von einer geneigten und prominenten Öffentlichkeit als ernsthafte Beweisführungen akzeptiert werden konnten: Eine Warnung für die Gegenwart.

Ein aristokratischer Rassismus versucht eine Abgrenzung von oben gegenüber aufstrebenden und nachdrängenden gesellschaftlichen Gruppen. Wildeste Spekulationen über angebliche nordische Ursprünge der Herrenmenschen und über unterlegene Südvölker wurden hier ausgebreitet. Es gibt aber ebenso einen Rassismus von unten, von Menschen, die sich unterdrückt und benachteiligt fühlen. Dieses Benachteiligungsgefühl durch den Westen, durch die Niederlage im ersten Weltkrieg, durch den Vertrag von Versailles war ein wesentliches mobilisierendes Element innerhalb der nationalsozialistischen Bewegung.

Die Postulierung und Mobilisierung der eigenen Rassenidentität als Schwarze gegen die Weißen hat in den späten 60er und frühen 70er Jahre die amerikanischen Black Panther angetrieben, auch wenn von europäischen Wissenschaftlern vielfältige Versuche gemacht worden sind, allein die soziale Seite dieser Protestbewegung sehen zu wollen. Aber die Black Panther hatten schlicht den weißen Rassismus gegen die nach dem Ende der Sklaverei herausgebildete schwarze Unterschicht, die vielen institutionalisierten Formen der Rassensegregation, aktiv umgekehrt und zur Integration der Bewegung genutzt.[233] In den Befreiungsbewegungen in Afrika hat der Rassismus, wie von Frantz Fanon sehr deutlich ausgesprochen, ebenso eine tragen-

---

[233] Ein wichtiger Quellentext ist die Dissertation des vormaligen Black-Panther-Führers Huey P. Newton: War against the Panthers: A Study of Repression in America, University of Santa Cruz 1980, und die Abschnitte über „Revolutionary Nationalism" und „Hate the opressors" in dem Interview, das er 1968 der Zeitschrift „The Movement" gegeben hat (heute abrufbar auf: http://hippy.com/modules.php?name=.

de Rolle gespielt. Im Zimbabwe hat dies, nach anfänglicher Kooperation mit weißen Farmern, zu einer tragischen Gegeneinanderentwicklung geführt, die über den ökonomischen Ruin des Landes hinaus auch alle menschlichen Beziehungsformen nachhaltig zerstört hat.[234]

Doch der Ursprung und die Wurzel der Rassenideologien, ja des Rassenwahns war, wie Hannah Arendt in ihrer bahnbrechenden Studie „Elemente und Ursprünge totaler Herrschaft" gründlich herausgearbeitet hat, der Imperialismus des 19. Jahrhunderts. Hier „verlor die Idee der Menschheit und des gemeinsamen Ursprungs des Menschengeschlechts, wie die christlich-jüdische Tradition des Abendlands sie lehrt, zum ersten Mal ihre zwingende Überzeugungskraft".[235] Hier, in dieser Welt, insbesondere im Kolonisationsprozeß des südlichen Afrika, haben sich auch zuerst Konzeptionen des Verwaltungsmassenmords, wie ihn später die Nationalsozialisten aus der Rassenideologie ableiteten, entwickelt. Der kontinentale Imperialismus in Europa hat sich von vornherein an Rassenbegriffen orientiert, insbesondere in der Form der ethnisch ausgerichteten Pan-Bewegungen, die in komplexen gemischt besiedelten Gebieten Mittel- und Osteuropas den Versuch machten, Staaten nach ethnischen Kriterien zu bilden. Der jeweils stärkere ethnische Nationalismus nutzte dies aus, die übrigen Gruppen zu vertreiben. Der heutige Begriff für diese radikal antiethische Form der Politik lautet „ethnische Säuberung". Er bezeichnet recht gut einen Diskurs, der seine Propaganda mit Reinheits- und Hygienebegriffen aufgeladen hat. In 19. und frühen 20. Jahrhundert war der Oberbegriff der des „völkischen Nationalismus". Sogar die politisch-menschenrechtliche Rede von der Selbstbestimmung wurde nun völkisch gewendet und als kollektive Selbstbestimmung einer Gruppe, nicht mehr als Emanzipation jedes einzelnen verstanden. Der politische Kollektivismus verdrängte den bürgerlichen Individualismus, der sich seitdem als überholte liberale oder neoliberale Ideologie beschimpfen lassen muss.[236] Hannah Arendt kommentiert: „Es steht außer Frage, dass die Anziehungskraft der Pan-Bewegungen auf ihrer offen ausgesprochenen Verachtung für die sogenannte liberale Weltanschauung und das liberale Vokabular beruhte (...). Daß eine Bewegung gerade durch Uniformierung und massenhafte Zu-

---

[234] Dazu z.B. die Berichterstattung der ZEIT-Redaktion, u.a. Mugabes wahres Gesicht. Vor 20 Jahren war Simbabwes Präsident ein Hoffnungsträger. Jetzt bereitet er mit Tod und Terror seine Wiederwahl vor. Von Bartholomäus Grill und Artur K. Vogel, abrufbar: http://www.zeit.de/2001/37/200137_simbabwe.xml.
[235] Hannah Arendt, Elemente und Ursprünge totaler Herrschaft, München 1986, S. 308.
[236] Umfassende Kritik hieran findet sich bei Stephen Holmes, Anatomie des Antiliberalismus, Hamburg 1995.

sammenfassung von Menschen eine Art Ersatz für gesellschaftliche Heimat und Sicherheitsgefühl zu geben vermag, haben die totalitären Bewegungen bei den Panbewegungen bequem lernen können."[237] Damit ist zugleich auch angesprochen, dass wir es hier mit Reaktionsbewegungen auf Modernisierungsprozesse zu tun haben, in denen die erhöhte Mobilität von Menschen und der Zusammenbruch alter Strukturen und mit ihnen verbundener Gewißheiten durch ein Gemeinschaftsgefühl kompensiert werden soll, das am erfolgreichsten in Vorstellungen einer rassischen Überlegenheit der eigenen Gruppe gegenüber anderen besteht. Schon in der Burengesellschaft Südafrikas war zu beobachten, dass gerade die weißen *underdogs*, die einfachen weißen Arbeiter der Diamantminen, die nicht besser bezahlt wurden als die schwarzen Minenarbeiter, in der Entwicklung eines rassistischen Bewusstseins eine ideelle Kompensation hierfür suchten. Abfällig wird deshalb bei der Diagnose von weißem Rassismus häufig vom „white trash" als dessen Trägergruppe gesprochen. Es sollte aber immer bewusst bleiben (um nun nicht in einem Rassismus gegen weiße Unterschichten zu verfallen), dass nichtweiße benachteiligte Gruppen in ähnlicher Weise zu diesem mentalen Mittel greifen können.

Hervorzuheben an den rassistischen Ideologien ist, dass sie historisch häufig im Zusammenhang mit nationalistischen Bewegungen auftreten, aber weder gedanklich noch tatsächlich an diese gebunden sind. Arthur Graf Gobineau war weder Nationalist, noch war er ein französischer Patriot. Er verachtete die einfachen Franzosen und hielt sie in seiner rassistischen Sicht für Abkömmlinge der Kelten, während die adlige Herrenrasse arischer bzw. germanischer Herkunft sein wollte.[238] Auch die arischen Rassevorstellungen der deutschen Nationalsozialisten zielten auf eine gesamteuropäische germanische (also u.a. antislawische) Herrenrasse, auf eine „Nation Europa", wie eine ihrer Zeitschriften hieß.

Der antiethische Kern rassistischen Denkens besteht in der grundsätzlichen Leugnung der politisch-rechtlichen Gleichheit aller Menschen. Die eigene, wie immer willkürlich definierte Gruppe wird mit Höherwertigkeitsillusionen ausgestattet, die in Verfolgung, Unterdrückung, Vertreibung und Ermordung münden können.

---

[237] Arendt, Elemente und Ursprünge S. 378.
[238] Arthur Graf Gobineau, Versuch über die Ungleichheit der Menschenrassen, 4 Bde. Stuttgart 1939, bes. Bd. 4, Kap. 2: Die germanischen Arier, S. 41-65. Vgl. dazu Ernst Cassirer, Der Mythos des Staates, Frankfurt am Main 1985, s. 289-321, bes. S. 310.

Vergangenheitspolitik und Politik der Erinnerung

Es ist durchaus sinnvoll und eine Sache des *common sense*, vor Gedanken und Handlungen, die schon einmal zu katastrophalen Konsequenzen geführt haben, aufs heftigste zu warnen. Rassismus, religiöser Fanatismus, Kommunismus und andere totalitäre Ideologien haben einen wesentlichen Beitrag zur Geschichte der Massenmorde geleistet. Normalerweise werden sich geschichtliche Abläufe nicht exakt so wiederholen, wie sie einst abliefen, aber es ist einsehbar, dass diejenigen, die politische Vorschläge machen, welche an gescheiterte Ideen der Vergangenheit erinnern, unter einen Argumentationsdruck geraten, der sie zumindest zwingt, sich und anderen klarzumachen, was denn nun die spezifische Differenz ihres Ansatzes gegenüber den gescheiterten Versuchen ist. Diese Differenz müsste schon hinreichend groß sein, um einen Ansatz nicht als abzulehnenden Wiederbelebungsversuch alter Fehler anzusehen. Der entsprechende Vorwurf kann jedoch durchaus, gerade weil das Argument so plausibel ist und nur ein wenig Empörungsaufwand erfordert, zur billigen Massenware in der politischen Alltagsargumentation werden. Er erstarrt dann zum Dogma, wenn schon das Stichwort reicht und nicht mehr im einzelnen ausgeführt werden muss, worin denn nun genau der Vorwurf, worin genau die Übereinstimmung einer aktuell vertretenen Idee mit den historisch diskreditierten Versuchen besteht.

Die Denkmale unserer Zeit erinnern nicht mehr an große Männer, sondern an Verbrechen und Katastrophen. Der Kampf geht darum, an welche Opfer und an welche Verbrechen erinnert werden soll: Ausschließlich an die jüdischen Opfer, oder auch an Homosexuelle, Sinti und Roma, vielleicht auch an ganz normale Strafgefangene wie Einbrecher und Diebe, die in den Konzentrationslagern in groteskem Unverhältnis zur Schwere ihrer Taten gefoltert und ermordet wurden? Es geht also um die Ethik kollektiver Erinnerung, wie Avishai Margalit das genannt hat.[239] Avishai Margalit spricht von der Willkür der geteilten Erinnerung, die nicht lediglich auf Anteilnahme beruhen darf, denn „Moral brauchen wir genau dort, wo wir *keinen* Anteil nehmen."[240] An die Stelle einer Gedächtnispolitik der Kriegerdenkmäler ist eine Gedächtnispolitik der Erinnerung an die Opfer getreten.

---

[239] Avishai Margalit, Ethik der Erinnerung. Max Horkheimer Vorlesungen, Frankfurt am Main 2000.
[240] Ebenda S. 22.

Wie lange dauert eine solche Vergangenheit? Muß irgendwann einmal Schluss sein mit der Erinnerung an bestimmte historische Verbrechen? Ralph Giordano hat dazu als Zeitzeuge eine hochsignifikante Beobachtung beigetragen. Er berichtet, schon im Hamburg des Jahres 1945 solche Äußerungen wiederholt gehört zu haben, dass man doch endlich einmal vergessen, dass endlich einmal Schluss sein sollte.[241] Faktisch ist es so, dass es keine zeitliche Grenze gibt. In der Perspektivik der Späteren können vergangene Taten und Ereignisse durchaus sogar eine wachsende Bedeutung bekommen, insbesondere dann, wenn sie religiös oder quasi religiös überhöht und erfolgreich ritualisiert werden. Jürgen Habermas sieht in den politisch-ethischen Diskursen über den Holocaust und andere im Namen der eigenen Regierung begangene Massenverbrechen ziviltheologische Grundelemente: die Gedächtnispolitik zeigt, wie sich nicht zuletzt auch außerhalb Deutschlands „verfassungspatriotische Bindungen im Medium der Politik selbst bilden und erneuern können".[242]

Ralph Giordano sieht die zweite Schuld vieler Deutscher darin, dass sie nach 1945 die selbstkritische Aufarbeitung der Vergangenheit verweigerten und zu hintertreiben suchten. Sobald deutsche Behörden die Entnazifizierungsaufgabe im Westen von den Besatzungsmächten übernommen hatten, fand eine Art von wenig spektakulärer Massenamnestie statt. Giordano gesteht durchaus zu, dass Kompromisse nötig sind, weil das Leben auch dann weitergehen muss, wenn sehr große Teile der Bevölkerung in die Taten eines verbrecherischen Regimes verstrickt sind. Er kommt sogar zu der Überlegung, dass demokratische Nachfolgesysteme in besonderem Maße dazu neigen, Täter und Nutznießer straffrei ausgehen zu lassen. Allerdings konstatiert er für Deutschland, dass hier im Vergleich zu Italien nach Mussolini, Japan nach dem imperialistischen Militarismus, Spanien nach Franco, Portugal nach Salazar und Griechenland nach den Obristen ein besonderer Höhepunkt der Nachsichtigkeit erreicht worden sei.[243] Man habe im diplomatischen Korps, beim Wiederaufbau der Bundeswehr und in den älteren Jahrgängen der Beamtenschaft so etwas wie einen stillschweigenden Frieden mit den Tätern gemacht. Adenauers Staatssekretär Hans Globke, der einst Kommentator der Nürnberger Rassegesetze war, ist das prominenteste Beispiel dafür. Giordano spitzt sein Resümee zu: „In der Rückschau erscheinen die ‚Fünfzi-

---

[241] Ralph Giordano, Die Zweite Schuld oder Von der Last Deutscher zu sein, Hamburg und Zürich 1987, S. 36.
[242] Habermas, Glauben und Wissen, Frankfurt am Main 2001, S. 24.
[243] Giordano, a.a.O. S. 95f.

ger' wie verspätete NS-Jahre. (...) Es war der totale Triumph der Verdrängung und Verleugnung, der Sieg der These von der Kollektivunschuld. Es ist nicht übertrieben, den großen Frieden nun auch mit den strafrechtlichen Tätern als eine Herzensangelegenheit der damaligen politischen Führung in der Bundesrepublik zu bezeichnen – eine wohlkalkulierte, völlig bewußte Gratwanderung zwischen dem Versuch, nach außen ein NS-feindliches Bild zu bieten, innenpolitisch aber auf Amnestiekurs zu gehen, mit vollen Segeln."[244] In den großen KZ-Prozessen habe man monate- und jahrelang nach dem Exzeßtäter gesucht, der sich durch besondere Bösartigkeit hervorgetan habe, nicht jedoch nach den Fließbandarbeitern der „Endlösung".

Zu einer Erinnerungskultur des Gedenkens und der Denkmäler muss nach dem heutigen Verständnis immer auch eine Gesprächskultur der Aufklärung treten, des Wissenwollens, wie es war. Die Vorstellung, Verdrängung und Verschweigen sei dem friedfertigen Zusammenleben förderlich, tritt im Zeitverlauf immer mehr in den Hintergrund, schon aus der Furcht heraus, den alten Eliten zuviel Macht zu belassen.

---

[244] Giordano, a.a.O. S. 122.

Zur Rolle und Funktionsweise von Ethikkommissionen 3

Parlamentarische Beratungsprozesse sind oftmals so orchestriert und durchroutinisiert, daß es sich bei bestimmten als neu oder auf dem Routinewege schwer lösbaren Fragen, auch dann, wenn es darum geht, eine neue Idee oder eine Abwendung von bisherigen Praktiken durchzusetzen, als hilfreich erweist, den externen Blick einer vom herkömmlichen politischen Prozeß etwas weniger abhängigen Personengruppe als Beratungsinstrument heranzuziehen.

Im Zusammenhang der „Angewandten Ethik" ist der Begriff des Diskurses zu einem Synonym institutionalisierter Ethik-Debatten geworden. Mit dem Hinweis auf den eigenen Charakter und die spezifische Kommunikationssituation in Gremien und Komitees wird dieser institutionalisierte Diskurs beispielsweise von akademischen Begründungsräsonnements unterschieden. Die differenzierte Beschäftigung mit dem Mikrokosmos der institutionalisierten Diskurse hat zu wichtigen Einsichten geführt, ist aber auch an die Grenzen ihrer Erklärungskraft gestoßen. Vor allem ein Problemkreis lässt sich mit Hilfe dieses Typs Angewandter Ethik nicht befriedigend erschließen. Die Normen und Werte, welche den Diskurs in den Kommissionen bestimmen, lassen sich nicht aus dem Binnengeschehen dieses Kommissionsdiskurses selbst herleiten. Diesem liegen, so hat es Ludwig Siep formuliert, „Normen und Werte zugrunde", die das Diskursverfahren „weder als faktisches noch als ideales selber generiert". Vielmehr liegen diesen Diskursen Errungenschaften der „europäischen moralischen und rechtlichen Tradition" zugrunde, die als solche Grundnormen oder „Güter" fungieren.[245]

Zweifellos ist die Religion einer der mächtigsten Bestandteile dieser europäischen Tradition. Ihre Bedeutung für die Ethikdiskurse ist in den letzten Jahren vor allem im Zusammenhang der Bioethik und besonders der sogenannten „roten", humanen Bioethik augenfällig geworden.[246] Fragt man nach

---

[245] Ludwig Siep, Konsens, Pluralismus und Gewissen. In: Erwägen - Wissen - Ethik 16/1, 2005, S. 62f.
[246] Iris Pinter, Einflüsse der christlichen Bioethik auf die deutsche Humangenetik-Debatte. Münster 2003.

der Rolle der Religion in Ethikkommissionen, ergibt sich der erstaunliche Befund, dass auf der konkreten Argumentationsebene religiöse Formeln gleichsam „unsichtbar" sind. Sichtbar würde sie, wenn ihrer Überlieferung zugehörige Symbole und Begriffe in den Diskursen Gebrauch fänden. Faktisch aber sind sie allenfalls sekundär repräsentiert durch die „Religionsvertreter", also in erster Linie Theologen aus Universität und Kirche, die den Gremien angehören.

Wie verhält es sich in solchen Gremien empirisch mit dem Gebrauch religiöser Sprache? Weisen sich die Religionsvertreter als Religionsvertreter durch explizit religiöse Begriffe aus oder liegt ihrem Engagement nicht vielmehr jene untergründige, im Grunde aufklärererisch säkularisierte kulturell sedimentierte Wertorientierung zugrunde, von der Ludwig Siep spricht?

Um dem so angezeigten Problem der Wechselwirkung zwischen den ethischen Anwendungsdiskursen und den untergründig wirksamen kulturell sedimentierten religiösen Werten auf die Spur zu kommen, wird im Folgenden ein Modell entworfen, in welchem die institutionalisierten Diskurse in Gremien, Komitees und Kommissionen nicht isoliert betrachtet werden, sondern in den Zusammenhang ethischer Diskurse unterschiedlicher Funktionsebenen gestellt werden. Erst im Zusammenspiel der unterschiedlichen Diskursebenen und der auf ihnen jeweils beteiligten Akteure lassen sich die Normen und Werte, Argumentationsweisen und -strategien in Ethikkommissionen angemessen verstehen (1.). Auf dem Hintergrund dieses Modells wird dann am Beispiel der bioethischen Debatten des Nationalen Ethikrats in Deutschland die Rolle von Religion und Religionsvertretern ausgehend von empirischem Material untersucht (2.). Daran anschließend können die Probleme der Bestimmung von Religion in ethischen Diskursen und Kommissionen und also Folgerungen für das Thema „Religion und Angewandte Ethik" (3.) erörtert werden.

Zum Ort von Ethikkommissionen im ethischen Diskurs – ein Integrationsmodell

Kommissionen sollen durch eine denkweisen- und richtungsübergreifende Zusammensetzung aus verschiedenen gesellschaftlichen Diskussionszusammenhängen sehr unterschiedliche Aspekte zusammenzubringen und wenn möglich, einem Konsens zuzuführen. Wenn sie funktionieren, ist ihre gemeinsame Intelligenz, weil die unterschiedlichsten Aspekte berücksichtigt werden können, der Intelligenz eines Einzelentscheiders deutlich überlegen. Funktionell können sie dazu beitragen, die einzelnen Entscheidungsträger besonders bei komplexen und schwierigen Themen oder schwierigen Fragen in einem doppelten Sinn zu entlasten: einerseits die Verantwortung zu verteilen, andererseits aber auch zu vermeiden, dass ein einzelner Entscheider im Rausch der großen, harten und schwierigen Entscheidungen sich zum vermeintlichen Herrn über Leben und Tod aufschwingt.

Soll der Diskursbegriff nicht nur ein anderes modisches Wort für „Debatte" sein, sondern eine erklärende Qualität für die Debatten in Ethikkommissionen haben, ist es hilfreich, einige klassische Bestimmungen des Diskursbegriffs heranzuziehen, wie sie in der politischen Philosophie von Jürgen Habermas und anderen entwickelt worden sind.

Unter Diskurs versteht man nach Habermas kommunikative Verfahren, die auf argumentative Verständigung hin angelegt sind. Verständigung bedeutet ein rational motiviertes Verständnis aufgrund kritisierbarer Geltungsansprüche.[247] Ziel des Diskurses ist ein Konsens. Indem jede verständigungsorientierte Äußerung nach Habermas den Anspruch Wahrheit (der Aussagen), normative Richtigkeit (innerhalb normativer Kontexte) sowie Wahrhaftigkeit (bezüglich der Sprecherintention) einschließt (und darüber hinaus noch verständlich sein muss, so dass Orakelsprüche wie die eines früheren amerikanischen Zentralbankvorsitzenden nicht angemessen sind) beruht sie auf anspruchsvollen Voraussetzungen, Haltungen und Positionen, die mehr verlangen als bloße Verständigung. Meist ist es das Fehlen einiger dieser Voraussetzungen, wodurch das Zustandekommen der von Habermas geforderten idealen Sprechsituation der Offenheit und des gegenseitigen Respekts faktisch verhindert wird.

Dennoch bleibt nach Habermas die Verständigung und der Konsens immanentes Ziel der Arbeit in Diskursen. Es ist notwendig, den Begriff der „Verständigung" an dieser Stelle zu verdeutlichen. Die Verhandlung schwieriger ethischer Probleme ist dadurch gekennzeichnet, dass nicht nur kein Einverständnis über konkrete Fragen des Umgangs mit z.B. humanen embryonalen Stammzellen vorausgesetzt werden kann, sondern auch die diesen unterschiedlichen Haltungen zugrundeliegenden moralischen Überzeugungen nicht kompatibel sind. Und weil darüber hinaus diese moralischen Überzeugungen nicht einfach aus rationalen Argumenten bestehen, sondern teils aus unterschiedlichen Rationalitätskonzepten, teils aus den hintergründig blei-

---

[247] Jürgen Habermas, Erläuterungen zur Diskursethik. In: Ders.: Erläuterungen zur Diskursethik. Frankfurt a. M., S. 119-226.

benden persönlichen Intuitionen, ist es eine schwierige, aber zentrale Aufgabe derartiger Kommissionen, zunächst den konkreten Punkt ihres Dissenses überhaupt zu identifizieren. Sind es lediglich unterschiedliche Auffassungen auf der Basis einer gemeinsam geteilten Moralvorstellung, lassen sich diese Unterschiede in den meisten Fällen relativ einfach zu einer Verständigung im Sinne eines gemeinsam rational geteilten Entschlusses auflösen. Das wäre dann Verständigung als rationaler Konsens. Die eigentliche Brisanz ethischer Grundlagenprobleme entsteht aber dadurch, dass solche gemeinsam geteilten Moralvorstellungen in bestimmten Feldern nicht existieren oder zumindest die Übereinstimmung zwischen ihnen nicht erkannt wird oder man sie einander sogar abspricht, wenn tiefe Gräben zwischen Grundpositionen entstanden sind. Dies spielt z.B. bei den Debatten um die Stammzellforschung mit Blick auf die „Menschenwürde" eine wichtige Rolle. In den Fällen solcher ethischer Konflikte ist ein rationaler Konsens nicht zu erwarten bzw. unmöglich. In liberalen pluralistischen Gesellschaften ist aber gerade diese Situation der eigentliche Anlass, Ethikkommissionen überhaupt ins Leben zu rufen. Die Kommissionen sind dann die Form Umgangs mit einer solchen Situation intellektuellen Grabenkriegs. Es besteht in solchen Fällen zwar kein Konsens über die Inhalte des Diskurses, aber doch über die Tatsache, dass ein solcher Diskurs mit Argumenten geführt werden sollte: immerhin redet man miteinander und wird dadurch dem Hauptgrundsatz des Politischen, der Erhaltung des Friedens zu dienen, so gut es geht gerecht. Hierin zeigt sich die Idee, dass der Pluralismus von moralischen Überzeugungen nicht unendlich sein sollte, sondern Verständigung das Telos des Diskurses bleibt.[248] In diesem Sinne ist gesagt worden, dass die konsensuelle Verständigung die „regulative Idee" von ethischen Diskursen ist.[249]

Jedoch müssen die (bio)ethischen Diskurse als ein zusammenhängendes und auf Verständigung zielendes Geschehen beschrieben werden, in dem allerdings nicht nur verständigungsorientierte Argumente vertreten sind, sondern auch der Verständigung weitgehend entzogene Überzeugungen, die ihre Wurzeln in ganz unterschiedlichen Lebenswelten haben. Zudem sollen nicht nur Personen und Institutionen als Diskursteilnehmer verstanden werden, sondern auch Begriffe, Symbole und Bilder. Dies ist gerade für die Rolle der Religion in solchen Diskursen signifikant. Für die Bioethik ist der

---

[248] Hieran wird sich. in späteren Abschnitten die Frage anschließen, ob Religion zu den Faktoren gehört, die eine solche verständigungsorientierte Diskursauffassung befördern.
[249] Mathias Kettner, Ethik-Komitees. Ihre Organisationsform und ihr moralischer Anspruch. In: Erwägen - Wissen - Ethik 16/1, S. 11.

Vorschlag gemacht worden, drei „Gruppen" von Aktivitäten zu unterscheiden: *erstens* die akademische Bioethik als Subdisziplin der Ethik, die sich in Lehrveranstaltungen, Büchern, Aufsätzen niederschlägt, *zweitens* die öffentliche Debatte welche sich in Zeitungsartikeln, Fernsehbeiträgen etc. vollzieht, und *drittens* die bioethische Arbeit von Gremien, Ausschüssen, Kommissionen. Diese unterschiedlichen Bereiche unterscheiden sich nach Subjekt, Ziel, Prozess, Produkt und Adressat ihrer ethischen Diskurse.[250] Dieser Zugang ist aufschlussreich, um den spezifischen Charakter vor allem der Gremien- und Kommissionsarbeit zu bestimmen und die Kriterien und Verfahren von solchen Diskursen zu definieren, die auf die Erarbeitung von Empfehlungen, Richtlinien und Gesetzesvorlagen ausgerichtet sind.

Für die uns hier zunächst interessierende Aufgabenstellung, die Rolle der Religion in ethischen Diskursen zu kartographieren, erscheint es notwendig, die unterschiedlichen „Gruppen" ethischer Diskurse auch in ihrer Interdependenz und wechselwirksamen Dynamik ins Auge zu fassen. Dafür ist es sinnvoll, statt von unterschiedenen, gleichsam getrennten „Gruppen" von unterschiedlichen *Diskursebenen* zu sprechen. Hier lassen sich idealtypisch drei solche Ebenen unterscheiden. Zum ersten eine *Orientierungsebene*. Auf ihr formieren sich diskursiv Intuitionen, Vorstellungen und rudimentäre Argumentationen, welche Überzeugungen und Motivation von Personen und Gruppen ausmachen bzw. artikulierbar werden lassen. Diese Orientierungsebene ist also vor allem lebensweltlich verortet und daher methodisch schwer einzugrenzen. Zweitens gibt es eine *Begründungsebene*. Auf ihr wird Wissen erweitert und vertieft, und es werden vollständige positionelle Argumentationen erarbeitet. Typischerweise ist diese Begründungsarbeit in akademischen Kontexten wie Universitäten und Forschungsinstituten beheimatet. Drittens lässt sich eine Ebene benennen, auf der Beratung erfolgt, Richtlinienvorschläge erarbeitet oder konkrete Vorgaben gemacht werden. Gremien und Kommissionen, denen in der Regel Experten unterschiedlicher Fachgebiete und Disziplinen angehören (z.B. Ärzte, Naturwissenschaftler, Philosophen, Theologen), sind dafür die klassischen Beispiele. Hier können dann nochmals drei Typen unterschieden werden: Ethikkommissionen zur Begutachtung von Forschungsprojekten, eher beratende Gremien wie z.B. der Nationale Ethikrat und konkrete „Vor-Ort-Entscheidungen" z.B. bei klinischen

---

[250] Kurt Bayertz, Warum „Selbstaufklärung der Bioethik"? In: Ach, Johann/Runtenberg, Christa (Hg.): Bioethik: Disziplin und Diskurs. Zur Selbstaufklärung angewandter Ethik. Frankfurt/New York 2002, S. 10f.

Ethik-Komitees.[251] Den unterschiedlichen Zwecksetzungen dieser Kommissionen wird derzeit hinsichtlich der deskriptiven und normativen Aufgaben einer Angewandten Ethik eine große Bedeutung zugeschrieben. Dies führt zu einer immer feineren Ausdifferenzierung von Kommissionstypen. Als übergreifende Beschreibungskategorie ist der Begriff der „ethischen Beratungsorgane" vorgeschlagen worden.[252] Deshalb wollen wir diese Ebene die *Beratungsebene* nennen. Im Sinne des oben explizierten Diskursbegriffs werden die an ihm auf den unterschiedlichen Ebenen beteiligten „Akteure" nach drei Kategorien unterschieden: Institutionen, Personen, Ideen. Wenn institutionalisierte Religion, Kirchen oder kirchliche Kommissionen offizielle Stellungnahmen oder Verlautbarungen abgeben oder auch einzelne Personen im Namen ihrer Kirche sprechen oder agieren, nehmen *Institutionen* am Diskurs teil. Als religiöse Akteure in bioethischen Diskursen treten *Personen* auf, die als kompetente Interpreten der Religion (akademische Theologen) oder mit einem Mandat versehene Vertreter der Religionsgemeinschaften (Kirchen) agieren. Im Bereich der *Ideen* liegen die größten begrifflichen und methodischen Schwierigkeiten, die eng mit den Schwierigkeiten des Religionsbegriffs zusammenhängen. Es gibt jedenfalls explizit religiöse Sprache und Symbole, die sich z.B. in Formeln „Schöpfung" oder „Gottes Willen" manifestiert. Schwieriger hingegen ist jene potentiell religiöse oder „religioide"[253] Bedeutung zu erfassen, die über Bilder und Metaphern der Hoffnung, Erlösung etc. agiert, wie sie sich ja auch bei dezidiert atheistischen Theoretikern wie Ernst Bloch findet.[254] Damit ergibt sich die Frage, inwiefern diese religioide Dimension überhaupt methodisch kontrolliert zu erfassen ist.

Jedenfalls erlaubt die hier vorgeschlagene Unterscheidung von Diskursebenen und Diskursakteuren eine sehr umfassende Kartographierung von Religion in ethischen Diskursen, welche die Problematik des Religionsbegriffs durchaus im Blick hat, aber begründungsoffen bleibt.

---

[251] Konrad Hilpert, Institutionalisierung bioethischer Reflexion als Schnittstelle von wissenschaftlichem und öffentlichem Diskurs. In: Ders. Mieth Dietmar (Hg.): Kriterien biomedizinischer Ethik. Theologische Beiträge zum gesellschaftlichen Diskurs. Freiburg i.Br./Basel/Wien 2006, S. 356-379.
[252] Mathias Kettner, Ethik-Komitees. Vgl. auch Friedo Ricken, Beraten oder Entscheiden? In: Erwägen - Wissen – Ethik 16/1, 2005, S. 54-56.
[253] Georg Simmel, Gesammelte Schriften zur Religionssoziologie, Berlin 1989, S. 38.
[254] Ernst Bloch, Das Prinzip Hoffnung, 3 Bände, Frankfurt am Main 1969.

Ethikkommissionen als Reaktion auf moralische Unsicherheit

Obwohl der Einsatz von Ethikkommissionen in vielen Bereichen nicht neu ist und der Bedarf an Ethikberatung steigt, existieren keine zusammenfassenden und kontextübergreifenden Beschreibungen dieser Einrichtung. Daher wird der folgende Überblick bewusst etwas ausführlicher gestaltet.

In Deutschland sind Ethikkommissionen auf dem Vormarsch. Ihre Anzahl und die Anzahl der an sie gerichteten Anträge wachsen[255], wobei sich eine beschleunigte Entwicklung seit ca. zehn bis 15 Jahren beobachten lässt. Es lassen sich drei Wirkungsfelder von Ethikkommissionen bestimmen: die Forschung, medizinische Einrichtungen wie Krankenhäuser und die Politikberatung.[256] Seit ungefähr 30 Jahren hat Deutschland Erfahrung mit Ethikkommissionen im Bereich (klinischer) Forschung[257], während in den USA schon seit den 60er Jahren entsprechende Erfahrungen mit Ethikkommissionen vorliegen.[258] Derzeit arbeiten in Deutschland ca. 52 Forschungs-Ethikkommissionen im öffentlich-rechtlichen Bereich.[259] In Krankenhäusern und Pflegeheimen hingegen verlief und verläuft die Einführung von Ethikkommissionen in Deutschland schleppend, nur langsam setzt sich deren Verbreitung auf freiwilliger Basis durch.[260] Erst 1997 veröffentlichten der Evangelische und der Katholische Krankenhausverband in Deutschland eine gemeinsame Empfehlung „Ethik-Komitee im Krankenhaus", in der allen christlichen Krankenhäusern die Einrichtung von Ethikkomitees empfohlen wird und konkrete Hinweise für die Gründung gegeben werden.[261] Ähnliche Entwicklungen sind z.B. in Großbritannien zu beobachten, wo 2001 die meisten Ethikkommissionen in Krankenhäusern weniger als fünf Jahre alt waren und

---

[255] Almut Wilkening, Zur aktuellen Praxis der Ethik-Kommissionen - Verbreitung, Besetzung und Beratungsinhalte. MedR, 6, 2001, S. 301.
[256] Sigrid Graumann, Diskursethische Regulierung von Ethikberatungsgremien? In: Erwägen -Wissen - Ethik, 16/1, 2005, S. 31.
[257] Peter Wolfgang Gaidzik, Ethik-Komitees: Rechtliche Aspekte. In: Erwägen – Wissen - Ethik, 16/1, 2005, S. 26.
[258] Joseph C. Fletcher, Hoffmann, D. E., Ethics committees: Time to experiment with standards. Annals of International Medicine, 120(4), 1994, S. 335.
[259] Matthias Kettner, Ethik-Komitees, S. 5.
[260] Vgl. Andreas Vieth, Einführung in die Angewandte Ethik, 2006.
[261] Jochen Vollmann, Zwischen Kritik und Legitimierung. Zur Identität des Klinischen Medizinethikers. In: D. v. Engelhardt, V. v. Loewenich, A. Simon (Hg.), Die Heilberufe auf der Suche nach ihrer Identität. Münster 2001, S. 139.

immer noch ihre Rolle definierten.[262] Zum Vergleich: kirchliche Träger setzten in den USA bereits ab 1949 klinische Ethikkomitees ein, die vor allem in den 60er Jahren Aufwind durch Probleme der Verteilungsgerechtigkeit bei knappen Behandlungsmitteln erfuhren.[263] Seit 1991 sind alle amerikanischen Krankenhäuser zur Einrichtung von Strukturen für die Klärung ethischer Probleme bei der Patientenversorgung verpflichtet, wobei die Einrichtung multidisziplinärer Ethikkomitees empfohlen wird.[264] Auf politischer Ebene gab es in Deutschland zwei Meilensteine zur Institutionalisierung von Ethikkommissionen. Die erste Enquête-Kommission zu „Chancen und Risiken der Gentechnik" wurde 1984 vom Bundestag eingesetzt. Im Jahre 2001 rief der damalige Bundeskanzler Gerhard Schröder den Nationalen Ethikrat ins Leben, dessen erstes Thema der Import menschlicher embryonaler Stammzellen war. Vorreiter bei der Gründung von Ethikkommissionen auf nationaler Ebene war indes Frankreich. Schon 1983 wurde dort das „Comité Consultatif National d´Ethique pour les Sciences de la Vie et de la Santé" eingesetzt. Auch international wird gemeinsam an ethischen Problemen gearbeitet. So beschloss bereits 1985 die Parlamentarische Versammlung des Europarates die Gründung eines Ad Hoc Komitees für Bioethik (CAHBI) mit dem Auftrag, eine Konvention zum Schutz von Menschenwürde und Menschenrechten im Bereich der Biologie und Medizin auszuarbeiten.

Seit 1996 findet der „Global summit of national bioethics advisory bodies" der *World Health Organisation* statt, zu dem auch der deutsche Nationale Ethikrat eingeladen ist. Die Verbreitung von Ethikkommissionen auf verschiedenen institutionellen Ebenen – in der Forschung, in Krankenhäusern, in der Politikberatung – ist in Deutschland also ein eher junges Phänomen, wobei hauptsächlich ethische Probleme aus dem klinischen Bereich diskutiert werden. Insgesamt lässt sich weltweit ein Trend zu (klinischen) Ethikkomitees feststellen, dem auch Deutschland sich nicht verschließt. Warum werden überhaupt Ethikkommissionen gebildet? Mathias Kettner gibt an, dass Ethikkommissionen auf moralische Unsicherheit antworten sollen und zu einem besseren Umgang mit dieser beitragen können. Den Verlust von Moralsicherheit datiert Luhmann bereits auf das 16. Jahrhundert. Als Gründe nennt er Koinzidenzen verschiedener Erscheinungen: Konfessions-

---

[262] Vgl. Anne Slowther, Bunch, C., Woolnough, B., & Hope, T., Clinical ethics support services in the UK: An investigation of the current provision of ethics support to health professionals in the UK. Journal of Medical Ethics, 27, 2001, S. 2-8.
[263] Kettner, a.a.O.
[264] Vollmann a.a.O.

trennungen und religiöse Bürgerkriege, die Entdeckung Amerikas mit der daraus folgenden erweiterten Weltsicht, intellektuelle Skepsis, wirtschaftliche und politische Verhältnisse sowie den Buchdruck. Als andere Möglichkeit sieht er die seit dem Hochmittelalter ständig gewachsene gesellschaftliche Komplexität, die irgendwann eine Schwelle überschreitet, jenseits derer evolutionäre Prozesse der Meinungskondensierung in der Form von Moral nicht mehr funktionieren und in die Gegenrichtung umschlagen – d.h. statt Konsens erzeugen sie Dissens und statt moralischer Integration moralischen Streit.[265] Es lassen sich zwei große Bereiche herauskristallisieren, die zum Verlust moralischer Sicherheit geführt haben und weiter führen und nicht nur bei Luhmann aufscheinen, sondern auch zur Erklärung heute beobachtbarer Unsicherheit aktuell sind:[266]

1) die Beschleunigung und wachsende Eingriffstiefe sozialer und technischer Neuerungen und
2) die moralische Diversität wertepluralistischer Gesellschaften.

Zu 1) Der wissenschaftlich-technische Entwicklungsprozess beeinflusst immer schneller, stärker und umfassender unsere Gesellschaft. Vor allem auf dem Gebiet der Biotechnologie haben sich die wissenschaftlich-technischen Möglichkeiten stark erweitert, was den Ruf nach ethischer Auseinandersetzung nach sich zieht. Ethikberatung und entsprechende Gremien sind insbesondere dann nötig, wenn es um Handlungsfelder und –kontexte geht, in denen der gesunde Menschenverstand und der *common sense* nur wenig versiert sind.[267] Ethikkommissionen sind deshalb meist interdisziplinär zusammengesetzt, denn es wird davon ausgegangen, dass durch die Bündelung von Expertenwissen Probleme gelöst werden können, die jeden Einzelnen überfordern würden.[268] Die technologische Komplexität geht mit professioneller Komplexität einher, wobei aber gleichzeitig das unangefochtene Vertrauen der Gesellschaft in einzelne Praktiker verschwunden ist.[269] Dies hat der Soziologe Armin Nassehi besonders überzeugend herausgearbeitet, der den

---

[265] Niklas Luhmann, Die Moral der Gesellschaft, Frankfurt am Main 2008. Vgl. dazu Walter Reese-Schäfer, Luhmann zur Einführung, 5. Aufl. 2005, S. 119-132.
[266] Kettner a.a.O. S. 10.
[267] Vgl. Andreas Vieth, Einführung in die Angewandte Ethik, 2006.
[268] Erich H. Witte, Kommentar: Ethik-Räte oder das Lösen komplexer Probleme in Gruppen. Wirtschaftspsychologie, 4(3), 2002, S. 63.
[269] Vgl. Peter Caws, Committees and consensus: How many heads are better than one? Journal of Medicine and Philosophy, 16, 1991, S. 375-391.

Bedarf an Ethikkommissionen nicht durch die Neuheit von Problemlagen gegeben sieht, denn dieses Argument suggeriert für ihn, dass moralische Probleme, die mit neuen Techniken bzw. deren Folgeproblemen auftauchen, prinzipiell andere Formen moralischer Bearbeitung erfordern. Er konstatiert eher ein Technologiedefizit, einen „Verlust der Technik Professioneller, sachliche und moralische Kompetenz in sich widerspruchsfrei zu vereinen – und der Begriff der Widerspruchsfreiheit ist hier nicht im Sinne von Argumentationskonsistenz oder analytischer Präzision gemeint, sondern in dem wörtlichen Sinne, dass Widerspruch professionellen Autoritäten gegenüber [früher] nur unter hohen persönlichen Risiken möglich war".[270] Gerade im medizinischen Bereich haben die Ärzte nicht mehr das alleinige Sagen, wird das traditionelle paternalistische Ethos der Ärzte zunehmend kritisiert.[271] Durch die Bildung von Ethikkommissionen soll gewährleistet werden, dass viele Stimmen gehört werden und Entscheidungen nicht mehr von Einzelnen eigenmächtig getroffen werden. Ethische Probleme sind meist umso neuer und grundsätzlicher, je tiefer verändernd wir durch technische Methoden in die Natur eingreifen können, z.B. Gentechnik. Gleichzeitig können auch technisch nicht grundsätzlich neue Methoden ganz neue ethische Probleme aufwerfen, z.B. Pränataldiagnostik.

Zu 2) Kettner nennt moralische Unsicherheit und Wertepluralismus in einem Atemzug.[272] Beides kann als Ursache für die Inanspruchnahme von Ethikkommissionen gelten, allerdings können sie unterschiedliche Akzente setzen, nämlich in erstem Fall auf ein Schulungs- und Aufklärungsangebot, in letzterem auf einen Prozess, der zwischen gefestigten, aber divergierenden Moralauffassungen vermittelt.[273] Gerade das mangelnde Verständnis für die Werte anderer führt zu Konflikten, die mit Hilfe eines Diskussionsprozesses gelöst werden können.

Gegenstimmen bezweifeln, dass Ethikkommissionen moralische Unsicherheit völlig beseitigen können – sie können nur dafür Sorge tragen, dass alle relevanten Güter, Normen und Handlungsoptionen reflektiert und abgewogen

---

[270] Armin Nassehi, Die listige Vernunft der Diskursethik. Keine Kritik - nur eine soziologische Lesart. Erwägen – Wissen - Ethik, 16/1,2005, S. 50.
[271] Jochen Vollmann, Zwischen Kritik und Legitimierung, S. 142.
[272] Matthias Kettner, Ethik-Komitees. Ihre Organisationsform und ihr moralischer Anspruch. In: Erwägen - Wissen - Ethik 16/1, 2005.
[273] Eva C. Winkler, Ethische Beratungsorgane - mehr als eine Copingstrategie für moralische Unsicherheit. Erwägen - Wissen - Ethik, 16/1, 2005. S. 71-73.

werden.²⁷⁴ Außerdem haben es nicht alle Arten von Ethikkommissionen mit der Unsicherheit zu tun, die sich aus dem Wertepluralismus ergibt: klinischen und Forschungs-Ethikkommissionen ist ein Rahmen von Werten und Normen vorgegeben, innerhalb dessen sie Fälle beurteilen.²⁷⁵ In aktuellen Kontexten kann es jedoch auch vorkommen, dass eine moralische Beurteilungsgrundlage zunächst überhaupt zu fehlen scheint. In diesen Fällen muss eine moralische Orientierung zuerst einmal in vielfältigen Diskussionsprozessen und Meinungskämpfen entwickelt werden.²⁷⁶

Neben den eben ausgeführten Hauptgründen zur Bildung und Inanspruchnahme von Ethikkommissionen können noch weitere genannt werden. So sind Ethikkommissionen ein Instrument der Politik, wenn diese selbst entscheidungsunfähig ist²⁷⁷ oder wenn der Gedanke vorherrscht, dass die Gesellschaft an sich in ethischen Fragen inkompetent sei und der Führung bedürfe.²⁷⁸ Sie können aus ökonomischer Not geboren sein, z.B. wenn medizinisches Handeln von knappen Ressourcen geprägt ist und Verteilungsfragen über Lebenschancen entscheiden.²⁷⁹ Gerade für die steigende Anzahl klinischer Ethikkommissionen gibt es aktuelle Gründe wie z.b. effiziente aber kostspielige Behandlungen, ein Anstieg chronischer Krankheiten oder eine alternde Bevölkerung. Ethikkommissionen werden auch als ein guter Weg zur Lösung (medizin-)ethischer Einzelfälle betrachtet, bei dem der Gang vor kostspielige Gerichte vermieden wird und dem Interesse der Betroffenen nach persönlichen, privaten Entscheidungen außerhalb des Gerichtssaales entsprochen wird, wobei aber trotzdem eine größere Chance auf eine gerechte Lösung erwartet wird. Mit ethischen Beratungsorganen ist auch die Hoffnung verknüpft, dass Entscheidungen nicht nur der Vernunft, sondern auch dem Gewissen der Handelnden entsprechen.²⁸⁰ Des Weiteren dienen sie auch zur moralischen Legitimation. Daher muss sich z.B. die Wissenschaft recht-

---

[274] Ludwig Siep, Konsens, Pluralismus und Gewissen. Erwägen – Wissen - Ethik, 16/1, 2005, S. 62f.
[275] Vgl. Friedo Ricken, Beraten oder Entscheiden?, 2005.
[276] Urs Thurnherr, Ethik-Komitees und die Bestimmung moralischer Richtlinien. Erwägen - Wissen - Ethik, 16/1, 2005, S. 65f.
[277] Wolf-Michael Catenhusen, Bericht des Vorsitzenden der Enquête-Kommission „Chancen und Risiken der Gentechnologie". In K. Grosch, P. Hampe, J. Schmidt (Hg.), Herstellung der Natur? Stellungnahmen zum Bericht der Enquête-Kommission „Chancen und Risiken der Gentechnologie", Frankfurt a. M. 1990, S. 3f.
[278] Tanja Krones, The scope of the recent bioethics debate in Germany: Kant, crisis, and no confidence in society. Cambridge Quarterly of Healthcare Ethics, 15, 2006, S. 273ff.
[279] Vgl. Andreas Vieth, Einführung in die Angewandte Ethik, 2006.
[280] Ann E. Auhagen, Grundvoraussetzungen für erfolgreiche Ethik-Beratungen. Erwägen – Wissen - Ethik, 16/1, 2005, S.19f.

fertigen, denn sie dient (auch) äußeren Interessen und ist durch Benutzung fortschrittlicher Technik, öffentliche Finanzierung oder der Auftragsannahme von außen Teil des öffentlich-gesellschaftlichen Lebens.[281] Ethikkommissionen können dabei als Symptom der Kulturalisierung ethischer Debatten gesehen werden[282] und als Versuch der Zivilisierung von Konflikten, denn „moralische Konflikte", selbst wenn sie nicht explizit als solche bewusst oder genannt sind, sind unlösbar verbunden mit Interessenkonflikten.[283]

Ganz allgemein steht hinter der Diskussion ethischer Probleme in Ethikkommissionen die Frage, ob wir alles tun und lassen dürfen, was wir tun und lassen können.[284] Bereits über 2000 Jahre zuvor hatte Aristoteles in seiner Nikomachischen Ethik festgestellt: „...wo das Tun in unserer Gewalt ist, da ist es auch das Lassen, und wo das Nein auch das Ja".[285] Über die Feststellung hinaus, *was* wir zum Leben wollen, geht es in Ethikkommissionen auch um die Klärung, *wie* wir leben wollen.[286] Gerade in Zeiten des Strukturwandels, der Krise und der Orientierungsunsicherheit wird der Ruf nach Ethik besonders laut.[287] Diskutiert wird über Ethik in den dafür geschaffenen Kommissionen, verbunden mit der Hoffnung, auf diese Weise moralisch legitimierte, weithin respektierte, sozial gesinnte und sich selbst korrigierende Entscheidungen zu erreichen.

Bisher wurden die Begriffe Kommission, Komitee, Rat, und (Beratungs-) Gremium im Text synonym verwandt. Der Begriff „Kommission" bzw. „Ethikkommission" kann terminologisch als Dachbegriff aufgefasst werden.[288] Unter Kommission wird üblicherweise ein Ausschuss beauftragter Personen verstanden, unter Gremium eine beratende oder beschlußfassende Körperschaft bzw. ebenfalls ein Ausschuss und unter Komitee ein Ausschuss oder eine Gruppe von Personen, die mit der Vorbereitung, Organisation und Durchführung einer bestimmten Aufgabe betraut ist – die Übergänge zwi-

---

[281] Hans Jonas, „Freiheit der Forschung und öffentliches Wohl" – neuartiges Spannungsverhältnis unter hochtechnologischen, kapitalistischen Bedingungen. In: D. Böhler (Hg.), Leben, Wissenschaft, Verantwortung. Ausgewählte Texte, Stuttgart 1987, S. 184-200.
[282] Armin Nassehi, Die listige Vernunft der Diskursethik. S. 51.
[283] Karl-Heinz Wehkamp, Alles Moral - Oder was? Plädoyer für mehr Empirie und Praxisbezug. Erwägen – Wissen - Ethik, 16/1, 2005, S. 68-69.
[284] Vgl. Hans Jonas, Prinzip Verantwortung (2. Aufl.). Frankfurt a. M. 1992.
[285] Aristoteles, Nikomachische Ethik, Übers. Olof Gigon, neu Hg. von Rainer Nickel, Düsseldorf und Zürich 2001, S. 109, Kap. III, 7 ((1113b).
[286] Vgl. Jürgen Habermas, Technik und Wissenschaft als „Ideologie". In: J. Habermas (Hg.), Technik und Wissenschaft als „Ideologie" (7 Aufl.), Frankfurt a. M. 1974, S. 48-103.
[287] Niklas Luhmann, Gesellschaftsstruktur und Semantik, Frankfurt a. M. 1989.
[288] Josef Kure, Zur Theorie und Praxis von Ethik-Kommissionen in einem diskurs-ethischen Rahmen. Erwägen – Wissen - Ethik, 16/1, 2005, S. 45.

schen den Definitionen sind fließend. Ausgangspunkt für eine bessere Unterscheidbarkeit können die Aufgaben sein, die die ethische Arbeitsgruppe lösen soll. Ethikkommissionen dienen eher der Entscheidung von Einzelfällen, Ethikkomitees hingegen eher der Entwicklung von Leitbildern und der Schulung von Sensitivität bzw. eine Unterrichtung der beauftragenden Institution, wie sie ihre Politik gestalten kann.[289] Da aber bisher die unterschiedlichen Formen von Kommissionen, Gremien oder Räten mit ihren jeweiligen Aufgaben und die Rolle, die Ethik bzw. ethische Expertise bei ihrer Arbeit spielt, noch nicht deutlich voneinander unterschieden werden, soll die synonyme Verwendung der Begriffe hier beibehalten werden. Ganz allgemein kann gelten, dass „Ethik-Komitees, -räte und –kommissionen ... multidisziplinär zusammengesetzte ethische Beratungsorgane in Kleingruppenform [sind], die in einem definierten institutionellen Kontext arbeiten und durch ihre Arbeit einen bestimmten Beratungsbedarf erfüllen sollen, indem sie spezifisch die moralisch problematische Seite an den betreffenden Problemen reflektieren".[290] Ähnlich ist folgende Definition von Ethikberatung: „ein Dienst, der von einem einzelnen Berater, einem Team oder Ausschuss angeboten wird, um die einem spezifischen Fall inhärente ethische Frage anzusprechen",[291] die entgegen obiger Definition darauf verweist, dass Ethikberatung auch durch eine Einzelperson geschehen kann. Damit wird die spezifische Situation klinischer Ethikberatung aufgegriffen, die durch ein Komitee lose verbundener Berater, durch ein dauerhaftes Ethikkomitee, durch eine multidisziplinär zusammengesetzte Subgruppe eines Komitees oder durch einen einzelnen Berater geschehen kann.[292] Es ist auch möglich, einen Akzent darauf zu setzen, dass Ethikkommissionen Wahrnehmungen akuter moralisch problematischer Situationen einschließen: „Das Wesen der Ethikberatung in Kommissionen besteht darin, über einen Fall zu beraten und dabei die verschiedenen heute relevanten Gesichtspunkte zu sammeln".[293] Zusammenfassend kann festgehalten werden, dass Ethikberatung unter Verwendung verschiedener, nicht streng voneinander getrennter Oberbegriffe wie Kommission oder Komitee stattfindet, dass in der Regel institutionell gebundene

---

[289] Vgl. Andreas Vieth, Einführung in die Angewandte Ethik, 2006.
[290] Matthias Kettner, Ethik-Komitees, S. 4.
[291] James A. Tulsky and Fox, E., Evaluating ethics consultation: Framing the questions. Journal of Clinical Ethics, 7(2), 1996, S. 112.
[292] Janet Fleetwood, Unger, S., Institutional ethics committees and the shield of immunity. Annals of Internal Medicine, 120(4), 1994, S. 320-325.
[293] Andreas Vieth, Einführung in die Angewandte Ethik, 2006, S. 29.

Kleingruppen mit Fachleuten verschiedener Disziplinen gebildet werden und dass ihre Aufgabe die ethische Reflektion eines aktuellen Problems ist.

Ziele und Aufgaben

Ethikkommissionen in Deutschland bieten ein uneinheitliches Bild hinsichtlich ihrer Tätigkeitsbereiche, nicht zuletzt weil die Bildung eines Ethikkomitees mit mehreren Zielen verknüpft sein kann. Gemeinsam ist ihnen, dass der Entscheidungsprozeß durch offenzulegende Argumente bestimmt wird, nicht durch dunkle Orakelsprüche oder Entscheidungen im finstern Innern eines Einzelnen. Schon die Nötigung, Begründungen geben und darüber Rechenschaft ablegen zu müssen, führt rationale Elemente in den Diskurs ein. Obwohl die Anlässe für Ethikberatung vielfältig sind und kaum systematisiert, kodifiziert oder reglementiert werden können, soll hier trotzdem der Versuch unternommen werden, mögliche Ziele und Aufgaben grob nach dem Kontext, in dem die Ethikberatung stattfindet, einzuordnen (Tabelle 1). Dabei kann es sein, dass sich Ziele und Aufgaben in verschiedenen Kontexten wiederholen oder manche Ziele mehrdeutig sind. So beinhaltet z.B. „Information" mehrere Zielsetzungen: Information kann bestimmte Akteure einer (eventuell auftraggebenden) Institution zum Ziel haben, sie kann sich aber auch auf andere beziehen und eventuell die gesamte Gesellschaft ansprechen. So informiert beispielsweise der Deutsche Ethikrat nicht nur die Politik, sondern auch die Öffentlichkeit anhand von Infobriefen. Eine andere Aufgabenteilung nimmt Vieth vor. Er unterscheidet nach nationalen bzw. internationalen und lokalen Ethikberatungsgremien, wobei er den lokalen Ethikgremien eher die Aufgabe zuweist, praktische Orientierung in konkreten Handlungssituationen zu geben, während (inter-)national beratende Gremien an der Entwicklung von Gesetzen und Richtlinien orientiert seien.[294] Was die Aufgaben einer Ethikkommission sind, sollte in ihrer Geschäftsordnung oder ihrem Einrichtungserlass formuliert sein. Die Praxis sieht anders aus. Beispielsweise besaßen aus einer Stichprobe von 30 klinischen Ethikkomitees nur 15 eine Geschäftsordnung[295]. Insgesamt kann festgehalten werden, dass

---

[294] Andreas Vieth, Einführung in die Angewandte Ethik, Darmstadt 2006.
[295] Alfred Simon, Gillen, E., Klinische Ethik-Komitees in Deutschland. Feigenblatt oder praktische Hilfestellung in Konfliktsituationen? In: D. v. Engelhardt, V. v. Loewenich, A. Simon (Hg.), Die Heilberufe auf der Suche nach ihrer Identität, Münster 2001, S. 151-157.

Ziele und Aufgaben von Ethikkommissionen bislang viel zu wenig diskutiert worden sind.[296]

Mitglieder

Die Beratung durch eine Ethikkommission umfasst die Betrachtung möglichst vieler relevanter Aspekte, wobei die Interdisziplinarität der Mitglieder eines Beratungsgremiums die Beratung vor Einseitigkeit schützt.[297] Multidisziplinarität kann speziell im ethischen Bereich verhindern, dass moralisch relevante Perspektiven vernachlässigt werden[298], schließlich gibt es (ethisch) völlig unterschiedliche Gesichtspunkte, ein Problem zu diskutieren.[299] Neben der Vermeidung von „Betriebsblindheit" können Experten verschiedener Fachrichtungen dazu beitragen, andere, nicht-ethische Aspekte der Beratungsarbeit zu klären, z.b. normative (theologische oder juristische), deskriptive bzw. sachliche Aspekte.[300]

Tabelle 1: Ziele und Aufgaben von Ethikberatung nach dem Kontext, in dem sie stattfindet [301]

Institutionen allgemein
- Beratungsfunktion, Beratungsangebot von „wünschbaren" Alternativen bzw. Entwicklung von Problemlösungen
- Empfehlung (muss keine klare Handlungsanweisung sein, eine Empfehlung kann auch darin liegen, Strategien dafür zu entwickeln, mit neuen Situationen oder Handlungsfeldern klar zu kommen)
- Sensibilisierung der beteiligten Personen für ethische Probleme
- Schulung moralischer Urteilskraft innerhalb des Mitgliederkreises einer Institution
- Vermittlung sozialer, kultureller und rechtlicher Rahmenbedingungen
- Falldiskussion in Institutionen professionalisierten Handelns
- Konsensfindungsfunktion

---

[296] Sigrid Graumann, Diskursethische Regulierung von Ethikberatungsgremien?, S. 31.
[297] Vieth, a.a.O. S.29.
[298] Mathias Kettner, Ethik-Komitees.
[299] Erich H. Witte, Kommentar: Ethik-Räte oder das Lösen komplexer Probleme in Gruppen. *Wirtschaftspsychologie,* 4(3), 2002, S. 63f.
[300] Andreas Vieth, Einführung in die Angewandte Ethik, 2006.
[301] Imke Heitkamp, Die Entwicklung einer Moderationsmethode für Ethikkommissionen, Hamburg 2007, S. 15.

- Streitentscheidungsfunktion
- Richt- oder Leitlinienentwicklung
- Information: Information an Entscheidungsträger, evtl. auch die gesamte Gesellschaft; beinhaltet die Vermittlung eines bestimmten wissenschaftlichen Wissensstandes, Information über technische Neuerungen und Möglichkeiten, Sensibilisierung für bestimmte Gefahren, Information über den ethischen Argumentations- und Diskussionsstand
- Betriebswirtschaftliche Gründe
- Verantwortungszuschreibungsfunktion, Verantwortungsentlastungsfunktion
- Therapiefunktion
- Gründe der Mode

Klinische Institutionen, z.B. Krankenhaus
- Qualitätsmerkmal des Krankenhauses (Vertrauen der Öffentlichkeit und/oder des Patienten und damit Autorität)
- Publizitätsfunktion
- Patientenzufriedenheit
- höhere Arbeitszufriedenheit der Mitarbeiter
- weniger Personalbelastung und Verschleiß
- Schnittstelle zwischen der Gesellschaft und dem Krankenhaus

Forschung
- Zielkonflikte zwischen Heilauftrag, Erkenntnisinteresse und ökonomischen Zwängen (Einwerbung von Drittmitteln) auf der Grundlage von (berufs-)rechtlichen Normen regeln
- Kontrolle der moralischen Zulässigkeit von Forschung an Menschen,
- Normdurchsetzungs- und Kontrollfunktion; unter Normenkontrolle kann zugleich die Funktion, moralische und grundrechtliche Überlegungen anzustellen, und jene, die Kohärenz mit dem bestehenden Rechtssystem zu prüfen, verstanden werden

Politik
- Orientierung von Legislative und Exekutive
- Normsetzungsfunktion

Öffentlichkeit
- Kultivierung von Debatten über relevante Moralfragen in der staatsbürgerlichen Öffentlichkeit

Ungeklärt ist, wer genau in Ethikkommissionen sitzen sollte. Ein Streitpunkt betrifft dabei die erforderliche Kompetenz im ethischen Bereich. Weil jeder ein Gefühl für richtige bzw. falsche Handlungen und Zustände hat, ist in diesem Sinne jede Person eine Ethikexpertin, die in der Lage ist, sich ein

Bild von Personen, Situationen und Handlungen zu machen.[302] In die gleiche Richtung geht die Aussage, dass Ethiker hinsichtlich der Normensetzung über keine größere Autorität als jeder andere klar denkende Beurteiler verfügen.[303] Dagegen steht der professionspolitische Anspruch, dass unter den Mitgliedern eines Ethikkomitees auch ein Philosoph sein sollte. Das gewöhnliche moralische Denken kann zwar Ausgangspunkt für Diskussionen sein, Philosophen werden in Ethikkommissionen aber herangezogen, um die anderen Komiteemitglieder und eventuell die Öffentlichkeit über verfügbare Theorien zu informieren, Inkonsistenzen aufzuspüren, Konzepte zu präzisieren und sich der korrekten Form der Argumente anzunehmen.[304] Wiederholt wird auch gefordert, dass – im Sinne der Diskursethik – die von einer Entscheidung Betroffenen in ethische Diskussionen mit einbezogen werden. In der Praxis ist vor allem in klinischen Ethikkommissionen zu beobachten, dass nahe Verwandte in die Entscheidung miteinbezogen werden, wenn es um kranke Kinder geht.[305] Ansonsten bestehen klinische Ethikkommissionen hauptsächlich aus Ärzten, Seelsorgern und Pflegern. Gegen die Einbeziehung von Betroffenen spricht, dass diese zwangsläufig parteiisch sind, wogegen eine Ethikkommission an unparteiischen Lösungen interessiert sein sollte. In Zukunft wird sich die problematische Mitgliederfrage für medizinische Einrichtungen vielleicht ohnehin nicht mehr konkret stellen, weil zu erwarten ist, dass die Professionalisierung klinischer Ethik weniger durch multidisziplinäre („Laien")Ethikkomitees, sondern durch professionalisierte Ethikberatungsdienste geleistet werden wird.[306] Es bleibt aber zu erwägen, ob nicht, analog zur Heranziehung von Geschworenen und Schöffen bei Gericht, auch der *Common-Sense* Aspekt der Einbeziehung von Normalbürgern, in der Sicht der professionellen Ethiker also von „Laien" ein wichtiges Element der demokratischen Legitimität von Entscheidungen sein sollte.

Bestimmt werden die Mitglieder von klinischen Ethikkommissionen bisher meist von der Klinikleitung, was die Frage aufwirft, ob so überhaupt der von der Diskursethik geforderte herrschaftsfreie Diskurs zu erwarten ist. In den Nationalen Ethikräten ist zudem häufig unklar, nach welchen Kriterien die Mitglieder ausgesucht werden. Hier ist mit Manipulationsversuchen sei-

---

[302] Andreas Vieth, Einführung in die Angewandte Ethik, 2006.
[303] Dieter Birnbacher, Welche Ethik ist als Bioethik tauglich? In: J. S. Ach & A. Gaidt (Hg.), *Herausforderungen der Bioethik,* Stuttgart 1993, S. 45-70.
[304] Vgl. Andreas Vieth, Einführung in die Angewandte Ethik, 2006.
[305] Vgl. R. Førde, Vandvik, I. H.,Clinical ethics, information, and communication: A review of 31 cases from a clinical ethics committee. *Journal of Medical Ethics, 31,* 2005, S. 76.
[306] Vgl. Jochen Vollmann, Zwischen Kritik und Legitimierung. 2001.

tens interessierter Gruppen, nicht zuletzt von religiösen Organisationen zu rechnen, denn gerade in der politischen Arena wirkt sich der Machtkampf von Interessen meist schon im Vorwege auf die Besetzung von Kommissionen aus. Rekrutierungsregeln könnten diesen Prozeß in Zukunft möglicherweise transparenter machen.[307]

Im klinischen Bereich bestehen die Komitees im Schnitt aus ca. zehn Mitgliedern, wobei die Zahl zwischen fünf und 20 schwankt, die Dauer der Berufung ist zum Teil unbefristet oder auf zwei bis fünf Jahre beschränkt.[308] Der Nationale Ethikrat, der 2001 von der Bundesregierung berufen wurde und bis 2008 gearbeitet hat, hatte 25 Mitglieder. Einzelne Arbeitsgruppen umfassen zwischen acht und 15 Teilnehmern, die sich spontan zusammenfinden. Die Mitglieder des Ethikrates wurden zunächst für vier Jahre vom Bundeskanzler, anfangs also Gerhard Schröder berufen. Er ist nach einem Machtkampf zwischen Bundestag und Bundesregierung sowie durch den Regierungswechsel zur Großen Koalition abgelöst worden durch einen Deutschen Ethikrat, dessen Mitglieder jeweils zur Hälfte vom Bundestag und der Bundesregierung vorgeschlagen werden und die schließlich vom Bundespräsidenten berufen werden. Davor hatte es ein Konkurrenzverhältnis zwischen den besonders in religiös aufgeladenen Fällen eher restriktiven parlamentarischen Kommissionen und den modernisierungswilligeren Neuinstitutionalisierungen der rotgrünen Bundesregierung gegeben.

Entscheidungsfindung

Die Entscheidungen einer Ethikkommission werden in einer Stellungnahme dargelegt. Dabei gibt es drei Möglichkeiten, Stellungnahmen zu verfassen, nämlich

- einstimmige Empfehlungen, d.h. eine Stellungnahme, in der eine bestimmte Handlungsweise von allen Kommissionsmitgliedern empfohlen wird (hierzu gehören auch Mehrheitsentscheidungen, wenn sie von allen als Beschluß akzeptiert werden)
- mehrstimmige Voten, wenn sich die Mitglieder nicht auf eine Bewertung einigen können und die Minderheit an ihrer Position festhält, oder

---

[307] vgl. Matthias Kettner, Ethik-Komitees, S. 12.
[308] Alfred Simon, Gillen, E., Klinische Ethik-Komitees in Deutschland, S.153.

- neutrale Optionskataloge, d.h. eine Stellungnahme, in der möglichst vollständig alle moralischen Positionen auf unparteiische Weise dargestellt werden.[309]

Ein- und mehrstimmige Voten sollen empfehlenden Charakter haben, wohingegen neutrale Optionskataloge eine Hilfe für die moralische Entscheidungsfindung sein sollen, ohne die Entscheidung in eine bestimmte Richtung zu drängen. Einstimmigen Empfehlungen kann ein Mehrheitsvotum oder ein Konsens zugrunde liegen. Bei mehrstimmigen Voten können die favorisierten Optionen gleichberechtigt nebeneinander stehen oder durch die Angabe von Mehrheitsverhältnissen quantifiziert werden.[310]

Wie sind nun die einzelnen Verfahren zur Entscheidungsfindung zu bewerten? Hier soll zunächst auf das Mehrheitsvotum, dann auf den Konsens als die beiden gängigsten Verfahren eingegangen werden. Ein Mehrheitsvotum kann unter vernünftigen Voraussetzungen wahrheitsförderlich sein, wenn man annimmt, dass die Mehrheit Recht hat. Andererseits werden die Wertvorstellungen der Bürger immer unvollständig von einer Kommission repräsentiert und die Redeweise von wahr und falsch in Bezug auf moralische Urteile ist nicht plausibel. Problematisch ist auch, dass die Mitglieder, die bei der Wahl überstimmt werden, ihre abweichende moralische Meinung behalten werden, was zu funktionaler, nicht moralischer Autorität führt.[311] Die in der Demokratietheorie prominenten Ansichten zu Mehrheitsvoten scheinen in Bezug auf Abstimmungen in Ethikkommissionen nicht anwendbar zu sein.[312] Wenn ein Konsens erreicht wird, ist also nicht klar, ob er auf billigender Inkaufnahme einer Entscheidung beruht oder auf tatsächlicher Übereinstimmung.[313] Neben der Klärung dieser Unterscheidung stellen sich weitere, bisher vernachlässigte Fragen: „... was geschieht, wenn dieser Konsens nicht erreicht wird? Hat die Kommission dann ihre Aufgabe nicht erfüllt und ihr Ziel verfehlt? Ist der Konsens nur eine regulative Idee, oder ist er ein Ziel, das die Kommission in ihrer Arbeit erreichen muss? Wie ist die Aufgabe der Kommission zu bestimmen, wenn dieses Ziel trotz der regulativen Idee unrealistisch ist?".[314] Sofern nun der Konsensbegriff als Prozessbegriff

---

[309] Kirsten Endres, Funktion und Form der Stellungnahmen nationaler Ethikkommissionen, 2002.
[310] Ebenda.
[311] Ebenda.
[312] Ebenda.
[313] Vgl. Josef Kure, Zur Theorie und Praxis von Ethik-Kommissionen, S. 45f.
[314] Friedo Ricken, Beraten oder Entscheiden?, 2005, S. 55.

verstanden wird, hat er einen vernünftigen Sinn.[315] Wenn in Ethikkommissionen ein Arbeitsprozess erreicht würde, der die Hauptmängel eines Konsenses, nämlich die selektive Wahrnehmung geteilter Präferenzen und Informationen sowie die Unterdrückung von Minderheitenpositionen beseitigen könnte, scheint eine konsensuale Entscheidung durchaus erstrebenswert. Es geht nicht um vordergründige Einmütigkeit, sondern um einen moralisch gut begründeten Konsens.

In der Praxis stehen, im Gegensatz zu den klinischen Ethikkomitees, die nationalen Ethikkommissionen nicht in der Notwendigkeit, sich einigen zu müssen und können daher verschiedene Auffassungen in ihrem Ergebnis dokumentieren.[316] Bei einer Untersuchung zu Nationalen Ethikräten gaben von 19 Kommissionen nur sieben an, einen Konsens anzustreben. Im deutschen Ethikrat bleiben auch nach Diskussionen stets strittige Punkte, so dass alle gewünschten Formulierungen in die Stellungnahme aufgenommen werden. Der Konsensfindung kann gelegentlich der Zeitdruck entgegenstehen, denn dieser führt wahrscheinlich eher zu einem Kompromiss als zu tatsächlicher Übereinstimmung von Ansichten.[317] Gerade die letzten Jahre zeigten in verschiedenen Ländern einen starken Zeit- und Arbeitsdruck, zu unaufschiebbaren Entscheidungen Stellung zu nehmen. Dabei stellt sich die Frage, ob ein Prozess seinen idealen Abschluss gefunden hat, wenn ein Arzt oder ein Parlament eine termingebundene Entscheidung treffen muss.[318] Zeitdruck kann aber durchaus auch positive Wirkungen haben, wie jeder Parlamentarier weiß, weil er zu einer Verdichtung und Intensivierung der Argumentation, zu einer deutlichen Trennung des Wichtigen vom Unwichtigen sowie zu einer Reduktion von Redundanz führen kann.

---

[315] Mathias Kettner, Ethik-Komitees, 2005.
[316] Kirsten Endres, Ethik-Komitees: Der Konsensbegriff als Prozessbegriff. Erwägen – Wissen - Ethik, 16/1, 2005, S. 24.
[317] Ebenda.
[318] Friedo Ricken, Beraten oder Entscheiden?, 2005, S. 55.

Kriterien zur Leistungsbeurteilung von Ethikkommissionen

Eine nennenswerte Diskussion zur Qualitätssicherung von Ethikberatung findet in Deutschland bisher nicht statt.[319] Neben der Evaluierung der Resultate ist ebenso diejenige des konkreten Arbeitsprozesses in Deutschland nur erst ein Desiderat der Begleitforschung.[320] Dabei würden Studien zur Leistungsbeurteilung dringend gebraucht, um die Qualität von Ethikberatung zu steigern und ihre Verdienste zu belegen.

Was zur Leistungsbeurteilung vor allem fehlt, sind allgemein verbindliche Kriterien, die aber wegen der Unterschiedlichkeit der Kommissionen schwer zu entwickeln sind.[321] Die Literatur enthält viele deskriptive Studien, aber nur wenige Versuche, Ergebnisse von Ethikkommissionen tatsächlich zu evaluieren. Fox und Arnold[322] identifizieren vier große Evaluationsbereiche (klinischer) Ethikberatung:

1) Ethische Aspekte (*ethicality*)
2) Zufriedenheit
3) Konfliktlösung und
4) Schulung.

Zu 1) Die Ergebnisse der Beratung einer Ethikkommission müssen mit ethischen Normen und Standards übereinstimmen, wobei diese präzise definiert sein sollen, z.B. das Recht auf Selbstbestimmung oder *informed consent*, d.h. Einverständniserklärung nach vorheriger Information. Ein anderer Aspekt bezieht sich auf die Vielseitigkeit und Offenheit der ethischen Argumentation: angesichts der Komplexität von Moralfragen kommt es darauf an, die Selektivität der Argumente zu überwinden. Moralische Urteile müssen präzisiert, revidiert und untereinander kohärent gemacht werden, um ihre argumentative Dimension explizit zu machen.[323]

---

[319] Alfred Simon, Ethikberatung als Qualitätskriterium - Qualitätskriterien für Ethikberatung? Erwägen Wissen Ethik, 16/1, 2005, S. 63f.
[320] Matthias Kettner, Ethik-Komitees, 2005.
[321] James A. Tulsky, Fox, E., Evaluating ethics consultation: Framing the questions. Journal of Clinical Ethics, 7(2), 1996, S. 112.
[322] E. Fox, Arnold, R. M., Evaluating outcomes in ethics consultation research. Journal of Clinical Ethics, 7(2), 1996, S. 127-138.
[323] Andreas Vieth, Einführung in die Angewandte Ethik, 2006.

Zu 2) Zufriedenheit ist ein subjektives Empfinden, das nicht unbedingt mit der Qualität einer Entscheidung korrelieren muss. Zu diesem Punkt gibt es relativ viel Forschung z.B. zur Patientenzufriedenheit oder derjenigen von Ärzten, allerdings werden keine einheitlichen Maße von Zufriedenheit verwandt. Zudem tendieren Patienten dazu, sich zufrieden zu zeigen, was wiederum mit demographischen Variablen wie dem Alter zusammenhängt. Ähnliche subjektive Maße sind die Wichtigkeit und die Nützlichkeit (*helpfulness*) ethischer Beratung.[324]

Zu 3) Die Konfliktlösung beinhaltet das Verständnis der Kommissionsmitglieder von Konflikt und den Effekt der Beratung auf das Verhältnis der Konfliktparteien, aber auch deren Einschätzung, ob der Konflikt gelöst ist. Im letzten Punkt gehen die Meinungen oft auseinander. Zudem kann die Lösungsgeschwindigkeit untersucht werden, inwiefern das Problem ohne Zwang zu bestimmten Entscheidungen gelöst wurde sowie die Zustimmungsrate zu der getroffenen Entscheidung bzw. der Konsens innerhalb des Komitees. Ebenso kann untersucht werden, welche Instrumente der Entscheidungsfindung dem Komitee zur Verfügung stehen und welche genutzt werden[325] – was genau sich hinter diesen Kriterien verbirgt bzw. wie deren praktische Beurteilung aussehen soll, bleibt allerdings im Dunkeln.

Zu 4) Geschult werden kann in den drei Kategorien Wissen, Haltung und Fähigkeiten. Kommissionsmitglieder selbst geben an, dass sie in den grundsätzlichen Moraltheorien und im kritischen Denken geschult werden möchten und Kenntnisse zu nationalen ethischen und rechtlichen Richtlinien erlangen möchten. Weitere Kriterien umfassen den Zugang zu Ethikkommissionen (Wissen potenzielle Nutzer von der Kommission? Darf jeder teilnehmen? etc.)[326], die Kosteneffektivität der Kommission, die Akzeptanz des Komitees innerhalb seiner auftraggebenden Institution, sowie die Dokumentation der Ergebnisse und die Güte der Empfehlungen der Kommission.[327] Darüber hinaus wird vorgeschlagen, eine Ethikkommission danach zu evaluieren, was in ihren Leitlinien steht.

---

[324] John La Puma, Stocking, C. B., Darling, C. M., Siegler, M., Community hospital ethics consultation: Evaluation and comparison with a university hospital service. American Journal of Medicine, 92(4), 1992, S. 346f.
[325] Joseph C. Fletcher, Hoffmann, D. E., Ethics committees: Time to experiment with standards. Annals of International Medicine, 120(4), 1994, S. 335-338.
[326] Ebenda.
[327] Ebenda.

Außerdem wird das Hinzuziehen von Experten gefordert, die die inhaltliche Seite der Beratungsergebnisse beurteilen können, z.b. Mediziner, Statistiker oder Gesundheitswissenschaftler im medizinischen Bereich. Insgesamt fällt auf, dass die meisten der in der Literatur beschriebenen Kriterien ungenau formuliert sind und nichts darüber gesagt wird, wie sie operationalisiert werden könnten. Wichtig wäre, nicht nur Kriterien zur Evaluation von Ergebnissen, sondern auch von Prozessen und Strukturen zu entwickeln und anzuwenden.[328] Die bisher zur Verfügung stehenden Kriterien beziehen sich überwiegend nur auf die Ergebnisse der Arbeit von Ethikkommissionen, wobei zudem größtenteils unerforscht ist, wie Kriterien in der (klinischen) Praxis gewählt werden. Bevor Kriterien ausgewählt werden, müssen zunächst einmal die Zwecksetzungen von Ethikkommissionen bestimmt werden, um prüfen zu können, ob Ethikkommissionen ihr Ziel erreichen.[329] In der Praxis sind diese zumeist vage formuliert, was unter dem Gesichtspunkt der Qualitätssicherung ein schwerwiegendes Problem darstellt.[330] Eine Sammlung gut begründeter, anwendbarer Kriterien steht noch aus.

Bisheriger Erfolg von Ethikkommissionen

Ethikkommissionen haben den Nimbus von „Geheimclubs"[331], denn über deren Mechanismen, ihre moralischen Denkmodelle in Beurteilungs- und Entscheidungsprozessen ist wenig bekannt. Die meisten Entscheidungen werden hinter geschlossenen Türen getroffen. Trotz der allgemein bemängelten Intransparenz der Arbeit von Ethikkomitees gibt es einige Einschätzungen und empirische Untersuchungen zu ihrem Erfolg. Diese sind verglichen mit der wachsenden Bedeutung von Ethikkommissionen aber immer noch spärlich und überwiegend ein Desiderat der Begleitforschung zu Ethikkomitees.[332] Auch die Arbeit bedeutender Ethikräte wie des Deutschen Ethikrates oder anderer nationaler Ethikräte Europas werden nicht evaluiert. Insgesamt

---

[328] Alfred Simon, Ethikberatung als Qualitätskriterium - Qualitätskriterien für Ethikberatung? Erwägen Wissen Ethik, 16/1, 2005.
[329] Diane E. Hoffmann, Evaluating ethics committees: a view from the outside. The Milbank Quarterly, 71(4), 1993, S. 677-701.
[330] Alfred Simon, Ethikberatung als Qualitätskriterium - Qualitätskriterien für Ethikberatung? Erwägen – Wissen - Ethik, 16/1, 2005, S.63ff.
[331] Sigrid Graumann, Diskursethische Regulierung von Ethikberatungsgremien? S. 32.
[332] Matthias Kettner, Ethik-Komitees, 2005.

lässt sich ein Mangel an Daten über die Effektivität der Arbeit von Ethikkommissionen konstatieren. Es soll nun auf verschiedene Aspekte von Ethikkommissionen eingegangen werden: deren Mitglieder, subjektive Erfolgseinschätzungen, Arbeitsprozesse sowie Empfehlungen und Stellungnahmen. Da die Diskussion in den USA durch die frühere Einrichtung von Ethikkommissionen einen entsprechenden Vorlauf hat, gibt es dort auch mehr Begleitforschung, auf die wir gern zurückgreifen.

Häufig stehen Ethikkomitees in der Kritik, weil ihre Besetzung nicht nachvollziehbar ist und ihre Mitglieder nicht als unabhängig wahrgenommen werden.[333] Ein weiteres Problem betrifft das Training von Mitgliedern. Eine Untersuchung aus dem Jahr 1999 zeigte beispielsweise, dass sich 50% der Vorsitzenden von klinischen Ethikkommissionen in den USA nicht adäquat auf ihre Aufgabe vorbereitet fühlten.[334] Die Wahrscheinlichkeit, dass die Mitglieder Schulungen zu Moraltheorien und -prinzipien erhalten, steigt dann, wenn einer Ethikkommission ein professioneller Ethiker angehört.[335] Die Macht und Aktivität von Ethikkommissionen hängt von ihrer Besetzung und der Beziehung der Mitglieder zu ihrer Institution ab. Eine Erhebung aus dem Jahr 2000 hat gezeigt, dass vielen Ethikkommissionen die Implikationen, die mit ihrer Bildung verbunden sind, anscheinend gar nicht bewusst sind, denn nur knapp die Hälfte der untersuchten klinischen Ethikkommissionen nahm bei ihrer Implementierung externe Hilfe in Anspruch.[336] Damit nicht jede Ethikkommission „das Rad neu erfinden" muss, sollten über ein Netzwerk Erfahrungen ausgetauscht und Richtlinien entwickelt werden.

Zu den in Ethikkommissionen ablaufenden Arbeitsprozessen gibt es bisher keine konkreten Untersuchungen. Nichtsdestotrotz stehen einzelne Aspekte der Arbeit von Ethikkommissionen in der Kritik. Es wird angemerkt, dass grundsätzliche Probleme ausgeklammert werden, z.B. die Frage, ob und inwieweit die Natur einen Selbstwert hat und inwiefern Gesundheit das höchste Gut ist.[337] Das Ausblenden grundlegender Themen kann besonders

---

[333] Sigrid Graumann, Diskursethische Regulierung von Ethikberatungsgremien? S. 32.
[334] Glenn McGee, Spanogle, J. P., Caplan, A. L., Asch, D. A., A national study of ethics committees. Journal of Bioethics, 1(4), 2001, S. 61.
[335] Anne Slowther, Bunch, C., Woolnough, B., & Hope, T., Clinical ethics support services in the UK: An investigation of the current provision of ethics support to health professionals in the UK. Journal of Medical Ethics, 27, 2001, S. 2-8.
[336] Alfred Simon, Gillen, E., Klinische Ethik-Komitees in Deutschland. Feigenblatt oder praktische Hilfestellung in Konfliktsituationen? In D. v. Engelhardt, V. v. Loewenich, A. Simon (Hg.), Die Heilberufe auf der Suche nach ihrer Identität, Münster 2001, S. 153.
[337] Ulrich Eibach, Ethische Probleme. Gentechnologie - Soll der Mensch Schöpfer und Herr des Lebens werden? In K. Grosch, P. Hampe & J. Schmidt (Eds.), Herstellung der Natur? Stellungsnah-

dann auftreten, wenn die Kommissionen die zu diskutierenden Probleme selbst wählen, wie es beispielsweise der Nationale Ethikrat tut. Ist ein Thema gewählt, wird oft die Definition des Problems zugunsten des Austausches von Meinungen und Argumenten ignoriert. Nach der Arbeit der Enquête-Kommission „Chancen und Risiken der Gentechnologie" hieß es: „Erreicht haben wir bisher ... noch nicht einmal eine Verständigung über die Verständigungsaufgaben."[338]

Generell reden Diskussionspartner oft aneinander vorbei, weil kontroverse Positionen jeweils aus verschiedenen Kontexten zur Konzeptualisierung der Problematik heraus argumentieren und weil es (ethisch) völlig unterschiedliche Gesichtspunkte gibt, ein solches Problem zu diskutieren. In den Diskussionen kommt es oft gar nicht zu einer wirklichen Reflexion und Konfrontation divergierender Begründungen und ethischer Positionen.[339] Daher ist für Expertenkommissionen immer wieder kennzeichnend, dass es im Verlauf der Diskussionen und Verhandlungen zu keinen relevanten Veränderungen in der normativen Positionierung der Teilnehmer kommt. Stattdessen bilden die Teilnehmer häufig schon vorweg strategische Koalitionen mit denjenigen Diskussionspartnern, mit denen sie im Endergebnis übereinstimmen.[340] Im Nationalen Ethikrat beispielsweise fanden sich die Teilnehmer von Arbeitsgruppen nicht aufgrund ihres Fachwissens zu einem bestimmten Diskussionsthema zusammen, sondern sie haben sich der Analyse von Josef Kure zufolge eher spontan nach Sympathie formiert. Im Laufe der Zeit entstanden dann feste Koalitionen und mit ihnen soziale Erwartungshaltungen, die inhaltliche Aspekte überlagern können. Auch in Hinblick auf die theoretischen Begründungen und Reflexionen des moralischen Denkens und des Vorgehens von Ethikkommissionen muss noch viel passieren, sollen die Ethikkommissionen nicht zu einer „postmodernen pseudoreligiösen Entscheidungsmacht" werden.[341] Dies kann zum einen dadurch erreicht werden, dass die Mitglieder von Ethikkommissionen in Methoden ethischer Entschei-

---

men zum Bericht der Enquête-Kommission „Chancen und Risiken der Gentechnologie", Frankfurt a. M. 1990, S. 127-144.
[338] Reinhard Ueberhorst, Der versäumte Verständigungsprozess zur Gentechnologie-Kontroverse. Ein Diskussionsbeitrag zur Vorgehensweise der Enquête-Kommission. In: K. Grosch, P. Hampe, J. Schmidt (Hg.), Herstellung der Natur? Stellungnahmen zum Bericht der Enquête-Kommission „Chancen und Risiken der Gentechnologie", Frankfurt a.M. 1990, S. 206.
[339] Alexander Bogner, Menz, W., Die Praxis der Ethik und die Irritation der Praxis. Erwägen – Wissen - Ethik, 16/1, 2005, S. 21-23.
[340] Ebenda S. 22.
[341] Josef Kure, Zur Theorie und Praxis von Ethik-Kommissionen, S. 46.

dungsfindung trainiert werden,[342] aber auch dadurch, dass sich Ethikkommissionen nicht abschotten, sondern sich mit Stimmen aus der Öffentlichkeit konfrontieren.[343]

Da bislang wenig über die Diskussions- und Arbeitsprozesse von Ethikkommissionen geforscht wurde, könnte es hilfreich sein, einen Blick auf deren Stellungnahmen und Empfehlungen zu werfen, die das Ergebnis des Arbeitsprozesses darstellen. Diese Stellungnahmen sind oft widersprüchlich, was als Symptom einer Strategie der Problemverleugnung gedeutet werden kann, die sich der schmerzhaften Auseinandersetzung mit dem im Gefolge der modernen (medizinischen) Technologie entstandenen moralischen Dilemmata zu entziehen versucht.[344]

Insgesamt sind die Erwartungen an Ethikkommissionen so vielfältig wie unspezifisch. Selbst wenn Untersuchungsergebnisse zur Verfügung stehen, sind sie für eine profunde Einschätzung der Arbeit von Ethikkommissionen häufig ungeeignet, weil sie methodologisch oft zweifelhaft sind. Es fällt auf, dass die meisten Untersuchungen klinische Ethikkommissionen betreffen, wobei es sich vorwiegend um die Darstellungen von Ist-Zuständen handelt und nicht um theoriegeleitete Güteprüfungen, die Ansätze zur Prozess- und Ergebnisverbesserung bieten. Aus den bisherigen Einschätzungen und Untersuchungen lässt sich zumindest ableiten, dass Ethikkommissionen von der Bildung bis zur schriftlichen Stellungnahme vielen Fallstricken ausgesetzt sind, die es sehr wahrscheinlich machen, dass die Qualität ihrer Arbeit unter ihren Möglichkeiten bleibt. Sich daraus ergebende Fehlentscheidungen können ernsthafte Konsequenzen für die Politik, Wirtschaft oder Wissenschaft haben.[345] Dass der Aufwand für die Einrichtung und das Engagement zugunsten von Ethikkommissionen „es wert sind", muss noch gegen die Nullhypothese ausgewiesen werden, dass Ethikkommissionen keinen Zuwachs an praktisch-moralischer Orientierungssicherheit bieten (wie z.B. die an deutschen Kliniken allenthalben formulierten Leitbilder).[346] Letztlich bleibt festzustellen, dass „trotz all dem in diesem Bereich Geschriebenen (i.e. Ethikberatung), zwei grundsätzliche Fragen unbeantwortet bleiben: Kann, erstens, Ethikberatung einen messbaren Nutzen anbieten, der den gegenwärtigen

---

[342] Joseph C. Fletcher, Hoffmann, D. E., Ethics committees, S.335f.
[343] Andreas Kuhlmann, Kommissionsethik und demokratische Öffentlichkeit. Anmerkungen zur Arbeit des Nationalen Ethikrates, 2002.
[344] Dieter Birnbacher, Welche Ethik ist als Bioethik tauglich?, S. 45ff.
[345] vgl. Erich H. Witte, Kommentar: Ethik-Räte oder das Lösen komplexer Probleme in Gruppen, S. 63f.
[346] Matthias Kettner, Ethik-Komitees, 2005.

Aufwand von Geld und Zeit wert ist? Wenn sie sich, zweitens, als effektiv herausstellt, welche Modelle sind am wirksamsten und unter welchen Bedingungen erscheinen verschiedene Modelle als mehr oder weniger wirksam?"[347]

Zusammenfassend läßt sich feststellen: Ethikkommissionen sind meist Kleingruppen, die sich mit der spezifisch moralischen Seite eines Problems befassen, um einen bestimmten Beratungsbedarf zu erfüllen. Ethikkommissionen

- arbeiten auf unterschiedlichen institutionellen Ebenen (in der Politik, der Forschung, im medizinischen Bereich, auf (inter-)nationaler Ebene),
- verfolgen unterschiedliche Ziele (meistens Empfehlung und Beratung), unterscheiden sich durch die Zusammensetzung ihrer Mitglieder (Experten verschiedener Fachrichtungen, teilweise auch Politiker), die mal mehr, mal weniger Expertise im ethischen Bereich aufweisen bzw. für ihre Aufgabe geschult werden und
- schlagen unterschiedliche Wege zur Entscheidungsfindung ein (ein- oder mehrstimmige Empfehlungen, neutrale Optionskataloge).

Obwohl der Bedarf an Ethikberatung beständig zunimmt und die Nachfrage nach ihr steigt, gibt es bisher kaum Erkenntnisse zur Güte der Arbeitsprozesse und der Ergebnisse von Ethikkommissionen. Es gibt allerdings eine Reihe Hinweise darauf, dass die Arbeitsprozesse und Problemlösungen von Ethikkommissionen unter ihrem Potenzial bleiben. Aufgrund der Verschiedenartigkeit von Ethikkommissionen und der Komplexität ihrer Arbeit steht auch die Entwicklung anwendbarer und einheitlicher Evaluationskriterien noch aus. In einem ersten Schritt müssen also gut begründete, adäquate Evaluationskriterien entwickelt werden. In einem zweiten Schritt sollten diese zur Anwendung kommen, wobei sie bei der Untersuchung dienlich sein können, wie die Arbeitsweise von Ethikkommissionen verbessert werden kann.

Religionsvertreter in Ethikkommissionen

Unter Religionsvertretern sollen im Folgenden solche Personen verstanden werden, die durch Amt oder Beruf zu Religionsgemeinschaften und Univer-

---

[347] James A. Tulsky, Fox, E., Evaluating ethics consultation: Framing the questions, S. 111.

sitätstheologie gehören. Dies soll am konkreten Beispiel des Nationalen Ethikrates in Deutschland von 2001 bis 2007 dargelegt werden, dessen Konstitution zunächst kurz darzustellen ist. Dann sind definitorische Probleme der Rede von Religionsvertretern zu erörtern und gegenüber anderen Konzeptionen, wie etwa religiösen, „Akteuren", abzugrenzen. Schließlich soll der Frage nachgegangen werden, ob und inwiefern ihr Mitwirken als die Vertretung von „Religion" erkennbar geworden ist.

Seit Mitte der 1990er Jahre wurde in Deutschland über die Einrichtung einer „Bundesethikkommission" diskutiert, die dann allerdings erst 2001 durch die rotgrüne Regierung mit dem „Nationalen Ethikrat" eingerichtet und 2007 unter der Großen Koalition zum von Regierung und Bundestag nunmehr gemeinsam getragenen „Deutschen Ethikrat" wurde.[348] Nach dem Einrichtungsgesetz[349] gehören zu den Aufgaben des Gremiums zunächst, den interdisziplinären Diskurs von Naturwissenschaften, Medizin, Theologie und Philosophie, Sozial- und Rechtswissenschaften zu bündeln, die gesellschaftliche und politische Debatte unter Einbeziehung der verschiedenen Gruppen zu organisieren und die Öffentlichkeit zu informieren (§ 2, Abs.1). Die Erarbeitung von Stellungnahmen im Auftrag der Bundesregierung oder des Deutschen Bundestages steht an zweiter Stelle der Aufgaben (§ 2, Abs. 2). An dritter Stelle folgt die Erarbeitung von Empfehlungen für politisches und gesetzgeberisches Handeln (§ 2, Abs. 3). § 3 des Einrichtungserlasses regelt die Zusammensetzung des Rates. Dort heißt es: „Der Nationale Ethikrat besteht aus bis zu 25 Mitgliedern, die in besonderer Weise naturwissenschaftliche, medizinische, theologische, philosophische, soziale, rechtliche, ökologische und ökonomische Belange repräsentieren" (Abs.1).[350]

Als Vertreter aus Kirche und Theologie gehörten dem Nationalen Ethikrat in seiner ersten Amtszeit 2001-2005 der katholische Bischof Gebhard Fürst sowie der Bischof der Evangelischen Kirche Berlin-Brandenburg und ab November 2003 Vorsitzende des Rates der EKD Wolfgang Huber und ihn ab dem 19. Februar 2004 ablösend der Präsident des Kirchenamtes der EKD Hermann Barth von der evangelischen Kirche an, zudem der Professor für Moraltheologie an der Katholisch-Theologischen Fakultät der Universität Freiburg, Eberhard Schockenhoff und der Professor für Philosophie in Verbindung mit Systematische Theologie an der Evangelisch-Theologischen

---

[348] Zur Vorgeschichte und Einrichtung des Nationalen Ethikrats s. Fuchs 2005, bes. 43-45.
[349] Einrichtungserlass des Nationalen Ethikrats. Kabinettvorlage vom 25.04.2001; s. a. Ethikratgesetz vom 16. Juli 2007 (BGBl. I S. 1385) http://www.ethikrat.org/ueber_uns/ethikratgesetz.
[350] Der Deutsche Ethikrat besteht heute nach §4, Abs. 1 aus 26 Mitgliedern.

Fakultät der Humboldt-Universität zu Berlin, Richard Schröder. In der zweiten Amtszeit (Juni 2005 bis Juni 2007) wurde Bischof Fürst durch den Weihbischof der Diözese Augsburg Anton Losinger abgelöst, die anderen Vertreter aus Kirche und Universitätstheologie blieben.

Bei der personellen Konstitution des Nationalen Ethikrates und seines aktuellen Nachfolgeinstituts, des Deutschen Ethikrats, ist also auffällig, dass hier auf eine gleich starke Beteiligung der beiden großen christlichen Konfessionen durch solche explizit als „Religionsvertreter" identifizierbaren Mitglieder geachtet wurde und wird. Freilich verursacht eine solche Zurechnung bestimmte Probleme. Bei der personellen Zusammenstellung der Mitglieder des Nationalen Ethikrates zu Beginn seiner Tätigkeit im Frühjahr 2001 scheint sich diese zahlenmäßige Balance eher zufällig eingestellt zu haben. Nachdem die beiden Kirchen mit den Bischöfen Huber und Fürst vertreten waren, kam es auf Drängen der katholischen Kirche (in Person von Kardinal Lehmann) zur Aufnahme des Freiburger Moraltheologen Schockenhoff, nachdem der protestantische Staatsrechtler Horst Dreier statt des katholischen Staatsrechtlers Ernst-Wolfgang Böckenförde für das Gremium nominiert wurde.[351] Hier ging es also zunächst um ethische *Positionen,* die aber offenbar in einem nicht völlig zufälligen Verhältnis zu den religiösen *Konfessionen* stehen. Dies verweist auf ein weiteres heuristisches Problem, denn es gibt natürlich auch Mitglieder von Ethikkommissionen, die zwar nicht beruflich, aber etwa ehrenamtlich in einer Religionsgemeinschaft tätig sind oder sich zumindest stark mit einer Religionsgemeinschaft identifizieren. Für diesen größeren Personenkreis über die expliziten „Religionsvertreter" hinaus hat sich in den letzten Jahren die der Policy-Theorie entliehene Bezeichnung von „religiösen Akteuren" etabliert. In der Studie von Iris Pinter zu den Einflüssen der christlichen Bioethik auf die deutsche Debatte um Humangenetik ist von Akteuren aus Kirchen und Verbänden, theologischen Fakultäten und christlichen Akademien, Parteien, Medien usw. die Rede, die sich zu einer „christlichen Bioethik-Koalition" zusammenschließen würden.[352]

Wenn wir uns statt auf den umfänglicheren Akteursbegriff hier auf die Religionsvertreter in der erläuterten Konzentration beschränken, ist freilich zu

---

[351] Die Berufung in den Nationalen Ethikrat erfolgte durch den Bundeskanzler (§ 3, Abs. 3); heute nach §5, Abs. 1 je zur Hälfte auf Vorschlag des Deutschen Bundestags und der Bundesregierung durch den Präsidenten des Deutschen Bundestages.
[352] Iris Pinter, Einflüsse der christlichen Bioethik auf die deutsche Humangenetik-Debatte. Münster 2003, S. 35-45.

fragen, wie und ob sich diese Religionsvertreter überhaupt selbst als Repräsentanten ihrer Religionsgemeinschaft ansehen oder doch eher als Teilnehmer am Diskurs, die ihren persönlichen Standpunkt einzubringen haben. Hierzu liegt in der Studie von Iris Pinter eine sehr interessante Auswertung eines Fragenkatalogs vor, der Akteuren der „christlichen Bioethik-Koalition" vorgelegt wurde.[353] Die Bischöfe Fürst und Huber betonten dabei, ihre Aufgabe sei es, im Ethikrat die Haltung der Kirche in Fragen der humangenetischen Bioethik zu verdeutlichen.[354] Der Universitätstheologe Schockenhoff betont zwar seine persönliche Verantwortung, wenn er seine eigene Beteiligung am Ethikrat damit begründet, dass er mit seinen Vorbehalten gegen Liberalisierungen der Genforschung den „bestehenden Dissens" deutlich machen wolle. Zugleich hält er aber auch die Beteiligung der Kirchen an den Debatten des Ethikrates für wichtig, um ihre Argumente „weit über den Kreis der eigenen Glaubensgemeinschaft hinaus sichtbar" werden zu lassen.[355] So deutet er den inneren Zusammenhang zwischen persönlicher und kirchlicher Beteiligung zumindest an. Aber auch eine stärker auf die persönliche Stellungnahme abhebende Überzeugung wird erkennbar, wenn der Tübinger Moraltheologe Dietmar Mieth, selbst in zahlreichen Kommissionen vertreten (Mitglied und stellv. Vorsitzender im Ethikbeirat des Bundesgesundheitsministeriums 1999-2002, Mitglied der Enquete-Kommission des Deutschen Bundestages „Ethik und Recht der modernen Medizin" 2003-2005 sowie Mitglied der Ethikkommission der Europäischen Union 1994-2001), im Blick auf den Ethikrat äußert, es sei unverfänglicher, wenn die Religionsvertreter als Theologen teilnehmen würden und nicht eine Mitarbeit der „Kirchen als Kirchen" stattfände.[356]

Hier tritt ein Problem theologischer Ethik zu Tage, das mit den unterschiedlichen Auffassungen geistlicher Verbindlichkeit von kirchlichen Äußerungen in Katholizismus und Protestantismus verbunden ist.

Die Kurzformel für dieses Themenfeld ist die Rede vom „Lehramt". In der römisch-katholischen Kirche gibt es kirchenrechtlich definierte Äußerungen von Papst und Bischöfen in Fragen der Moral (und des Glaubens), die für die gesamte Kirche und alle Gläubigen als verbindlich gelten. Demgegenüber abgestuft sind Äußerungen, die zwar nicht diesen unbedingt verpflichtenden Charakter haben, bei denen jedoch vorausgesetzt wird, dass sie von den

---

[353] Pinter a.a.O. S. 105-115.
[354] Ebenda S. 105-107.
[355] Ebenda S. 107.
[356] Ebenda.

Gläubigen aus Glaubens- und Willensgehorsam ebenfalls angenommen werden.[357]

In der protestantischen Kirche hingegen gibt es ein solches Lehramt nicht. Seine Ablehnung ist in der reformatorischen Kritik an einem besonderen Status des Klerus sowie einer verbindlichen Lehrautorität begründet. Weder ein kirchlicher Amtsträger noch kirchenoffizielle Stellungnahmen in ethischen Fragen können deshalb den Anspruch erheben, für alle Angehörigen der Kirche gewissensbindende Vorgaben oder kirchenrechtliche Verpflichtungen zu definieren. „Die Zugehörigkeit zur Kirche Jesu Christi bemisst sich nach evangelischem Verständnis nicht nach Merkmalen der Zustimmung zu kirchlichen Äußerungen in politischen und gesellschaftlichen Fragen."[358] Gleichwohl wird es als eine Aufgabe der Kirchen angesehen, auch zu ethischen Fragen Stellung zu nehmen.[359] Diese Aufgabe wird in Ämtern und Gremien der Kirchenleitung wahrgenommen wie z.B. in der „Kammer für öffentliche Verantwortung" der Evangelischen Kirche in Deutschland (EKD), die Texte und Denkschriften zu ethischen Fragen veröffentlicht. Hinsichtlich der Geltung und Verbindlichkeit dieser Stellungnahmen gilt allerdings, dass sie die Differenz zwischen dem religiösen Glauben und der ethischen Position offen halten müssen. Das heißt, eine solche ethische Stellungnahme kann weder beanspruchen, für alle evangelischen Christen verbindlich zu sein, noch im Namen der Kirche, verstanden als Gemeinschaft aller Gläubigen, erfolgen.[360]

So wird deutlich, dass die Rede von „Religionsvertretern", „Kirchenvertretern"[361] oder „Vertretern von Religionsgemeinschaften" zwar eine recht große prima-facie-Plausibilität besitzt, jedoch bei genauerer Betrachtung erhebliche Probleme aufwirft. Für die hier untersuchten Religionsgemeinschaften, die beiden großen christlichen Kirchen, lässt sich zusammenfassend

---

[357] Norbert Witsch, Lehramt. In: Friedrich Wilhelm Horn, Fnederike Nüssen (Hg.): Taschenlexikon Religion und Theologie. 5. Aufl. Göttingen 2008, S. 723-725.
[358] Trutz Rendtorff, Ethik. Grundelernente, Methodologie und Konkretionen einer ethischen Theologie. Bd. 1., 2. Aufl., Stuttgart 1990, S. 54.
[359] Wie in der letzten Kirchenmitgliedschaftsuntersuchung der Evangelischen Kirche in Deutschland deutlich wurde, wird ein solches ethisches Engagement von den Kirchenmitglieder aber auch Konfessionslosen von der Kirche stark erwartet. Wolfgang S. Huber, Johannes Friedrich, Peter Steinacker, 2006.
[360] Zu der damit verbundenen Problematik einer protestantischen Ethik der Kirche vgl. auch Rendtorff 1990, S. 55.
[361] So werden auf der Informations- und Protestseite zum Nationalen Ethikrat der Interessengemeinschaft Kritische Bioethik Bayern die Mitglieder Fürst, Huber, Schockenhoff und Schröder bezeichnet; siehe Interessengemeinschaft Kritische Bioethik Bayem, Informations- und protestseite zum Nationalen Ethikrat, http://www.nationaleretikrat.de/ rrutglieder_taetigkeit.html.

sagen, dass im Falle der katholischen Kirche durch die theologische und kirchenrechtliche Konstruktion des Lehramts von einer relativ klar bestimmbaren kirchlichen Position in ethischen Fragen die Rede sein kann - sofern zu der entsprechenden ethischen Problematik bereits eine „kirchenoffizielle" Stellungnahme vorliegt. Von den Kommissionsmitgliedern aus dem Bereich von Kirche und Theologie ist in der Regel zu erwarten, dass sie sich im Rahmen der durch diese Stellungnahmen vorgegebenen Position bewegen. Im Protestantismus hingegen ist eine solche Bindung an kirchliche Stellungnahmen oder Denkschriften nicht gegeben. Das entbindet die evangelischen Kirchen nicht von ihrer Aufgabe, ihren Mitgliedern Orientierungshilfen in ethischen Fragen zu geben. Der Vorbehalt, dass es sich dabei aber um eine Orientierung handelt, die keine gewissensbindende oder über die Kirchenmitgliedschaft entscheidende Bedeutung hat, muss dabei aber immer mitgedacht (und möglichst auch ausgesprochen) sein.

Zum tatsächlichen Verhalten der Religionsvertreter im Nationalen Ethikrat

Es ist nun von Interesse zu sehen, wie die Religionsvertreter sich *tatsächlich* in Ethikkommissionen verhalten. Die folgende Analyse beruht auf der Durchsicht von Stellungnahmen und Wortprotokollen aus dem Nationalen Ethikrat (NER) aus dem Zeitraum 2001-2007.[362] Die Arbeit des Nationalen

---

[362] Siehe die folgenden Stellungnahmen des Nationalen Ethikrats: NER 2002; 2003a; 2004a; 2004b; 2006a; 2007b. Siehe weiter die folgenden Wortprotokolle öffentlicher Sitzungen (seit 2003): NER 2003b (Thema u.a.: „Ethischer Pluralismus" - Referate mit anschließender Diskussion); NER 2003c; 2003d (Thema: Erläuterungen von Dr. Detlev Ganten zur Stammzellforschung sowie von Dr. Christoph Rehmann-Sutter, dem Präsidenten der Schweizer Nationalen Ethikkommission im Bereich von Humanmedizin, der die Schweizer Debatte darstellt); NER 2003e (Thema u.a.: Kommerzialisierungstendenzen); NER 2003f (Thema: Erläuterung der Tätigkeit der Zentralen Ethik-Kommission für die Stammzellforschung durch deren Vorsitzenden, Dr. Ludwig Siep); NER 2004e (Thema: Gespräch zur Arbeit des Nordic Committee on Bioethics); NER 2004d (Thema: Sachverständigenanhörung zum Thema „Polkörperdiagnostik"); NER 2004e (Thema: Gespräch mit Dr. Rainer Gerold Leiter der Direktion Wissenschaft und Gesellschaft" der Generaldirektion Forschung in der EU-Kommission); NER 2004f (Thema: Sterbebegleitung. Impulsreferate von Barth, Gerhardt und Schockenhoff. Resümee der Veranstaltung „Wie wir sterben" vom 31. März 2004 in Augsburg von Nagel); NER 2005a (Thema: Professor Dr. Jens Reich: Impulsreferat zum Thema „Chimären"); NER 2005b (Thema: Neueste Forschungsentwicklungen in den Naturwissenschaften: a) Prof. Dr. Peter Propping: Identifizierung humaner Genomvarianten und Einsatz der Array- bzw. Chip-Technologie mit anschließender Diskussion; b) Prof. Dr. Christiane Nüsslein-Volhard: Neue Entwicklungen ?t der Stammzellforschung mit anschließender Diskussion); NER 2006b (Thema: Moralischer Pluralismus. Referate mit

Ethikrates und seiner Mitglieder ist so zwar nicht lückenlos dokumentiert (so sind nur die öffentlichen Teile der Sitzungen protokolliert, auch wird keine Auskunft über Anwesenheit der Mitglieder des Ethikrats erteilt), aber doch so umfänglich, dass aus den Voten der „Religionsvertreter" Schlüsse zu ziehen sind. Dies gilt auch, wenn berücksichtigt wird, dass die Diskursteilnehmer bei Voten in öffentlichen Sitzungen und im Bewusstsein, dass diese Voten protokolliert werden, ihre Beiträge auch mit strategischen Überlegungen hinsichtlich ihrer Außenwirkung besonders überdenken. Ein Widerspruch in den Aussagen „vor" und „hinter" den Kulissen würde die Argumente und die Personen unglaubwürdig machen. Zunächst und vor allem ist mit Blick auf die Dokumente festzuhalten, dass ein expliziter Gebrauch religiöser und theologischer Sprache durch Religionsvertreter in den Wortprotokollen so gut wie nie vorkommt. Die Religionsvertreter folgen ganz sachlich eingreifend oder nachfragend dem Verlauf der Themen. In den Stellungnahmen, die aber natürlich von dem NER insgesamt autorisiert sind, lässt sich eine explizite Berufung auf religiöse Sprache vereinzelt finden, sie wird aber sogleich als solche gekennzeichnet und reflektiert. Zwei solche Beispiele aus Stellungnahmen seien hier angefügt:

> „In der ethischen Diskussion wird weiter vertreten, schon der frühe Embryo sei aufgrund seiner Gottesebenbildlichkeit ebenso zu schützen wie der geborene Mensch. Doch beruht diese Sicht auf religiösen Glaubenssätzen über Schöpfung und Schöpferwillen, die zwar Respekt und Achtung verdienen, aber nicht das Fundament einer allgemeinverbindlichen säkularen Moral und entsprechender Rechtsregelungen bilden können."[363]

„Die Würde auch der frühesten Formen menschlichen Lebens auf der Grundlage der christlichen Imago-Dei-Vorstellung wird allerdings (freilich vor dem Hintergrund einer sehr bewegten Dogmengeschichte) einhellig von der katholischen Kirche bejaht, während sich im Protestantismus eine pluralistische Auffächerung der Positionen zeigt. Sofern es sich hierbei um die Ableitung

---

anschließender Diskussion. Referenten: Prof. van den Daele, Prof. Dreier, Prof. Schockenhoff, Prof. Schöne-Seifert); NER 2006c (Thema: Gespräch mit Prof. Qiu und Prof. Zhai, Universität Peking); NER 2006d (Thema: Öffentliche Anhörung zur Forschung mit adulten Stammzellen. Eingeladene Sachverständige: PD Dr. rer. nato Boris Fehse, Universitätsklinikum Eppendorf, Hamburg, PD Gerd Kempermann M.D., Max-Delbrück-Centrum, Berlin, Prof. Catherine M. Verfaillie, MD., Katholische Uru versität, Leuven [Belgien], Prof. Dr. med. Andreas M. Zeiher, Universität Frankfurt/M.); NER 2007a (Thema: Verabschiedung des Nationalen Ethikrates durch die Bundesministerin für Bildung und Forschung, Frau Dr. Annette Schavan).
[363] NER 2002, S.18.

aus Glaubenssätzen handelt, bleibt festzuhalten, dass die Positionen von Religionsgemeinschaften nicht ohne weiteres das Verständnis einer so zentralen und für alle gültigen Norm wie Art. 1 Abs. 1 GG bestimmen können."[364]

Von Interesse ist weiterhin, dass auch dort keine explizite Berufung auf religiöse Wertvorstellungen zu finden ist, wo sie am ehesten zu erwarten wären, nämlich bei den Sondervoten der Stellungnahme zur Änderung des Stammzellgesetzes aus dem Jahr 2007. Weder im „Votum für eine Überprüfung des Stammzellgesetzes und gegen die Verschiebung des Stichtages"[365] noch in dem ergänzenden, von Eberhard Schockenhoff, Anton Losinger und Peter Radtke verfassten „Zusatzvotum"[366] ist eine solche explizit religiöse Bezugnahme zu finden. Ebensowenig ist in dem allein von Hermann Barth geschriebenen „Votum für die Verschiebung des Stichtags" eine Berufung auf explizit religiöse Traditionen enthalten.[367] Gegner und Befürworter der Verschiebung des Stichtages argumentieren hier so weit miteinander und mit dem gesamten Nationalen Ethikrat übereinstimmend, dass sie sich auf die bisher geltende Lösung mit dem Stichtag vom 1. Januar 2002 als eine Kompromisslösung beziehen, die zum Ausgleich und zur Befriedung in der ethisch als äußerst diffizil angesehenen Frage des Imports und der Forschung an humanen embryonalen Stammzellen geführt habe.

Die Gegner der bisherigen gesetzlichen Regelung, die einen Import von embryonalen Stammzellen ermöglicht, die vor dem 1. Januar 2002 etabliert wurden, argumentieren, die durch den Kompromiss ermöglichte Forschung an den Zellen habe nicht die erhofften Fortschritte erzielt, während die schwerwiegenden ethischen Bedenken, dass nämlich die bei der Gewinnung der embryonalen Stammzellen unumgängliche Zerstörung des Embryos die Tötung eines Menschen bedeute, unverändert bestehen. Daher sei auf die Forschung an embryonalen Stammzellen ganz zu verzichten. Die Stellungnahme von Hermann Barth betont die ethische Qualität des Kompromisses selbst, die vor allem in der Wahrung des Rechtsfriedens liege.[368] Die Wahrung dieses Kompromisscharakters der einst gefundenen Stichtagsregelung sieht Barth nicht durch die von der Mehrheit des Nationalen Ethikrats favorisierten Aufgabe des Stichtages zugunsten einer sogenannten „Einzelfalllö-

---

[364] NER, 2004b, S.68f.
[365] A.a.O. S. 36-40.
[366] A.a.O. S. 41.
[367] A.a.O. S. 42-44.
[368] A.a.O. S. 42.

sung", sondern in der Beibehaltung des Stichtages, der jedoch - im Geiste des Kompromisses - nun erneut zu verschieben sei. Auch wenn hier nicht mit expliziten religiösen Begriffen gearbeitet wird, steckt doch hinter diesen Sondervoten, an denen die Religionsvertreter beteiligt sind, theologische Reflexion. Um sie sichtbar zu machen, muss etwas ausgeholt werden und es muss die Begründungsebene des bioethischen Diskurses einbezogen werden: Mit seinem Votum zugunsten einer Stichtagsverschiebung im Geiste des Kompromisses hat Barth die bis dato gültige offizielle Haltung der EKD hinter sich gelassen, die sich resolut gegen jegliche Forschung mit embryonalen Stammzellen und also auch ihren Import nach Deutschland gewendet hat. Sie geht aus der bereits 1989 gemeinsam mit der katholischen Kirche veröffentlichten Erklärung „Gott ist ein Freund des Lebens" hervor.[369] Diese Erklärung argumentiert einer „besonderen Würde des menschlichen Lebens",[370] die im biblischen Sprachgebrauch mit der Gottesebenbildlichkeit des Menschen verankert sei und in deren Konsequenz auch die Fassung und der besondere Schutz der Menschenwürde in Art. 1 des Grundgesetzes stehe. Dieser besonderen Würde werde mit dem unbedingten Lebensrecht und dem Tötungsverbot entsprochen. In einer weiteren Argumentation wird dann diese Menschenwürde auf das vorgeburtliche Leben bezogen.[371] Dafür werden Ergebnisse der „embryologischen Forschung" namhaft gemacht, welche eindeutig bestätigten, dass mit der Verschmelzung von Ei- und Samenzelle ein „individuelles menschliches Leben"[372] bestehe, auf welches also auch der volle Schutz der Menschenwürde anzuwenden sei.

Auf dem Hintergrund dieses „Anwendungsfalls" von theologischer Naturrechtsinterpretation hatten die beiden großen christlichen Kirchen in Deutschland den Import von embryonalen Stammzellen, wie er vom Deutschen Bundestag im Januar 2002 beschlossen wurde, abgelehnt und sich in einer gemeinsamen Pressekonferenz darüber enttäuscht gezeigt.[373] Doch bereits im Vorfeld der Bundestagsentscheidung des Januar 2002 hatte sich eine Gruppe protestantischer Theologen formiert, die gegen den kirchlichen Anspruch einer gleichsam unbedingten und eindeutigen protestantischen Position in diesen Fragen Einwände formulierte.[374] Sie wiesen unter anderem

---

[369] Rat der Evangelischen Kirche in Deutschland / Deutsche Bischofskonferenz 1989.
[370] A.a.O. S. 39ff.
[371] A.a.O. S. 43ff.
[372] A.a.O. S. 43.
[373] Deutsche Bischofskonferenz 2002. http://www.dbk.de/aktuell/ meldungen/2925 /index.html.
[374] Reiner Anselm, Ulrich Körtner (Hg.), Streitfall Biomedizin. Urteilsfindung in christlicher Verantwortung. Göttingen 2003.

darauf hin, dass es sich bei den unterschiedlichen Haltungen zur Frage der Forschung an embryonalen Stammzellen nicht um die Frage der Verteidigung bzw. Bestreitung des Prinzips der Menschenwürde handelt, sondern um „konkurrierende Auslegungen der Menschenwürde".[375] Auf dieser gemeinsamen Basis müsse es möglich sein, einen „Kompromiss" in dieser Frage zu finden.

Zu dieser Gruppe von theologischen Ethikern gehörte Dietrich Rössler, der sein Eintreten für eine solche Kompromisslösung mit einem Aufsatz zur „Moral des Pluralismus" begründete. Genauer führt Rössler vor allem aus, weshalb der Kompromiss eine „Figur evangelischer Ethik" ist.[376] Er verweist darauf, dass es einen „internen Pluralismus der evangelischen Ethik" gebe, der sich „den Grundsätzen der reformatorischen Theologie" verdankt, nämlich der Freiheit zu eigenen Standpunkten in Fragen der Lebensführung und Weltgestaltung, die eben nach protestantischer Auffassung keine Grundfragen des Glaubens sind. In dieser Unterscheidung des protestantischen Rechtfertigungsgedankens liege zugleich die Bedeutung der reformatorischen Freiheitsauffassung für die moderne „Demokratisierung der Gesellschaft".

„Denn Pluralismus ist der Name für den Diskurs, der individuellen moralischen Intuitionen ihre Freiheit lässt und der zwischen solchen unterschiedlichen und gegensätzlichen Auffassungen auch deshalb geführt werden kann, weil sie sich (gemeinsam) als Auslegungen der evangelischen Überlieferung verstehen und diesen Anspruch auf dem Niveau gemeinsamer Reflexionen in Argumenten zur Geltung bringen."[377]

Eine solche, historisch-sachlich gebildete Anerkennung gemeinsamer Herkunft führt aber unweigerlich zur Relativierung der eigenen Position, welche sich eben als individualisierende Aneignung dieser Herkunftstradition versteht. Dies aber schließt aus, die eigene Position als absolute zu betrachten und ihre unbedingte Durchsetzung zu fordern. Aus der Einsicht in die Grenzen der eigenen Position folgt vielmehr die Aufgabe der Verständigung. Diese „geht deutlich über die Wahrnehmung von Differenzen und Übereinst-

---

[375] Reiner Anselm a.a.O. S. 206.
[376] Dietrich Rössler, Die Moral des Pluralismus. Anmerkungen zur evangelischen Ethik im Kontext der neuzeitlichen Gesellschaft. In: Reiner Anselm, Ulrich Körtner (Hg.), Streitfall Biomedizin. Urteilfindung in christlicher Verantwortung. Göttingen 2003, bes. S. 191-193.
[377] Rössler a.a.O. S. 192.

immungen hinaus. Ziel und Absicht dieser Aufgabe ist vielmehr der Kompromiss, denn der Kompromiss ist die Moral des Pluralismus."[378]

Mit dem Sondervotum Hermann Barths ist diese rechtfertigungstheologische Ethik des Kompromisses dann also mit einiger Verzögerung auch bei einem protestantischen Religionsvertreter im Nationalen Ethikrat angekommen. Es ist von einigem Interesse, dass auch Wolfgang Huber mit einem vielbeachteten Zeitungsartikel aus dem Dezember 2007 auf genau diese Argumentationslinie einschwenkt. Unter dem Titel „Auch der katholische Mensch kann irren" vollzieht auch er den Abschied von der naturrechtlichen Argumentationslinie, die er noch 2002 vertreten hatte, und folgt der Argumentation Rösslers wörtlich, wenn er diesen auch nicht nennt. „Das ethische Urteil" so Huber jetzt, „hat nach evangelischer Auffassung seinen Ort in der persönlichen Verantwortung vor Gott, in welche Christen ihr gesamtes Leben gestellt sehen. Eindeutigkeit oder Einstimmigkeit verlangt evangelische Lehre in den Grundfragen des Glaubens, mit denen die Kirche steht oder fällt. In ethischen Fragen ist es dagegen nicht nur legitim, sondern auch notwendig, dass kontroverse Standpunkte auch innerhalb der Kirche klar ausgesprochen werden. Sie werden dadurch verhandelbar - so wird es möglich, den eigenen Standpunkt kritisch zu prüfen."[379]

Ob Huber damit aber auch der pluralismusaffinen Deutung der Tiefenstruktur protestantischer Ethik folgt, die bei Rössler zu finden ist? Diese Frage ist in unserem Zusammenhang berechtigt, weil sie zurückweist auf die konkrete Wirksamkeit des „Religionsvertreters" Huber im Nationalen Ethikrat. Im März 2003 hatte der Nationale Ethikrat das Thema „Ethischer Pluralismus" zum Thema einer Sitzung. Einer der Referenten war Wolfgang Huber. Er unterscheidet einen deskriptiven Pluralismus, welcher eine Art Bestandsaufnahme moderner Gesellschaften ist und einen normativen Pluralismus, welcher diese plurale Verfasstheit moderner Gesellschaften programmatisch bejaht.

„Normativ ist mit Pluralismus eine sich selbst zum Programm gewordene Pluralität gemeint. Ethischer Pluralismus ist dann sozusagen am Ziel, wenn

---

[378] Rössler a.a.O. S. 192.
[379] Wolfgang Huber, Auch der katholische Mensch kann irren. In: Frankfurter Allgemeine Zeitung, Nr. 300, 27.12.2007, S. 29.
vgl. dazu das Zitat aus Rössler 2003, S. 191: „Denn nur in wenigen Fragen hat die protestantische Tradition Eindeutigkeit oder gar Einstimmigkeit verlangt: in den Grundfragen des Glaubens, mit denen die Kirche steht oder fällt. Fragen der Lebensform und der Weltgestaltung - und also die meisten Themen der Ethik - gehören nicht dazu."

Pluralität sich selbst zum Programm gemacht hat. Er wird sich dann mutmaßlich ganz und gar auf die Frage konzentrieren, inwiefern das Zusammenleben der Verschiedenen möglich ist, ohne dass sie für alle verbindlichen, handlungsleitenden Prinzipien unterworfen werden müssen, wie also Zusammenleben ohne ethischen Konsens möglich ist."[380]

Diesen normativen Pluralismus lehnt Huber ab. Er führe zu „relativistischen Folgen" und stehe in Gefahr, verbindliche ethische Urteile überhaupt abzulehnen bzw. unmöglich zu machen. Demgegenüber schlägt Huber einen „reflexiven Prinzipiengebrauch" vor. Dieser unterscheidet zwischen ethischen Folgerungen und diesen zugrundeliegenden „handlungsleitenden Prämissen".[381] So kommt Huber zu einer Unterscheidung von „ethischen" Fragen nach dem „Guten", auf die es keine verbindliche, sondern immer mehrere Antworten gebe, und der „moralischen" Frage nach dem „Gerechten". „Aber die Frage nach dem Gerechten erlaubt im Grundsatz nur eine Antwort. Denn es muss ja gerade eine Antwort sein, die für alle Gültigkeit beanspruchen kann."[382] Dieser Gedanke einer absoluten Gerechtigkeit, die allen Vorstellungen oder Realisierungen des guten Lebens als Ermöglichungsgrund voraus liegt, führt Huber zu der Frage, ob die im Nationalen Ethikrat divergierenden Positionen in Fragen der Stammzellforschung solche moralischer oder ethischer Natur in dem explizierten Sinne sind. Sei im Falle unterschiedlicher „ethischer" Überzeugungen Pluralismus also denkbar, gelte dies aber nicht für „moralische" Differenzen.

> „Pluralismus ist kein Selbstzweck. Dort, wo man mit ihm zu tun bekommt, ist er eine Schule der Toleranz. Dort, wo in Fragen der Moral im strengen Sinn des Worts Einigkeit nicht erreicht wird, ist er Anlass zu epistemischer Demut. Er nötigt zu erneuter Prüfung. Die Vorstellung, einfach zu konstatieren: ‚Nicht nur in Fragen des Guten, sondern auch in Fragen des Gerechten können wir uns nicht einigen' und zu sagen, damit seien wir gerade auf der Höhe der Zeit, reicht nach meiner festen Überzeugung nicht zu. In mo-

---

[380] Wolfgang Huber, in: NER: Wortprotokoll. Niederschrift über die öffentliche Sitzung 27. März 2003 in Berlin. Berlin 2003, S. 25-27.
[381] Huber a.a.O. S. 26.
[382] A.a.O: S. 26, Huber folgt hierin einer Unterscheidung Jürgen Habermas' der zwischen einem moralischen und einem ethischen (sowie einem pragmatischen) Gebrauch der Vernunft unterscheidet. So schon Huber 1996, 103f. Vgl. Habermas 1991, Vom pragmatischen, ethischen und moralischen Gebrauch der Vernunft. In: Ders.: Erläuterungen zur Diskursethik. Frankfurt a. M. 100-118.

ralischen Fragen muss man einen Konsens immer für möglich halten, auch unter pluralistischen Bedingungen."[383]

Es ist sicher nicht zuviel interpretiert, im Sinne Hubers als ein solches moralisches Prinzip die Menschenwürde zu betrachten. Damit scheint zunächst eine große Nähe zu Rösslers Position gegeben zu sein. Bei genauerer Betrachtung aber machen sich doch große Unterschiede geltend. Während bei Rössler nämlich die Beachtung des Prinzips der Menschenwürde bei den Gesprächspartnern antizipiert wird und von einer rationalen Begründung gerade abgesehen ist, verlangt Hubers Argumentation, dass es für das Prinzip der Menschenwürde eine legitime Auslegung gibt, die prinzipiell rational darzulegen sein muss. Für den konkreten Fall bedeutet dies also, aus der Definition der Menschenwürde darauf folgern zu können, ob die Forschung an embryonalen Stammzellen entweder rational moralisch gerechtfertigt ist oder unmoralisch und folglich zu verbieten. Das ist nicht die Logik des Kompromisses, von der Rössler spricht und auch Huber selbst knapp vier Jahre später sprechen wird. Es ist nun von Interesse, dass im Jahr 2006 der Nationale Ethikrat erneut eine öffentliche Sitzung zum Thema „Ethischer Pluralismus" abhielt. Nun ist es aus dem Kreis der Religionsvertreter der katholische Moraltheologe und stellvertretende Vorsitzende des Nationalen Ethikrats, Eberhard Schockenhoff, der hierzu referiert.[384] Auch Schockenhoff argumentiert dabei mittels der von Habermas und Huber verwendeten Unterscheidung zwischen ethischen Fragen des Guten und moralischen Fragen des Gerechten. Er spricht von der „Sonderstellung von strikten Fragen der Gerechtigkeitsmoral"[385], wie sie sich an den Konflikten zwischen Grundrechten zeige.

„Da zeigt sich nun diese Sonderstellung des Rechtes auf Leben als fundamentale Voraussetzung aller anderen Grundrechtspositionen. Denn man kann das Leben nicht schonend einschränken; man kann es nur ganz oder überhaupt nicht anerkennen. Da geht es nicht um eine ein bisschen noch zumutbare Einschränkung sondern um alles oder nichts, um die gesamte

---

[383] Huber a.a.O. S. 27.
[384] NER 2006b, S. 5f.
[385] A.a.O. S 6. Vgl. auch S. 15f. (in einem Wortbeitrag Schockenhoffs): „Dennoch bleibt ein Sonderbereich der Gerechtigkeitsmoral. Das Gerechte ist nicht einfach nur ein Teil des Guten. Vielmehr spielt innerhalb des Guten das Gerechte eine Sonderrolle, insofern es die Voraussetzung dafür ist, dass das Gerechte anerkannt wird. Das gewährt den einzelnen Individuen den Freiraum, dass sie das Gute nach ihren Vorstellungen verwirklichen können."

Zukunft, die noch aussteht. Dagegen lasst sich die Wissenschaftsfreiheit tendenziell, graduell einschränken, ohne dass sie im Kern aufgehoben wird, wie das etwa durch das Tierschutzgesetz geschieht oder auch durch das Embryonenschutzgesetz. Diese Sonderstellung der Gerechtigkeitsmoral gegenüber Konzeptionen des guten Lebens, in denen der moralische Pluralismus kein Problem für die Demokratie darstellt, macht deutlich, warum die moralischen Konflikte gerade auf bioethischem Gebiet so hartnäckig ausgetragen werden."[386]

Schockenhoff führt hier also entschlossen die naturrechtliche Argumentationslinie der gemeinsamen Erklärung aus dem Jahr 1989 fort, die Huber 2003 ebenfalls vertreten hatte. Die eigentümliche Verbindung, die diese theologische Argumentation mit einer Aneignung der Diskurstheorie von Habermas ebenso eingeht wie mit einer biologischen „Beweis"-führung (in der Erklärung von 1989) macht es schwierig, die religiösen Elemente herauszulesen. Sie liegen eben auch nicht separiert und sozusagen sauber herausgelöst vor, sondern sind stets in einen größeren Zusammenhang eingelassen. Deshalb ist auch deutlich geworden, dass ein Verständnis der Religion und der Religionsvertreter in Ethikkommissionen nur bei der integrativen Betrachtung der unterschiedlichen Diskursebenen möglich ist.

Religion und diskursive Vernunft

In Analysen der Rolle von Religion und Religionsvertretern in (bio)ethischen Diskursen ist häufig von einem „inflationären Gebrauch religiöser Begriffe" die Rede.[387] Gerade Theologen beklagen dabei die intellektuell verantwortungslose Instrumentalisierung geprägter Begriffe, die aus ihrem religiösen Kontext und der theologischen Reflexivität herausgenommen werden und so zu Pathosformeln verkümmern.[388] Die Analysen der Stellungnahmen und Wortprotokolle des Nationalen Ethikrats können diese Diagnose für die Beratungsebene der bioethischen Diskurse kaum bestätigen. Dies bedeutet aber nicht, dass die Analyse des inflationären Gebrauchs der religiösen Begriffe

---

[386] A.a.O. S. 6.
[387] Iris Pinter, Einflüsse der christlichen Bioethik, S. 37f.
[388] Hierin stimmen trotz ihrer ganz gegensätzlichen Stoßrichtung die Diagnosen von Joachim Kardinal Meisner und Friedrich Wilhelm Graf überein. Joachim Meisner, Ist die CDU noch christlich? In: Die Welt, 19.1.2002. , Friedrich Wilhelm Graf, Die Würde Gottes scheint antastbar. In: Frankfurter Allgemeine Zeitung, Nr. 1,2.1.2002, S. 42.

gänzlich falsch gestellt wäre. Auf der Orientierungsebene spielt eben dieser intuitive, sozusagen vorkritische Gebrauch religiöser Symbole und Vorstellungen durchaus eine gewichtigere Rolle. Und selbstverständlich ist die Durcharbeitung religiöser Symbole im Kontext ihrer theologischen Interpretation das Handwerk der professionellen Religionsexperten auf der Begründungsebene, wenngleich der Vorwurf eines „inflationären" Gebrauchs eigentlich nicht treffen kann, da der Umgang mit religiösen Begriffen ja das tägliche Brot der Theologen ist. Der Vorwurf kann sich hier allenfalls gegen die Übertragung auf die außertheologische Weltwirklichkeit richten. Es ist aber ein erklärungsbedürftiges Phänomen, dass der explizite Gebrauch von explizit religiösen Symbolen und Begriffen auf der Beratungsebene wesentlich reduziert ist. Was bedeutet dies für die Anwesenheit von „Religion" in diesen Beratungen bzw. die Identität von Religionsvertretern in solchen Gremien?

Eine Interpretation hat Nikolaus Knoepffler vorgelegt. In Bezug auf den Nationalen Ethikrat bemerkt er, die dort beteiligten Bischöfe würden ihre Position „vernunftbezogen" vertreten, „und zwar in der Weise, dass sie in Form und Art öffentlicher Vernunft argumentieren, also gerade ihre weltanschaulichen Basisüberzeugungen, den Glauben an den trinitarischen Gott, nicht als argumentative Basis nehmen." Das wird zugleich als Ausdruck dafür gewertet, dass im Nationalen Ethikrat zwar vernunft-, aber nicht konsensbezogen argumentiert werde. Den Bischöfen ginge es darum, „das von ihnen als wahr Erachtete darzulegen" und darin das Votum ihrer „Interessengruppe" durchzusetzen, weshalb sie sich „gerade nicht auf die Argumente der anderen Seiten einlassen", mithin nicht konsensorientiert agierten.[389] An dieser Deutung überzeugt aber weder die Charakterisierung der religiösen Akteure, noch diejenige des Diskurses. Zunächst impliziert eine derartige Gegenüberstellung von Vernunft und Glaube die latente Irrationalität von theologischen Argumenten in ethischen Diskursen. Rationale Argumente können aber auch in der Theologie eine tragende Rolle spielen. Sie können damit durchaus auch ein Bestandteil der pluralen Rationalitätskonzepte in der Moderne sein. Nicht der Mangel an Vernunft ist der Grund für Ethikkommissionen, sondern der Pluralismus von Vernunftkonzepten und vernünftigen Argumenten.

Die ethischen Anwendungsdiskurse als kulturelle Ausdrucksform einer vom Christentum geprägten Kultur zu betrachten, knüpft an die eingangs

---

[389] Nikolaus Knoepffler, Realexistierende Ethik-Komitees - meist nicht diskursethisch modelliert. In: Erwägen - Wissen - Ethik 16/1, S. 44.

thematisierte Frage nach den in den Kommissionen untergründig wirksamen Normen und Werten an. Im Lichte der hier vollzogenen Analysen aus dem Nationalen Ethikrat wurde dabei besonders die sozusagen fundamentale Schicht der Gremienarbeit von Bedeutung. Diese besteht in der Erwartung, durch den argumentativen Austausch unterschiedlicher Kenntnisse, Meinungen und Vorstellungen ethische Probleme besser rekognostizieren, präzisieren und eingrenzen zu können, Stellungnahmen oder sogar Gesetzesvorlagen liefern zu können, ja unter Umständen sogar, wie etwa in Ethikkommissionen in Krankenhäusern, zu konkreten Entscheidungen in komplizierten Fällen zu kommen, die alle ohne solche Kommissionsarbeit wenn nicht unmöglich, dann doch zumindest weniger akzeptabel für die Betroffenen und die Öffentlichkeit gewesen wären. Es ist von entscheidender Bedeutung, die in diesem nur scheinbar trivialen Umstand liegende ethische Tiefendimension zu erkennen: Die Ethikkommissionen sind nicht nur Gremien, die aus der neuen Unübersichtlichkeit von Orientierungs- und Handlungsoptionen entstehen. Darüber hinaus beinhalten sie die Einsicht, dass die Vielfalt der moralischen Haltungen in einer modernen Gesellschaft prinzipiell nicht abgeschafft werden kann. Nicht die vermeintliche „Lösung" von Problemen ist der immanente Sinn von Ethikkommissionen, sondern der akzeptierte Umgang mit Unterschieden.

> „In wertepluralistischen Gesellschaften - und alle modernen liberalen Gesellschaften sind wertepluralistisch - wird die Tatsache unübersehbar, dass selbst unter vernünftigen Menschen nicht nur eine einzige Moralauffassung Platz hat, sondern viele verschiedene. Ethische Begründungs- und Letztbegründungsprogramme können diese Tatsache moralischer Diversität nicht aus der Welt schaffen, sondern sich nur möglichst vernünftig auf sie einstellen."[390]

Wenn wir dies die fundamentale ethische Schicht von Ethikkommissionen nennen, dann weil sich in ihnen ein Umgang der modernen Gesellschaft mit sich selbst vollzieht, in welchem sie ihren Wertepluralismus prinzipiell affirmiert. Dies aber, das ist die Pointe, ist kein grenzenloser Relativismus, sondern dieser Wertepluralismus steht unter dem Vorbehalt seiner Anerkennung. Das ist der normative Konsens, unter dem in liberalen Gesellschaften

---

[390] Matthias Kettner, Ethik-Komitees, S. 4f.

überhaupt positionelle Geltungsansprüche erhoben werden können.[391] Wird nach der Bedeutung von Religion und Religionsvertretern für diese fundamentale Werthaltigkeit von Ethikkommissionen gefragt, haben wir am Beispiel der Pluralismus-Debatten des Nationalen Ethikrats zwei verschiedene Antworten kennengelernt, die genau dieses Problem reflektieren. Sie lassen sich unterscheiden in das naturrechtlich geprägte Konsensmodell (Huber 2003, Schockenhoff) und das rechtfertigungstheologische Kompromissmodell (Rössler 2003, Barth, Huber 2007). Ihnen gemeinsam ist die Verständigungsorientierung, welche aber im Falle des Konsensmodells auf die Möglichkeit einer rationalen Bestimmung und Festlegung der hintergrundigen Normen und Werte ausgerichtet ist, während sie im Falle des Kompromissmodells einen solchen inhaltlichen Konsens zugunsten von Verfahrensregeln suspendiert, deren Bejahung und Einhaltung selbst als Ausdruck einer grundsätzlichen Zustimmung zu gemeinsamen Normen gewertet werden kann. In diesen beiden Modellen spiegeln sich zugleich unterschiedliche Deutungen und Erwartungen des Verhältnisses von Christentum und moderner liberaler Gesellschaft. Die Frage, ob die Moderne samt ihrer pluralen Verfassung als eine legitime Folge des Christentums zu begreifen ist oder die plurale normative Verfassung der modernen Welt gerade der Beleg für eine entchristianisierende Säkularisierung, liegt auf dem Grund ihrer unterschiedlichen Bewertungen des gesellschaftlichen Pluralismus.

Damit ist keine eindimensionale Herleitung dieser Modelle, die auch in philosophischen Begründungszusammenhängen ohne expliziten Religionsbezug vorkommen, aus der christlichen Religion behauptet, wohl aber ein historisch-systematischer Kontext bezeichnet, in dem die (christliche) Religion zur Entstehung verständigungsorientierter Diskurse wie denen in Ethikkommissionen beigetragen hat. Schließlich ist daran zu erinnern, dass Religion, etwa in fundamentalistischer Gestalt alles andere als verständigungsorientiert ist. Nicht die Religion ist es, die auf Verständigung aus ist, sondern die Gestalten einer Religion nach der Aufklärung, welche mit der Kultur

---

[391] Der Vorwurf, besonders Ethikkommissionen auf nationaler Ebene würden den gesellschaftlichen Pluralismus nicht abbilden, sondern dienten nur dazu „die Überzeugungen der betreffenden einsetzenden Stelle" zu vertreten, wie ihn z.B. Nikolaus Knoepffler erhebt, verkennt diese fundamentale Tiefendimension von Ethikkommissionen in liberalen Gesellschaften und bleibt bei der ergebnisorientierten Oberfläche. Im Übrigen würde sich dann die ethische Reflexionsarbeit zu Nationalen Ethikkommissionen ohnehin weitgehend erledigen; sie wäre allenfalls durch Ideologiekritik an liberalen Gesellschaften zu ersetzen. Knoepffler 2005, S. 44. Vgl. auch den Einwand Matthias Kettners gegenüber Knoepffler, dass es in liberalen Gesellschaften „als besser gilt, wenn Argumentieren (so weit es eben geht) stattgefunden hat", bevor über Moralfragen in Komitees entschieden wird. Kettner 2005, S. 80f.

vielfältige Verbindungen eingegangen sind, die dann wiederum auf die Religion selbst zurückgewirkt haben. Dies gilt in besonderer Weise für die jüdisch-christliche Überlieferung im Zusammenhang der westlichen Kultur, ist aber nicht auf diese zu beschränken, wenn auch für sie bisher am eindringlichsten religions- und kulturgeschichtlich untersucht. In diesem unserem Kontext hat die Religion dabei ein ethisches Gepräge erhalten, das sich bis in die Institutionalisierung von Ethikkommissionen auswirkt. Nach einer Untersuchung aus dem Jahr 2003 sind in ca. 6,5% der konfessionellen Krankenhäuser in Deutschland Klinische Ethik-Komitees etabliert, hingegen in nur ca. 0,5% der nicht-konfessionellen Kliniken. Dabei ist in etwa eine Gleichverteilung zwischen evangelischen und katholischen Häusern festgestellt worden.[392] Diese Zahlen sind freilich selbst zu deuten. Sie machen aber jedenfalls auf die Verständigungsorientierung einer plural verfassten Religionskultur aufmerksam, innerhalb derer die Angewandte Ethik überhaupt erst und sich selbst zum Thema werden kann.

Problemlösen und Entscheiden in Gruppen

Aus sozialpsychologischer Perspektive handelt es sich bei der Arbeit von Ethikkommissionen um eine komplexe Gruppenleistung.[393] Über die Erkenntnisse jahrzehntelanger sozialpsychologischer Forschung lässt sich ein Zugang zu Ethikkommissionen gewinnen, der anhand der Vor- und Nachteile von Gruppenarbeit die Chancen und Risiken der Arbeit von Ethikkommissionen ausloten kann und Ansatzpunkte zur Verbesserung der Gruppenprozesse und damit auch der Arbeitsqualität bietet.

In der (psychologischen) Forschung sind zentrale Begriffe oft nicht oder nur ungenau definiert bzw. werden von unterschiedlichen Autoren verschieden verwandt. Daher soll an dieser Stelle geklärt werden, wie einige grundsätzliche Begriffe der Gruppenforschung im Rahmen dieses Buches bestimmt werden und welche Bedeutung ihnen bezogen auf Ethikkommissionen zukommt.

Welche Definition von Gruppe man für die richtige bzw. praktischste hält, hängt von vielen Faktoren ab, z.B. dem eigenen Arbeits-/Forschungsbereich

---

[392] Matthias Kettner, Ethik-Komitees, S 7f.
[393] Erich H. Witte, Heitkamp, I., Die Aufgabe von Ethik-Komitees: eine komplexe Gruppenleistung. Erwägen – Wissen - Ethik, 16/1, 2005, S. 73-74.

und den Methoden zur Analyse der Gruppe.[394] Hier wird folgende Definition gewählt: „Eine Gruppe besteht aus mindestens drei Personen, die ein (schwaches) Wir-Gefühl verbindet, in direkter Interaktion stehen, ein gemeinsames Ziel verfolgen und von der Umgebung als Gruppe wahrgenommen und behandelt werden".[395] Gegenüber anderen Definitionen, die mindestens zwei Personen fordern, wird erst ab drei Personen von einer Gruppe gesprochen, da sich erst ab drei Personen eine Gruppendynamik entwickeln kann, die z.B. Koalitionsbildungen einschließt. Somit wird obige Definition der Situation von Ethikkommissionen eher gerecht. Die verlangte direkte Kommunikation wird allerdings so ausgelegt, dass die Kommunikation nicht *face-to-face* erfolgen muss, wie es üblicherweise gefordert wird. In der vorliegenden Untersuchung kommunizieren die Teilnehmer nur über Dritte, wobei davon ausgegangen wird, dass zum einen die Arbeit an einer gemeinsamen Aufgabe und die indirekte Kommunikation für ein Gruppengefühl ausreichend sein können, zum anderen das Wir-Gefühl insofern eine untergeordnete Rolle spielt, als dass für die Arbeit von Ethikkommissionen Rationalität als Primärziel gefordert wird.[396] Die oben gewählte Definition ist eine Definition mittlerer Reichweite, weil die Gruppenmitglieder keine gemeinsame Vergangenheit und auch keine längere Zukunftsperspektive als Gruppe haben müssen.[397]

Eines von drei Elementen der Gruppenstruktur – neben Mitgliedern und Methoden– ist die zu lösende Aufgabe. Die Aufgabenstruktur besteht nach Hirokawa (1990) aus

- der Zielklarheit,
- der Klarheit des Weges zur Zielerreichung,
- der Anzahl der Schritte zur Erreichung des angestrebten Endzustandes sowie
- Hindernissen auf dem Weg zur Zielerreichung, die die Gruppe eventuell an

der Erreichung des angestrebten Endzustandes hindern.

---

[394] Jürgen Wegge, Führung von Arbeitsgruppen. Göttingen 2004.
[395] Jürgen Wegge, a.a.O. S. 16.
[396] Erich H. Witte, Kommentar: Ethik-Räte oder das Lösen komplexer Probleme in Gruppen. Wirtschaftspsychologie, 4(3), 2002, S. 63-64.
[397] Jürgen Wegge, Führung von Arbeitsgruppen. Göttingen 2004.

Eine komplexe Aufgabe zeichnet sich durch unklare Ziele, geringe Klarheit des Weges zur Zielerreichung, eine hohe Anzahl von Schritten bis zur Zielerreichung sowie viele Hindernisse auf dem Weg zu dieser aus. In diesem Sinne sind die von Ethikkommissionen zu lösenden Aufgaben komplex und verlangen von der Gruppe größere Anstrengungen bei der Problemanalyse und der Gestaltung eines Lösungsprozesses als bei einfachen Aufgaben erforderlich wären.[398] Hackman (1968) unterscheidet drei Aufgabentypen:

- Produktionsaufgaben, bei denen es um die Generierung möglichst vieler Ideen geht,
- Problemlöseaufgaben, die das Auffinden der richtigen Lösung betreffen, und
- Entscheidungsaufgaben, die einen Informations- und Meinungsaustausch sowie das Treffen einer gut fundierten Entscheidung einschließen.

Die von Ethikkommissionen zu lösenden Aufgaben umfassen alle drei Aufgabentypen, denn der Lösungsprozess beinhaltet zunächst die Ideenfindung, dann das Problemlösen und zum Schluss die Entscheidung. Allerdings gibt es bei ethischen Problemen nicht unbedingt eine richtige Lösung, so dass das Problemlösen hier in der Überwindung eines Hindernisses zur Erreichung eines Zieles zu sehen ist. Außerdem umfassen Aufgaben von Ethikkommissionen in besonderer Weise die Rechtfertigung der Entscheidung, so dass als weiterer Aufgabentyp die Bewertungsaufgabe hinzugefügt werden muss: „Viele ästhetische, politische, ethische und einstellungsbezogene Urteile sind Fragen der Urteilskraft, weil ihre Bewertungskriterien komplex und vage sind oder nur partiell geteilt werden (z.B. Jury-Entscheidungen."[399]

Die Gruppenleistung ist abhängig vom Aufgabentyp, das heißt auch die zu entwickelnden Leistungskriterien müssen mit dem Aufgabentyp korrespondieren. Inhaltliche Untersuchungskriterien, die auch auf die Arbeit von Ethikkommissionen anwendbar sind, betreffen Prozess- und Ergebniskriterien.[400] Für die Evaluation des Ergebnisses werden annäherungsweise Beur-

---

[398] Randy Y. Hirokawa, The role of communication in group decision-making efficacy: A task-contingency perspective. Small Group Research, 21, 1990, S. 190-204.
[399] Norbert L. Kerr, MacCoun, R. J., Kramer, G. P., „When are N heads better (or worse) than one?": Biased judgment in individuals versus groups. In Erich H. Witte, J. H. Davies (Hg.), Understanding group behavior: Consensual action by small groups, 1996, S. 107.
[400] Erich H. Witte, Lecher, S., Beurteilungskriterien für aufgabenorientierte Gruppen. Gruppendynamik, 29, 1998, S. 313-325.

teilungen erhoben, da in Ethikkommissionen individuelle Leistungen nicht ermittelt werden können.[401] Des Weiteren lässt sich zwischen subjektiven und objektiven Leistungskriterien unterscheiden. Subjektive Bewertungen erfassen teilnehmerabhängig die Wirkung der Situation auf die Gruppenmitglieder und deren Ergebnisbeurteilungen. Bei Ethikkommissionen spielt die subjektive Leistungsbewertung dann eine Rolle, wenn die Mitglieder auch zukünftig zusammen arbeiten und die Gruppenleistung mit einem bestimmten Vorgehen bei der Problemlösung verknüpft ist. Objektive Leistungskriterien sind Bewertungskriterien, die die Erreichung einer objektiven Zielvorgabe durch die Gruppe als Leistung ansehen, da sie teilnehmerunabhängig die Gruppe als Mittel zur Aufgabenbewältigung erfassen. Da es in der Regel die Aufgabe von Ethikkommissionen ist, eine nicht nur sachlich, sondern auch ethisch begründete Empfehlung zu einem (ethischen) Problem abzugeben, sollten die objektiven Leistungsmaße hier sachliche ebenso wie ethische Aspekte des Gruppenergebnisses berücksichtigen.

Vorteile und Probleme von Gruppenarbeit

Die Gründe für den Einsatz von Gruppen sind vielfältig, wobei die entscheidende Frage, ob Gruppen bessere Leistungen erzielen als Individuen, von der jeweiligen Aufgabe abhängt. Allgemein wird Gruppenarbeit gegenüber der Arbeit von Einzelpersonen eine Reihe von Vorteilen zugeschrieben. Gruppen

- sind produktiver,
- können Aufgaben lösen, die die Kapazitäten einer Einzelperson übersteigen würden,
- können die Arbeit spontan oder geplant aufteilen,
- verfügen aufgrund der Heterogenität ihrer Mitglieder über mehr Informationen,
- verfügen über ein kollektives Gedächtnis, so dass sie mehr Informationen erinnern,
- können wegen kognitiver Konflikte aufgrund heterogener Gruppenmitglieder eine stärkere Auseinandersetzung mit ihrer Aufgabe aufweisen,

---

[401] Erich H. Witte, Gruppenleistungen: Eine Gegenüberstellung von proximater und ultimater Beurteilung. In E. H. Witte (Hg.), Evolutionäre Sozialpsychologie und automatische Prozesse, Lengerich 2006, S. 178-198.

- repräsentieren eine größere Menge an Zielen und Werten,
- generieren gegenseitigen Wissenszuwachs bei ihren Mitgliedern,
- berücksichtigen Grundsätze der Demokratie,
- besitzen mehr Autorität, so dass ihre Entscheidungen eher akzeptiert werden,
- können einen wechselseitigen Fehlerausgleich bei ihren Mitgliedern bewirken.[402]

Es gibt gute Gründe für Gruppenarbeit und die obige Liste kann sicher erweitert werden. Gerade in jüngster Zeit zeigt die Forschung ein zunehmendes Interesse an Motivationsgewinnen in Gruppen.[403] Dem gegenüber steht die „illusion of group productivity",[404] denn Gruppen neigen dazu, ihre tatsächliche Gruppenleistung systematisch zu überschätzen. Da für die Leitungen von Gruppen oft keine objektiven Maßstäbe existieren, ziehen die Gruppenmitglieder die Gruppenatmosphäre als Beurteilungsmaßstab heran, was zu Fehleinschätzungen der Leistungsgüte von Gruppen führt.

Die potentielle Gruppenproduktivität wird durch Koordinations- und Motivationsverluste geschmälert. Hinderliche Bedingungen der Gruppenleistung lassen sich auf drei Ebenen ausmachen: der kognitiven, der affektiven sowie der konativen Ebene.[405] Nachstehend werden die leistungsmindernden Faktoren den drei Ebenen zugeordnet, die auch für die Prozesse und Ergebnisse von Ethikkommissionen ausschlaggebend sind.

Kognitive Ebene. Ein oft genanntes Gruppenphänomen ist Gruppendenken. Die Kernsymptome sind die Überschätzung der eignen Macht und Moralität, die unvollständige und parteiische Informationsverarbeitung sowie das Vorhandensein von starken Zwängen zur Einheitlichkeit der Gruppe. Eine neuere Untersuchung zu Gruppendenken, die neben Fallanalysen auch Laborstudien einbezogen hat, kommt zu dem Schluss, dass Gruppendenken nicht mit der Kohäsion der Gruppenmitglieder, sondern vor allem mit

---

[402] Vgl. Heitkamp, Die Entwicklung einer Moderationsmethode für Ethikkommissionen, Hamburg 2007.
[403] Erich H. Witte, Preface (Special issue: Motivation gains in groups). Zeitschrift für Sozialpsychologie, 31(4), 2000, S. 176-178.
[404] Michael Diehl, Stroebe, W., Productivity loss in idea-generating groups: Tracking down the blocking effect. Journal of Personality and Social Psychology, 61, 1991, S. 403.
[405] Erich H. Witte, Die Entwicklung einer Gruppenmoderationstheorie für Projektgruppen und ihre empirische Überprüfung. In: E. H. Witte (Hg.), Leistungsverbesserungen in aufgabenorientierten Kleingruppen, Lengerich 2001, S. 217-235.

schlechten Entscheidungsprozessen zusammenhängt.[406] Wie oben beschrieben, sind die konkreten Entscheidungsfindungsmethoden von Ethikkommissionen mehr oder weniger unbekannt. Da Gruppen normalerweise ihren Akzent eher auf die Diskussion und weniger auf das Bestimmen rationaler Entscheidungsprozesse legen, ist es wahrscheinlich, dass Gruppendenken auch in Ethikkommissionen vorkommen kann. Ein mögliches Gegenmittel könnten unterschiedliche weltanschauliche und lebensweltliche Hintergründe der Gruppenmitglieder sein, die zur Eindämmung des Gruppendenkens beitragen könnten.

Die beim Gruppendenken angesprochene parteiische Informationsverarbeitung wird in der Forschung zum *confirmation bias* aufgegriffen. Informationen, welche eigene Präferenzen unterstützen, scheinen glaubwürdiger und valider als widersprechende Informationen. Dies trägt dazu bei, dass die Gruppenentscheidungen maßgeblich von den Präferenzen ihrer Mitglieder vor der Diskussion bestimmt werden.[407] Besonders wenn die Gruppenmitglieder in der präferierten Entscheidung übereinstimmen, einen direktiven Gruppenführer haben oder dem Druck ausgesetzt sind, ihre Entscheidung zu rechtfertigen, tritt der *confirmation bias* auf.[408] Dass Mitglieder einer Ethikkommission in der von ihnen angestrebten Entscheidung übereinstimmen, mag insbesondere bei kleineren klinischen Ethikkomitees vorkommen. Auch kann es einen Meinungsführer geben oder ein Gruppenmitglied mit besonderer Autorität. Dem offiziellen Vorsitzenden einer Ethikkommission obliegen hingegen eher diskussionsstrukturierende und organisatorische Aufgaben, z.B. beim Deutschen Ethikrat oder jüngst bei der Ethikkommission zum Atomausstieg. Von größerem Gewicht für das Entstehen eines *confirmation bias* in Ethikkommissionen ist sicher, dass sie einem starken Druck ausgesetzt sind, ihre Entscheidung zu rechtfertigen. Gegen den *confirmation bias* sollten daher von vornherein, vor allem bei der Gestaltung der Gruppenprozesse, Maßnahmen getroffen werden. Ein Element des *confirmation bias* ist, dass Gruppenmitglieder schon bei der Suche nach Informationen selektiv vorgehen. In diesem Zusammenhang spielen auch geteilte Informationen

---

[406] James K. Esser, Alive and well after 25 years: A review of groupthink research. Organizational Behavior and Human Decision Processes, 73, 1998, S. 116-141.
[407] Tobias Greitemeyer, Schulz-Hardt, S., Brodbeck, F. C., & Frey, D., Information sampling and group decision making: The effects of an advocacy decision procedure and task experience. Journal of Experimental Psychology: Applied, 12(1), 2006, S. 31-42.
[408] Dieter Frey, Schulz-Hardt, S., Confirmation bias in group information seeking and its implications for decision making in administration, business and politics. In: F. Butera ‚G. Mugny (Hg.), *Social influence in social reality: Promoting individual and* social change, 2001, S. 53-73.

eine Rolle. Informationen, die allen Gruppenmitgliedern zur Verfügung stehen, werden mit größerer Wahrscheinlichkeit erwähnt und diskutiert als solche, die nur einem Teilnehmer bekannt sind, auch wenn die nur einem Mitglied vorliegenden Informationen möglicherweise ausschlaggebend für das Erreichen einer qualitativ hochwertigen Entscheidung sind. Diskussionen enthalten durchschnittlich 46% geteilte Informationen, aber nur 18% ungeteilte Informationen.[409] Kritiker werfen Stasser und Kollegen vor, dass sie weder die Vermittlung durch die Meinung der Gruppenmitglieder noch die Größe des Effekts durch den Diskussionsinhalt bestimmt haben. Eine alternative Erklärung zum Wissens-Effekt geteilter Informationen bezieht sich auf die Entscheidungspräferenzen der Gruppenmitglieder: Geteilte Informationen beeinflussen die Gruppenentscheidung durch die Anzahl der individuellen Meinungen, die von diesen Informationen beeinflusst werden. Wie immer dieser Effekt interpretiert wird – der Einfluss geteilter Informationen betrifft Ethikkommissionen wahrscheinlich auf der Sachebene. Wenn Experten verschiedener Fachrichtung ihr Wissen zusammentragen müssen, um eine sachlich richtige und inhaltlich breit gefächerte Diskussion zu ermöglichen, ist es notwendig, dass jeder alle ihm vorhandenen Informationen einfließen lässt. Der Gruppenprozess in Ethikkommissionen sollte also so angelegt sein, dass vorhandene Informationen allen Gruppenmitgliedern zugänglich gemacht werden und jede Meinung von jedem angehört wird. Meinungsänderungen werden nicht allein durch Informationen hervorgerufen. Ein wesentlicher Faktor für Meinungsänderungen ist die Sicherheit bei der Entscheidung. Nach Stasser ist es vor allem die Unsicherheit darüber, welche Entscheidung die richtige ist, die Personen zu einem Meinungswechsel veranlasst. Die intraindividuelle Sicherheit ist die relative Stärke des Glaubens an eine Präferenz oder Position.[410] Hier sind Kommissionsmitglieder mit fester Ideologie im Vorteil, jedenfalls dann, wenn diese nicht als extremistische Außenseiterposition wahrgenommen wird, sondern mit allseitigem Respekt akzeptiert wird.

Das Sicherheitsgefühl, das Gruppenmitglieder mit ihren Präferenzen verbinden, beeinflusst einen möglichen Meinungswechsel und eventuell dadurch den der Gruppe. In ideologische Kontexte eingebundene Gruppenmitglieder

---

[409] Garold Stasser, Taylor, L. A., & Hanna, C., Information sampling in structured and unstructured discussions of three- and six-person groups. *Journal of Personality and Social Psychology, 57*, 1989, S. 70.
[410] Garold Stasser, Davis, J. H., Group decision making and social influence: A social interaction sequence model. Psychological Review, 88(6), 1981, S. 526.

sind generell stärker von der Richtigkeit ihrer Entscheidung überzeugt und suchen auf wesentlich selektivere Weise nach Informationen als Einzelpersonen. Wenn eine Gruppe unter Rechtfertigungsdruck steht, kann sich das Sicherheitsgefühl der Gruppenmitglieder sogar noch verstärken, weil sie auf diese Weise kognitiver Dissonanz entgegenwirken. Die Argumentation während einer Diskussion kann von den Gruppenmitgliedern dafür genutzt werden, ihren Glauben an die Richtigkeit ihrer anfänglichen Position zu stärken – eine Möglichkeit, die Einzelpersonen nicht haben. Das Sicherheit generierende Moment der Gruppendiskussionen könnte auch Ethikkommissionen betreffen. Die größte Feindin der Ethik ist aber die absolute Gewissheit, es schon immer richtig gemacht und gewusst zu haben oder dass es so, wie es ist, gut ist. Auch in Ethikkommissionen kann zuviel eingebildete Gewissheit zur Lernunfähigkeit und zu Grabenkämpfen führen.[411] Daraus lässt sich ableiten, dass Mitglieder von Ethikkommissionen dann intellektuell offener für einen Entscheidungswechsel sind, wenn sie im ethischen Bereich unsicher sind, ob ihre avisierte Entscheidung die richtige ist. Andererseits müsste es demnach für eine kontroverse, elaborierte, offene Debatte sprechen, wenn die Mitglieder einer Ethikkommission auch nach ihrer abschließenden Entscheidung immer noch in einem gewissen Grade unsicher sind, ob ihre Entscheidung nun die richtige war. Jeder Begründungsversuch, warum die eigenen ethischen Positionen richtig sind, schließt einen Vergleich mit anderen Möglichkeiten ein und ist dadurch dem Selbstzweifel ausgesetzt.[412]

Einen weiteren Faktor, der die Entscheidung von Gruppenmitgliedern beeinflusst, machen soziale Normierungen aus, die über soziale Rollen transportiert werden. Mit verschiedenen sozialen Rollen sind demnach verschiedene Regeln oder Erwartungen für angemessenes Verhalten verknüpft. Die Zugehörigkeit zu einer sozialen Gruppe bietet eine wichtige Basis zur Selbstdefinition; Menschen lokalisieren sich in einem sozialen Kontext durch ihre Zugehörigkeit zu einer sozialen Kategorie, die demographische Kategorien, soziale Rollen und die Mitgliedschaft in Organisationen einschließt. In Ethikkommissionen treffen ebenfalls Mitglieder, die ganz unterschiedliche soziale Rollen innehaben, aufeinander. Interessenkonflikte, die in Ethikkommissionen die Regel sein dürften, stärken die Rollendifferenzierung. Wenn Rollen aber zu starr werden, werden Informationen von Experten, die von diesen gewusst werden, aber nicht in ihren Bereich fallen, verschwiegen oder vorenthalten, was die Leistungspotentiale von Ethikkomitees schmälert.

---

[411] Vgl. Andreas Vieth, Einführung in die Angewandte Ethik, 2006.
[412] Siehe auch Niklas Luhmann, Gesellschaftsstruktur und Semantik, 3. Aufl., Frankfurt a. M. 1989.

Ob eine qualitativ hochwertige Leistung, die bei Ethikkommissionen auch an einer offenen Diskussion und nicht vorherzusagenden Entscheidungen festgemacht werden kann, erreicht wird, ist angesichts der Ergebnisse, dass unterschiedliche soziale Rollen mit bestimmten Entscheidungsrichtungen verbunden sind, zweifelhaft.[413] So stimmten beispielsweise in der Frage der Produktionsverlagerung von Deutschland ins Ausland Politiker und Gewerkschaftsvertreter überzufällig häufiger als Träger anderer sozialen Rollen für den Verbleib der Produktion in Deutschland.[414] Der Vorteil von Ethikkommissionen, dass Experten verschiedener Fachrichtungen zusammen diskutieren und ihr Wissen zusammenbringen können, kann sich ebenso als Nachteil erweisen, wenn soziale Normierungen zu stark werden. Es mag daher vielversprechend sein, Gruppenmitglieder anzuleiten, eine der ihren entgegengesetzte Perspektive anzunehmen, weil Gruppendiskussionen sonst zu Polarisierungen und Stereotypisierungen führen können. Besonders können Unstimmigkeiten in der Gruppe Stereotypisierungen fördern und zu verhärteten Fronten führen, die die Kommissionsarbeit erschweren und den Entscheidungsprozess in die Länge ziehen. Ethikkommissionen sollten so arbeiten, dass es Rollenträgern möglich ist, ihre persönliche Meinung auszudrücken und sich anderen Gruppenmitgliedern – unabhängig von deren sozialer Rolle – anzuschließen, ohne dabei fehlgeleitete Vorstellungen von anderen Konfliktparteien zu haben.[415]

Konative Ebene. Auf der Handlungsebene ist vor allem der Mangel an strategischem Vorgehen der Gruppenleistung abträglich. Wie oben schon beschrieben, vernachlässigen Gruppen meist die Diskussion eines adäquaten Arbeitsprozesses zugunsten der Diskussion über Inhalte. Andererseits werden manchmal inadäquate Vorgehensweisen gewählt, die ebenfalls zu Prozessverlusten führen, wie z.B. die unangemessene Fokussierung auf Details, wenn die Entscheidung die Berücksichtigung eines größeren Kontextes verlangt, das Aufstellen von Konsens-Normen, wenn kritische Normen, die auch die Diskussion ungeteilter Informationen anregen, zu einer höheren

---

[413] Imke Heitkamp, Borchardt, H., Witte, E. H., Zur simulierten Rechtfertigung wirtschaftlicher und medizinischer Entscheidungen in Ethikkommissionen: Eine empirische Analyse des Einflusses verschiedener Rollen, Nr. 55, Hamburger Forschungsberichte zur Sozialpsychologie, Hamburg 2005.
[414] Ebenda.
[415] Natürlich sind auch andere Gründe dafür denkbar, dass Gruppenmitglieder ihre Meinung nicht ändern. So könnte es z.B. eine Rolle spielen, wenn Mitglieder gezwungen sind, ihren „Parteigenossen", die sie in die Kommission entsandt haben, Rechenschaft abzulegen.

Entscheidungsqualität führen würden,[416] oder die Wahl von im jeweiligen Kontext unangebrachten Entscheidungsregeln, die einzelnen Mitgliedern zu viel Macht einräumen oder zu langwierigen Entscheidungsprozessen führen, an deren Ende aber keine hochwertige Entscheidung steht.

Macht ist eine der wichtigsten Variablen bei der Interaktion von Gruppen und damit für effektive Gruppenarbeit.[417] Macht kann im Hinblick auf Einfluss definiert werden und Einfluss im Sinne von psychologischer Veränderung. Normalerweise findet sozialer Einfluss durch eine intendierte Handlung statt, kann aber auch allein durch passive Präsenz wirken. Macht kann z.B. auf offizieller Legitimation oder dem Besitz von Ressourcen basieren, aber auch auf einem Expertenstatus.[418] Soziale Beeinflussung ist besonders dann kritisch, wenn Beteiligte in hierarchischer Beziehung stehen oder es einen Gruppenführer gibt, der demokratische Prinzipien bei der Gruppenarbeit nicht einhält.

Unausgewogene Machtverhältnisse können zu Machmissbrauch und damit einer eher taktisch geprägten Verhandlungsatmosphäre führen. Auch die Informationssuche von Gruppenmitgliedern, die weniger Macht haben, kann beeinflusst werden. Wenn die Machtverhältnisse in Ethikkommissionen nicht ausbalanciert sind, können dadurch Entscheidungsrichtungen verändert werden und deren Rechtfertigungen anders ausfallen als bei Gremien gleichberechtigt arbeitender Mitglieder. Im Sinne der Diskursethik bietet ein Machtgefälle innerhalb von Ethikkommissionen keine Grundlage für akzeptable Entscheidungen. Gerade in Ethikkommissionen, die teilweise Fragen von Leben und Tod verhandeln, kann Machtmissbrauch üble Konsequenzen haben.

Den Einfluss der Gruppengröße auf Abstimmungsprozesse innerhalb einer Gruppe kann man sich leicht vor Augen führen. In größeren Gruppen sind mehr Motivationsverluste zu erwarten als in kleineren Gruppen, weil – so eine Erklärung – mit wachsender Gruppengröße die Anonymität zunimmt und die Möglichkeit des Ausgleichs von Minderleistungen in der Gruppenarbeit durch den persönlichen Einsatz abnimmt. Je größer die Gruppe wird, desto schwieriger wird aber auch ihre Koordination, wobei sich die Schwie-

---

[416] Tom Postmes, Spears, R., & Cihangir, S., Quality of group decision making and group norms. Journal of Personality and Social Psychology, 80, 2001, S. 918-930.
[417] Wolfgang Scholl, Effective teamwork - A theoretical modeland and a test in the field. In: E. H. Witte & J. H. Davies (Hg.), Understanding group behavior: Small group processes and interpersonal relations, 2. Aufl., 1996, S. 127-146.
[418] Timothy M. Franz, Larson, J. R., The impact of experts on information sharing during group discussion. Small Group Research, 33(4), 2002, S. 384f.

rigkeiten bei komplexen Aufgaben noch multiplizieren.[419] Mit wachsender Gruppengröße wird der Leistungsvorteil der Gruppe durch Effizienzeinbußen aufgrund von Koordinationsverlusten immer stärker geschmälert. Letztlich lässt sich schwerlich die richtige Gruppengröße ausmachen; es gilt aber, dass, aufgrund der Probleme großer Gruppen, Gruppen eher zu groß als zu klein sein können und die angemessene Gruppengröße selbstverständlich von der Aufgabe abhängt. Bei Ethikkommissionen geht der Trend in Richtung größerer Gremien, der Deutsche Ethikrat verfügt derzeit bereits über 26 Mitglieder. Caws (1991) sieht die einzige positive Korrelation mit der Anzahl der Kommissionsmitglieder in der Menge der Papierarbeit und der Länge der Sitzungen. Insgesamt ist zu vermuten, dass bei größer werdenden Ethikkomitees deren Arbeit in Zukunft nicht an Qualität gewinnen wird.

Neben der Gruppengröße kann besonderer Zeitdruck als wichtige Einflussvariable für die Gruppenleistung genannt werden. Zeitressourcen sind immer knapp, aber unter bestimmten Formen von Zeitdruck besteht die Gefahr der Leistungsabnahme, da die Gruppenmitglieder mit einer hohen Dichte komplexer Informationen konfrontiert werden und diese nur unsystematisch und teilweise verzerrt aufnehmen. Zudem wird in der empirischen Organisationsforschung angenommen, dass Zeitdruck Gruppendenken und unreflektiertes Anwenden eventuell inadäquater Heuristiken fördert.[420] Eine Vielzahl von Ethikkommissionen leidet so sehr unter erheblichen Zeitmangel, dass sie überfordert sind.[421] Gesteigert wird der Zeitdruck durch die Beschleunigung der biomedizinischen Entwicklung und deren Auswirkung auf die Gesellschaft sowie die institutionelle Reaktion auf beides, die zumeist eine schnelle oder auch „glatte" Lösung verlangt.[422] Daher ist damit zu rechnen dass in Ethikkomitees oft kein Konsens, sondern lediglich ein Kompromiss gefunden wird, dem dann wahrscheinlich eher funktionale als moralische Autorität zugeschrieben wird.[423] Ethikkommissionen sollten bei aller notwendigen Bündelung und Konzentration der Diskussionen nicht zu hohem Zeitdruck ausgesetzt werden, da sonst ihre Ergebnisqualität leiden könnte.

---

[419] Jürgen Wegge, Führung von Arbeitsgruppen. Göttingen 2004.
[420] A. Strudler, Warren, D. E., Authority, heuristics, and the structure of excuses. In: J. M. Darley, D. M. Messick & T. R. Tyler (Hg.), Social influences on ethical behaviour in organizations, 2001, S.160f.
[421] Josef Kure, Zur Theorie und Praxis von Ethik-Kommissionen, S. 45f.
[422] Josef Kure, Zur Theorie und Praxis von Ethik-Kommissionen, 2005.
[423] Kirsten Endres, Ethik-Komitees: Der Konsensbegriff als Prozessbegriff. Erwägen – Wissen - Ethik, 16/1, 2005, S. 26.

Es gibt vielfältige Gründe für die Bildung von Gruppen, wobei angenommen wird, dass Gruppenarbeit nicht nur Spaß macht, sondern vor allem von hoher Produktivität gekennzeichnet ist und gute Leistungen bringt. Tatsächlich liegt die Leistung von Gruppen aber aufgrund von Hindernissen auf kognitiver, affektiver und konativer Ebene oftmals weit unter ihrem Potenzial. Ethikkommissionen als Arbeitsgruppen, die sich mit der Lösung komplexer (ethischer) Probleme beschäftigen, sind auf allen drei Ebenen gefährdet. Ihre Arbeits- und Ergebnisqualität ist aus Sicht sozialpsychologischer Gruppenforschung gewiss verbesserungsfähig.

Systematischer Schlußteil: System und Individuum 4

Gerechtigkeit als Grundprinzip politischer Ethik

John Rawls verdankt seinen weltweiten Ruhm einer früh entwickelten Gerechtigkeitstheorie mit ihren beiden Prinzipien: dem Vorrang der Freiheit sowie die Rechtfertigung sozialer Ungleichheit dann und nur dann, wenn sie im Prinzip allen zugutekommt. Diese bis ins Detail ausgearbeitete Gerechtigkeitsphilosophie aber erwies sich nicht als sein letztes Wort, weil er erkannte, dass ein wirklich politischer Liberalismus keine umfassende, in sich geschlossene Theorie verträgt. Es wird immer einen großen Teil von Menschen geben, die ihre eigenen Wertvorstellungen haben und sich einer derartigen Philosophie nicht anschließen wollen. Deshalb kommt es darauf an, Regeln zu entwickeln, die auch auf der Basis (vernünftiger) unterschiedlicher Grundideen, d.h. ohne diese verschiedenen Konzeptionen ausdiskutieren zu müssen, allgemein zustimmungsfähig sind. Einige mögen weiterhin an umfassenden liberalen Ideen festhalten; ein wirklich politischer Liberalismus im Sinne von Rawls wird aber nur auf allgemein akzeptable und praktikable, d.h. nicht wirklich letztbegründete Prinzipien zurückgreifen können, denen auch vernünftige Nichtliberale zustimmen können. Dieser politische Liberalismus stellt eine milde und sehr abgeschwächte Form der kantischen Idee dar, dass die Grundaufgabe des politischen Zusammenlebens auch ein Volk von Teufeln lösen können müsste, wenn sie nur Verstand haben.

Aus diesem Grunde wird Gerechtigkeit heute meist als Fairness verstanden. Rawls hat ein fundamental politisches Prinzip in die Moralphilosophie eingeführt: nämlich den Verzicht auf umfassende moralphilosophische Lehren sei es des kantianischen, sei es des utilitaristischen Typus, weil eine Konzeption, die als Grundlage politischen Handelns und der Gesetzgebung dienen kann, auf die Erfahrung Rücksicht zu nehmen hat, dass solche Philosophien nie mit der Zustimmung aller rechnen können und immer kontrovers bleiben werden. Für Philosophen, die ihre eigenen Konzepte meist mit großer Selbstüberzeugtheit verteidigen, ist es durchweg schwierig, diese Überlegung überhaupt zu verstehen. Rawls selbst räumt ein, seine frühe Philosophie der

Gerechtigkeit sei ihrerseits selbst eine umfassende Konzeption gewesen. Habe man aber einmal Einsicht in den politischen Prozess gefunden, dann mache es keinen Sinn mehr (außer als Privatphilosophie), derartige umfassende Konzeptionen anzubieten. Man dürfe eine Gerechtigkeitskonzeption nicht auf der Grundlage von philosophischen, psychologischen und ähnlichen Annahmen über die menschlichen Bedürfnisse entwickeln, sondern allein auf der Basis der normativ entscheidend relevanten Tatsache, dass die Bürger als freie und gleiche Personen zu behandeln seien und selbst zu entscheiden hätten.[424] Es kann angesichts des Faktums des vernünftigen Pluralismus unmöglich eine wohlgeordnete Gesellschaft geben, „deren sämtliche Mitglieder ein und dieselbe Globaltheorie akzeptieren."[425] Die durchgängige Redeweise vom Faktum des Pluralismus, das anzuerkennen sei, ist gewiss eine Replik auf Kants Rede vom „Faktum der Vernunft" in seiner „Kritik der praktischen Vernunft".[426]

Rawls hat nach dem etwas jugendlichen Überschwang seiner anfänglichen Großtheorie der Gerechtigkeit die Einsicht entwickelt, dass eine umfassende Theorie des Liberalismus wahrscheinlich nie eine allgemeine Zustimmungsfähigkeit erlangen könnte. Das gilt seiner Ansicht nach für jede umfassende Theorie, wobei damit selbstverständlich nur rational begründete Theorien gemeint sind. Denn in jedem denkbaren Debattenkontext bleiben immer Momente eines rational begründeten oder wenigstens rational nicht vermeidbaren Dissenses. Dafür nennt er im wesentlichen sechs Gründe, die er als *burdens of reason,* später zurückhaltend als *burdens of judgement* gekennzeichnet hat. Die sechs Gründe sind: 1) empirische und wissenschaftliche Beweise werden unterschiedlich eingeschätzt 2) Gewichtung der Gründe 3) unscharfe und nicht exakt zu bestimmende Begriffe 4) Gewichtung von Werten moralischer oder politischer Art 5) gute Gründe für beide Seiten, zwischen denen entschieden werden muss 6) Kein System von Werten ist vollständig, es muss also selektiert werden, woraus wieder unterschiedliche Einschätzungen folgen.[427] Rawls rechnet mit der Möglichkeit, dass am Ende einer fairen, vernünftigen und abgewogenen Diskussion kein Konsens, sondern ein Dissens stehen wird. Nicht einmal die ideale Diskurssituation führt seiner Ansicht nach notwendigerweise zum Konsens. Es ist vielmehr vernünftig, vom Gegenteil auszugehen. „Wir sollten einander nicht sofort des

---

[424] John Rawls, Gerechtigkeit als Fairneß. Ein Neuentwurf. Frankfurt am Main 2003, S. 15.
[425] Rawls, Fairneß S. 31.
[426] Immanuel Kant, Kritik der praktischen Vernunft, Hg. Karl Vorländer, Hamburg 1974, §7, S. 36.
[427] Rawls, John: Political Liberalism, New York 1993 S. 54ff.

Eigen- oder Gruppeninteresses, des Vorurteils und der Befangenheit und tiefverwurzelter Irrtümer wie ideologischer Blindheit und Verblendung bezichtigen. Wenn wir dies tun, erzeugen wir Ressentiments und Feindschaft und blockieren den Weg zu einer vernünftigen Übereinkunft. Es ist schlicht unvernünftig und häufig die Erklärung eines intellektuellen Krieges, so eingestellt zu sein, dass man solche Anklagen ohne zwingende Gründe erhebt. [...] Es ist daher unvernünftig, die Wahrscheinlichkeit, ja die praktische Gewißheit unauflösbarer vernünftiger Meinungsverschiedenheiten in Angelegenheiten allerersten Ranges zu leugnen. [...] Denken Sie nur an die Frage nach den Ursachen der Arbeitslosigkeit und den wirksamen Maßnahmen, sie zu verringern."[428]

Ausgangspunkt ist für Rawls das *Faktum des vernünftigen Pluralismus*, das er vom bloßen Faktum des Pluralismus unterscheidet. Es geht ihm nicht einfach darum, dass es unterschiedliche umfassende Lehren gibt, sondern darum, dass es sich um unterschiedliche, ja gegensätzliche v e r n ü n f t i - g e Lehren handelt. Sie sind nicht lediglich Ausdruck und Ergebnis von Privat- oder Klasseninteresse, sondern gerade das Resultat der freien praktischen Vernunft im Rahmen freier Institutionen.[429] Für den Liberalen Rawls ist allerdings klar, dass der politische Diskurs den Vorrang vor allen anderen sozialen Funktionsmechanismen haben muss, was ihn sowohl von Luhmanns Gleichordnung der Funktionssysteme als auch von der ordoliberalen Position eines Vorrangs der wohlverstandenen Wettbewerbswirtschaft vor politischer Lenkung und Strukturierung wesentlich unterscheidet. Es geht also darum, nicht mit umfassenden Lehren und übergreifenden Dogmen, sondern mit Theorieansätzen mittlerer Reichweite zu operieren und ständig auch die Korrigierbarkeit der Theorien sowie ihrer Anwendung mitzudenken.

Die praktische Aufgabe der politischen Philosophie besteht darin, Wege zu finden aus Uneinigkeit stiftenden politischen Konflikten, die normalerweise in der Entwicklung von Ordnungsmodellen bestehen, die divergierenden Positionen und Interessen gerecht werden können.[430] Solche Ordnungsmodelle haben Thomas Hobbes und John Locke aus der Erfahrung von Bürgerkriegssituationen heraus vorgeschlagen. In ähnlicher Weise haben die anspruchsvollen Diskussionen der amerikanischen Verfassungsväter ein Regulationsmodell entwickelt. Darüber hinaus, hier beruft Rawls sich auf

---

[428] Rawls, John: Die Idee des politischen Liberalismus. Aufsätze 1978-1989, Frankfurt am Main 1992, S. 340.
[429] Rawls, Political Liberalism, a.a.O. S. 36f.
[430] Rawls, Fairneß S. 19.

Hegels Rechtsphilosophie, hat politische Philosophie auch eine Aufgabe der Versöhnung. Das politische System ist in seiner Grundstruktur kein Verein von Freiwilligen, aus dem man beliebig ein- oder austreten kann. Man wird hineingeboren in ein System, das eben keine gefühlsmäßige und primordiale Gemeinschaft darstellt, dessen mit Gewalt durchsetzbaren Regeln man sich aber dennoch unterwerfen muß. Die „politische Philosophie kann sich bemühen, uns mit dieser Gegebenheit zu versöhnen",[431] dieses Faktum also akzeptabel zu machen. Eine weitere Aufgabe im Sinne einer „realistischen Utopie" bestünde darin, Verbesserungs- und weitere Inklusionsmöglichkeiten zu bedenken und zu entwickeln, da derartige Regelungen nie in allen Punkten wirklich gerecht sind, damit auch eine institutionelle und normative Entwicklungsdynamik Personen und Gruppen, die sich benachteiligt fühlen oder benachteiligt sind, Hoffnungen vermitteln kann. Zur Versöhnung gehört neben der Einsicht immer auch die Entwicklung, welche neue Chancen eröffnet. Dabei muss jedoch ständig die Einsicht in das grundlegende Faktum des vernünftigen Pluralismus präsent bleiben, um nicht durch monoperspektivische Reformversuche nun wieder andere Gruppen zu benachteiligen.[432]

Kritik der politischen Ethik

Die Unzulänglichkeit gängiger Ethikmodelle, die Widersprüchlichkeit, teilweise sogar Absurdität gängiger Moralvorstellungen lag in den 60er Jahren, einer Zeit weniger politischen (obwohl die meisten das damals glaubten, aber das blieb an der Oberfläche) als vielmehr sozialmoralischen Umbruchs in den Tiefen der Gesellschaft geradezu auf der Hand.

Nun könnte man sagen, sei politische Ethik, wie sie gemeinhin betrieben wird, das Leichteste und Einfachste überhaupt, denn man braucht ja nur ins Blaue hinein zu postulieren. Und das machen ja auch die meisten. Sie produzieren unzählige klagende, anklagende und fordernde Texte, je globaler, desto besser, und wenn es mit dem Denken nicht ganz reicht, wird gern Zuflucht genommen zum Glauben, zu Glaubenssätzen, die aber in einer Welt des religiösen und intellektuellen Pluralismus keinerlei Verbindlichkeit mehr entfalten können. Gerade ein katholischer Ethiker wie Charles Taylor hat

---

[431] Rawls, Fairneß S. 23.
[432] Ebenda S. 23f.

dieses Argument zum Kernpunkt seiner Analysen über unser säkulares Zeitalter gemacht.[433] Es gibt keine Felsen mehr, auf die man bauen könnte. Das Problem der Ethik und Ethiktheoretiker, die solche billigen Ausflüchte nicht machen, die also im Premium-Segment tätig sind und ein hochwertiges Produkt anbieten wollen, besteht bis heute darin, dass sie das intellektuelle Kunststück vollbringen möchten, alles auf einem oder zwei axiomatischen Sätzen aufzubauen und aus diesen alles weitere ableiten zu wollen. Alle suchen immer noch nach einem spinozistisch-kartesischen Ableitungsmodell. Selbst Kant, der in seiner Kritik der reinen Vernunft gerade die Paradoxien und Unmöglichkeiten in brillanter Weise aufgezeigt hatte, die sich beim Versuch einer vollständigen Systemschließung ergeben, hat seine Kritik der praktischen Vernunft dann doch wieder auf das Ableitungsmodell aus einem einzigen Satz, dem kategorischen Imperativ, gegründet. An seinen Beispielen, etwa dem Lügner-Beispiel, dass man auch dann nicht lügen dürfe, wenn man jemanden bei sich zu Hause verbirgt, der Mörder vor der Tür steht und fragt, ob der zu Ermordende anwesend sei, zeigt sich schnell, dass in dieses Ethikprogramm einige Fehler, in der Computersprache würden wir sagen, „bugs" eingebaut sind. Schlimmer aber noch ist das Folgende: Das Sollen kann Kant zwar, wenn man von diesem Systemfehler absieht, einigermaßen gut, wenn auch abstrakt, begründen, nicht aber die Motivation, die zu einer politischen Ethik, soll sie ernstgenommen werden, unbedingt dazugehört.

Ethiken dagegen, welche die Motivation überzeugend oder einigermaßen überzeugend begründen können, wie etwa die von Thomas Hobbes, die auf der Angst aufgebaut ist vor der Anarchie, vor dem Kampf aller gegen alle, oder klassische und moderne Wirtschaftsethiken, die auf dem Eigeninteresse basieren, bringen andere Probleme mit sich. Die Motivation ist so überwältigend stark, dass sie auch ausgesprochen unmoralisches Verhalten motivieren kann. Sie ist damit richtungs- und kompaßlos. Gute Begründungen und überzeugende Anwendungsregeln vermögen dann zwar die Richtung festzulegen, aber nicht den Grund, sich in diese Richtung auch zu bewegen, so dass hier ein nur schwer auflösbarer Hiatus zwischen den verschiedenen Grundproblemen der Ethik bestehen bleibt. Dieser Hiatus ist nur zu schließen durch eine Institutionenethik, d.h. die Konstruktion gerechter Institutionen, die in einer Kombination positiver Anreize für regelkonformes Verhalten und von

---

[433] Charles Taylor, A Secular Age, Cambridge/Mass. und London 2007. Dazu demnächst die Taylor Festschrift Unerfüllte Moderne. Neue Perspektiven auf das Werk Charles Taylors, Hg. Michael Kühnlein und Matthias Lutz-Bachmann, Frankfurt am Main 2011.

Sanktionen gegen Verstöße die richtungsmäßig zunächst unbestimmte Motivation des Eigeninteresses so formen, dass eine „gute Gesellschaft" sich bildet.[434]

Hier liegt einer der Gründe, warum die Gerechtigkeitstheorie von John Rawls und die Diskursethik von Jürgen Habermas und anderen, so begeistert sie anfangs aufgenommen wurden, doch aber die hohen Erwartungen nicht erfüllen konnten. Bei John Rawls lag wieder ein faszinierendes Modell vor, wo in einem grandiosen Wurf aus zwei Grundprinzipien der Gerechtigkeit alles weitere abgeleitet wurde, eine Theorie, die tausende Bände und Aufsätze an Sekundärliteratur nach sich zog und schließlich vom Rawls, der ein wirklich ernsthafter Weiterdenker war, selbst in seinen späteren, stärker auf einen *politischen* Liberalismus gerichteten Studien, Schritt für Schritt ausgehebelt wurde. Er konnte zeigen, dass seine eigene Lehre auf einer umfassenden kantianisch geprägten Theorie beruhte, die viel zu viel voraussetzte und nicht von jedermann unbedingt geteilt werden konnte, so dass sie sich nicht als politische Ethik eignen würde, denn diese musste ja gerade für sehr unterschiedliche Menschen und Interessen akzeptabel sein, die mit Immanuel Kant und dem Kantianismus vielleicht gar nichts zu tun haben wollen. Er musste einräumen, dass seine Lehre für den internationalen, über die eigenen Staatsgrenzen hinausgehenden Bereich keine sinnvollen Aussagen mehr machen konnte. Er arbeitete heraus, dass die „Bürden der Vernunft", ihre argumentative Ungenauigkeit, keine großen Lösungen im praktischen Bereich zuließen. So setzte er schließlich ein weiches und am Alltagsverständnis angelehntes Konzept der Gerechtigkeit als Fairness und des politischen Liberalismus als offenes Rahmenprogramm an die Stelle des großen Entwurfs einer Gerechtigkeitstheorie aus zwei axiomatischen Grundprinzipien.

Das von ihm selbst eingestandene Scheitern von Rawls' Begründungsprogramm hat Jürgen Habermas motiviert, nochmals einen anderen Weg zu versuchen, und das sehr ingeniös, indem er nämlich an die Stelle der Axiome ein Rahmenmodell gesetzt hat: da alle Politik auf Diskursen beruht, müssen es die Rahmenbedingungen der Diskurse sein, auf denen alles basiert, während die Inhalte im einzelnen nicht mehr aus den Grundprinzipien abgeleitet werden müssen. Doch auch bei Habermas waren mehrere „bugs" eingebaut,

---

[434] vgl. Amitai Etzioni, Die Verantwortungsgesellschaft. Individualismus und Moral in der heutigen Demokratie, Frankfurt und New York 1997; ders., Die faire Gesellschaft, Frankfurt am Main 1996; Ingo Pies, Methodologischer Hobbesianismus und das Theorieprogramm einer interessenbasierten Moralbegründung, in ders., Moral als Heuristik. Ordonomische Schriften zur Wirtschaftsethik, Berlin 2009, S. 229-235.

die zum Absturz seines Begründungsprogramms geführt haben, und er hat es dann leider auch aufgegeben und nicht beharrlich weiterverfolgt, weil diese „bugs" möglicherweise nicht kleine Programmierfehler waren, sondern bei der Programmstruktur nicht behebbar.[435] Das Hauptproblem war die zugrundeliegende Konsenstheorie der Wahrheit – gegen den schon in der Sprachstruktur vorgegebenen Anspruch, dass der Wahrheitsanspruch doch gerade ein klassisches Argumentationsmittel ist, um einen vorherrschenden Konsens aufzubrechen, Wahrheit also schon von der Grundsituation des Argumentierens her nicht im Konsens ruhen kann, sondern doch immer irgendwo außerhalb verankert werden muß.

Vor allem aber konnte Habermas nie genau sagen, wer eigentlich diskussionsberechtigt und damit konsensnotwendig sein sollte, denn „die Betroffenen", von denen er gerne redet, konnten ja in sehr unterschiedlicher Weise betroffen sein: Bahnhofsanwohner in Stuttgart, solche, die Bahn fahren, solche die nicht Bahn fahren, solche die nach Ulm wollen, solche die auf keinen Fall nach Ulm wollen, Bürger, die an der wirtschaftlichen Entwicklung oder der Stadtentwicklung interessiert sind, solche, die Wirtschaft fürchterlich finden, ideologisch motivierte Bürger etc. Wie soll man aber Betroffenheitsgrade in einer politischen Diskussion wägen? Die Forderung, auch mit weit verstreuten dritten Parteien zu verhandeln, würde zu überhöhten ökonomisch-politischen Transaktionskosten führen.[436] Bei Habermas hat das dazu geführt, dass er sein ehrgeiziges Begründungsprogramm nicht weiterverfolgt hat und sich in seinen zahlreichen politischen Interventionen auch nie darauf gestützt hat, sondern sich die Argumente immer so zurechtgelegt hat, wie es gerade zu passen schien. Aber man sucht ja eine politische Ethik gerade zu Begründungszwecken, um seine Urteile nicht immer *ad hoc*, aus dem allgemein fortschrittlichen Grundgefühl oder dem unaufgeklärten Eigeninteresse ableiten zu müssen.

Es bleibt also bei Schopenhauers altem Befund: postulieren ist leicht, begründen dagegen extrem schwer. Wir würden hinzufügen: Begründungen bringen wenig, wenn nicht die Motivation systematisch mitgedacht wird, und gerade die kann man nicht herbeipostulieren und herbeiappellieren, sondern

---

[435] Vgl. hierzu Walter Reese-Schäfer, Das Begründungsprogramm der Diskursethik und sein Absturz, in: ders., Jürgen Habermas, 3. Aufl. Frankfurt und New York 2001, S.75-90.
[436] Vgl John Rawls, Die Idee des politischen Liberalismus. Aufsätze 1978 –1989, Frankfurt am Main 1992, S. 56.

sie sollte in einer Kombination des institutionellem Anreizsystems mit dem eigenen Interesse gesucht werden.[437]

Politische Ethik als Tugendethik individuellen Verhaltens in der Öffentlichkeit, innerhalb von Institutionen und im Privatbereich

Ein früher bundesrepublikanischer Politikwissenschaftler hat sich 1964 an einer „Politischen Verhaltenslehre" versucht.[438] Schon wenige Jahre darauf geriet jede Form von angepasstem Wohlverhalten so sehr in die Kritik, dass dieser Versuch als altväterlich, als schwung- und kraftlos erscheinen musste. Doch auch der begrenzte Regelverstoß, der nun zur herrschenden Lehre wurde, unterlag ja teils griffigen, teils problematischen Regularien: z.B. dass Gewalt nur gegen Sachen oder nur gegen rechts legitim sei. Die Veranstaltungsstörungen und Saalschlachten der späten Weimarer Republik, die Aufstellung uniformierter Kampforganisationen auf der Rechten wie der Linken hatten als abschreckende Beispiele zu wirken nachgelassen.

Die Regeln und Richtlinien individuellen Verhaltens sind in unserer Post-68er Welt nicht ein für allemal von vornherein und verbindlich festzulegen. John Rawls hat aber in seinem Buch über den politischen Liberalismus darauf hingewiesen, dass der öffentliche Vernunftgebrauch den Bürgern auch eine moralische, nicht rechtliche Pflicht auferlegt: die Pflicht zur Zivilität, wie er das nennt (civility), d.h. die Bereitschaft, einander in den Grundfragen die Prinzipien und Politiken, die sie befürworten, zu erklären und zu begründen. Diese Pflicht impliziert ebenso die Bereitschaft, auf die Argumente der anderen zu hören und eine Offenheit und mentale Fairness (fairmindedness), die es ermöglicht, gütliche Einigungen zu erzielen.[439] Das klingt ein wenig nach einem irenischen, von der realen politischen Auseinandersetzung weit entfernten Bild von Politik, so dass es sicherlich kein Zufall ist, wenn Jürgen

---

[437] Arthur Schopenhauer, Preisschrift über die Grundlage der Moral, Zürcher Ausgabe, Werke in zehn Bänden, Bd. 6, Zürich 1977, S. 153. Zur Frage des Anreizsystems: Ingo Pies, Wirtschaftsethik als ökonomische Theorie der Moral – Zur fundamentalen Bedeutung der Anreizanalyse für ein modernes Ethikparadigma, in: Ingo Pies, Moral als Heuristik. Ordonomische Schriften zur Wirtschaftsethik, Berlin 2009, S. 72-95.
[438] Thomas Ellwein, Politische Verhaltenslehre, 7. Aufl. Stuttgart 1983 (1. Aufl. 1964).
[439] John Rawls, Political Liberalism, New York 1993, §2: Public Reason and the Ideal of Democratic Citizenhip, S. 217.

Habermas genau dieses Argument seinerseits in einem politisch-theologischen Diskurs zustimmend aufgenommen hat.[440] Gewiß ist die Anrufung dieses Ideals nicht grundsätzlich falsch, verbleibt aber in der Scheinwelt eher postulativer und damit politikferner Ethik.

Politische Ethik als Institutionenethik und als Ethik der Gesetzgebung

Es gehört zu den Grundirrtümern eines zu eng angesetzten systemtheoretischen Denkens, dass nach der Ausdifferenzierung eines Rechts- und Institutionensystems die Gesellschaft der Moral nicht mehr bedürfe und sie sogar zurückdrängen müsse, weil ihre Restpotentiale durchaus schädliche, störende und zerstörerische Wirkungen entfalten könnten. Niklas Luhmann ist so weit gegangen zu behaupten, dass es inzwischen die Hauptaufgabe der Ethik sei, vor der Moral zu warnen.[441] Dort, wo neue Wege beschritten werden sollen, wo neue Probleme auftreten oder alte Probleme auf neue Weise gelöst werden sollen, reicht die Fortschreibung der bisherigen Regeln des Systems nicht mehr aus. Es bedarf politisch-ethischer Argumentationen, auch und gerade wegen ihrer mangelnden Letztbegründbarkeit und Unspezifizität, um ein reflektiertes Unruhepotential zu erzeugen. Andernfalls kann ein geschlossenes Rechts- und Politiksystem daran scheitern, dass es die Realunruhe der Gesellschaft nicht mehr konzeptionell zu verarbeiten in der Lage ist. Das argumentative Unruhemoment politischer Ethik kann also dienen als die relativ kontrollierte Verarbeitungsform des politischen Systems für solche Herausforderungen, für die die Standardmittel nicht mehr auszureichen scheinen. Hier ist dann die Rolle von Ethikkommissionen, die allerdings ihrerseits durch eine kritische und selbstkritische Reflexion begleitet werden muß. Denn diese Kommissionen können schon aufgrund des Scheiterns der klassischen Begründungskonzeptionen nie mit der Autorität des letzten Wortes auftreten, sondern ihrerseits nicht mehr als Diskussionsbeiträge leisten, die aber doch an einem ganz besonders herausgehobenen und zugleich teilweise handlungsentlasteten Platz im politischen System angesiedelt sind.

---

[440] Jürgen Habermas, Zwischen Naturalismus und Religion, Philosophische Aufsätze, Frankfurt am Main 2005, S. 127.
[441] Niklas Luhmann, Paradigm Lost. Über die ethische Reflexion der Moral, Frankfurt am Main 1990, S. 41.

Strukturell kann man das als Kommissioneninstitutionalismus beschreiben. Neben die verfassungsmäßig vorgesehenen Institutionen treten ad-hoc-Einrichtungen, die für Neuerungen und die Reaktion auf ungewöhnliche Herausforderungen vorgesehen sind. Derartige Kommissionen sind ausdrücklich auf einen Konsens hin ausgerichtet und leben von der Fähigkeit und der Bereitschaft zu Lernprozessen, die sie aus Einsicht und nicht aus strategischen Gründen vollziehen, auch wenn die Einsetzung derartiger Kommisionen selbst durchaus ein Moment des politisch-strategischen Handelns sein kann.[442] Ihre Entscheidungsfindung ist damit von der konfrontativen Grundstruktur des politischen Systemmodells Regierung versus Opposition ein Stück weit entlastet. Konstitutionell wichtig bleibt jedoch, dass die Entscheidungsfindung selbst in den durch Wahlen legitimierten Institutionen verbleibt. Die Funktion der Kommissionen besteht in einer Erhöhung der Wahrnehmungs- und Lernfähigkeit des politischen Systems, nicht darin, dessen Grundfunktionen durch angebliche Fachleute zu ersetzen, wie es der Traum vieler Technokraten sein mag.

Gesetzgebungsprozesse können durchaus Züge eines Bargaining, eines Aushandelns zwischen sehr divergenten Bereichen annehmen, die auf der Sachebene nichts miteinander zu tun haben, aber zufällig gerade gleichzeitig in den politischen Entscheidungsprozess eingespeist werden mußten. So kann eine Steuersenkung für die eigene Klientel mit einem Zugeständnis beim Datenschutz verrechnet werden. Da eine sachbegründete Verrechnung nicht möglich ist, scheint es unverzichtbar, die gefundenen Vereinbarungen jeweils wieder daraufhin zu prüfen, ob sie generellen politisch-ethischen Gerechtigkeitsstandards genügen können.

Neben die klassische Normenkontrollfrage, ob ein neu verabschiedetes Gesetz verfassungsmäßig sei, kann immer auch die politisch-ethische Reflexion treten, ob es gerecht sei und nicht, ob nun in der Hauptabsicht oder der Nebenwirkung, ob es also für einzelne oder bestimmte Gruppen Ungerechtigkeiten schafft. Diese Art von Reflexion ist schon im Ansatz unbestimmter als die Legalitätsprüfung, allerdings durch diese allein nicht ersetzbar, weil sie der Reaktionsmodus auf Haltungen, Argumentationsmuster, Gefühle und Gefühlsdiffusionen einer breiten Öffentlichkeit sind, die für die Gesamtlegitimation einer Gesellschaft und ihres politischen Systems als unverzichtbar

---

[442] Vgl. Otfried Höffe, Strategien der Humanität. Zur Ethik öffentlicher Entscheidungsprozesse, Frankfurt am Main 1985, S. 50, S. 214. Dazu kritisch Walter Reese-Schäfer: Kommissioneninstitutionalismus, in ders. Grenzgötter der Moral. Der neuere europäisch-amerikanische Diskurs zur politischen Ethik, Frankfurt am Main 1997, S. 190-193.

gelten müssen. Die politische Ethik steht nicht über den Institutionen und dem Recht. Sie ist auch kein Sonderdiskurs von Ethikprofessionellen (wie sich das im Bereich der juristischen Professionalität ja etabliert hat), sondern eine generalisierte Rückbindung an wie immer plurale Grundsätze und Grundgefühle. Dem permanent bleibenden Legitimitätszweifel an Ethikkommissionen oder schon an ethischen Argumentationen jedenfalls ist mit einer entschlossenen Professionalisierung dieses Feldes nicht überzeugend zu begegnen. Auch in der Scharlataneriebekämpfung in diesem Bereich werden wir über den Stand des Argument gegen Argument nicht hinauskommen.

Literatur

Frank Anechiarico und James B. Jacobs, The Pursuit of Absolute Integrity. How Corruption Control makes Government ineffective, Chicago und London 1996.
Reiner Anselm, Ulrich Körtner (Hg.), Streitfall Biomedizin. Urteilsfindung in christlicher Verantwortung. Göttingen 2003.
Hannah Arendt, Wahrheit und Lüge in der Politik, München und Zürich 1971.
Hannah Arendt, Elemente und Ursprünge totaler Herrschaft, München 1986.
Aristoteles, Nikomachische Ethik, Übers. Olof Gigon, neu Hg. von Rainer Nickel, Düsseldorf und Zürich 2001.
Ann E. Auhagen, Grundvoraussetzungen für erfolgreiche Ethik-Beratungen. Erwägen – Wissen - Ethik, 16/1, 2005.
Michael Baurmann, Der Markt der Tugend. Recht und Moral in der liberalen Gesellschaft. Eine soziologische Untersuchung, Tübingen 2. Aufl. 2000.
Kurt Bayertz, Warum „Selbstaufklärung der Bioethik"? In: Ach, Johann/Runtenberg, Christa (Hg.): Bioethik: Disziplin und Diskurs. Zur Selbstaufklärung angewandter Ethik. Frankfurt/New York 2002.
Hans-Peter Beck-Bornhold, Der Schein der Weisen. Irrtümer und Fehlurteile im täglichen Denken, Reinbek 2003.
Paul Berman, Idealisten an der Macht. Die Passion des Joschka Fischer, München 2006.
Dieter Birnbacher, Welche Ethik ist als Bioethik tauglich? In: J. S. Ach & A. Gaidt (Hg.), Herausforderungen der Bioethik, Stuttgart 1993, S. 45-70.
Ernst Bloch, Das Prinzip Hoffnung, 3 Bände, Frankfurt am Main 1969.
Alexander Bogner, Menz, W., Die Praxis der Ethik und die Irritation der Praxis. Erwägen – Wissen - Ethik, 16/1, 2005, S. 21-23.
Bärbel Bohley, Der fatale Opportunismus des Westens, Deutsche Lebenslügen: Eine Antwort auf Antje Vollmers offenen Brief, FAZ 14. 3. 1992, S. 27.
Norbert Bolz, Diskurs über die Ungleichheit, München 2009.
Henryk M. Broder, Hurra, wir kapitulieren! Von der Lust am Einknicken, Berlin 2006.
Allen E. Buchanan: Assessing the Communitarian Critique of Liberalism. In: Ethics, 99 Jg. 1989.
Wolf-Michael Catenhusen, Bericht des Vorsitzenden der Enquête-Kommission „Chancen und Risiken der Gentechnologie". In K. Grosch, P. Hampe, J. Schmidt (Hg.), Herstellung der Natur? Stellungsnahmen zum Bericht der Enquête-Kommission „Chancen und Risiken der Gentechnologie", Frankfurt a. M. 1990.
Ernst Cassirer, Der Mythus des Staates. Philosophische Grundlagen politischen Verhaltens, Frankfurt am Main 1985.
Peter Caws, Committees and consensus: How many heads are better than one? Journal of Medicine and Philosophy, 16, 1991, S. 375-391.

Houston Stewart Chamberlain, Die Grundlagen des 19. Jahrhunderts, 2. Bde. 5. Aufl. München 1904.
Carl von Clausewitz, Vom Kriege, Frankfurt am Main und Berlin 4. Aufl. 1994.
Detlev Claussen, Was heisst Rassismus?, Darmstadt 1994.
Benjamin Constant, Über politische Reaktion, VIII. Teil Über die Prinzipien, in ders., Werke in vier Bänden, 3. Bd. Hg. von Axel Blaeschke und Lothar Gall, Berlin 1972, S. 119-202.
Ralf Dahrendorf, Über den Ursprung der Ungleichheit unter den Menschen in ders., Pfade aus Utopia. Arbeiten zur Theorie und Methode der Soziologie, München und Zürich 4. Aufl. 1986.
Karl W. Deutsch, Cracks in the Monolith, in Carl J. Friedrich (Hg.), Totalitarianism, Cambridge/Mass. 1954.
Michael Diehl, Stroebe, W., Productivity loss in idea-generating groups: Tracking down the blocking effect. Journal of Personality and Social Psychology, 61, 1991.
Simone Dietz, Die Bürgerlichkeit der Vernunft: Orientierung durch Zivilcourage, in: Dies. u.a. (Hg.), Sich im Denken orientieren. Für Herbert Schnädelbach, Frankfurt am Main 1996, S. 150ff.
Simone Dietz, Die Kunst des Lügens. Eine sprachliche Fähigkeit und ihr moralischer Wert, Reinbek 2003.
Patrick J. Dobel, The Corruption of a State, in: The American Political Science Review, 72. Jg, Nr. 3, 1978, S. 958-973.
Ulrich Eibach, Ethische Probleme. Gentechnologie - Soll der Mensch Schöpfer und Herr des Lebens werden? In K. Grosch, P. Hampe & J. Schmidt (Eds.), Herstellung der Natur? Stellungsnahmen zum Bericht der Enquête-Kommission „Chancen und Risiken der Gentechnologie", Frankfurt a. M. 1990, S. 127-144.
Thomas Ellwein, Politische Verhaltenslehre, 7. Aufl. Stuttgart 1983 (1. Aufl. 1964).
Kirsten Endres, Funktion und Form der Stellungnahmen nationaler Ethikkommissionen, 2002.
Kirsten Endres, Ethik-Komitees: Der Konsensbegriff als Prozessbegriff. Erwägen – Wissen -Ethik, 16/1, 2005.
James K. Esser, Alive and well after 25 years: A review of groupthink research. Organizational Behavior and Human Decision Processes, 73, 1998.
Amitai Etzioni, Capitol Corruption: The New Attack on American Democracy. 2. Aufl. New Brunswick 1995.
Amitai Etzioni, Die Verantwortungsgesellschaft. Individualismus und Moral in der heutigen Demokratie, Frankfurt und New York 1997.
Frantz Fanon, Die Verdammten dieser Erde, Reinbek 1969.
Janet Fleetwood, Unger, S., Institutional ethics committees and the shield of immunity. Annals of Internal Medicine, 120(4), 1994, S. 320-325.
Joseph C. Fletcher, Hoffmann, D. E., Ethics committees: Time to experiment with standards. Annals of International Medicine, 120(4), 1994, S. 335-338.
Timothy M. Franz, Larson, J. R., The impact of experts on information sharing during group discussion. Small Group Research, 33(4), 2002.
Dieter Frey, Schulz-Hardt, S., Confirmation bias in group information seeking and its implications for decision making in administration, business and politics. In: F.

Butera ,G. Mugny (Hg.), Social influence in social reality: Promoting individual and social change, 2001, S. 53-73.
Carl Joachim Friedrich, Pathologie der Politik. Die Funktion der Mißstände: Gewalt, Verrat, Korruption, Geheimhaltung, Propaganda, Frankfurt und New York 1973
Peter Wolfgang Gaidzik, Ethik-Komitees: Rechtliche Aspekte. In: Erwägen – Wissen - Ethik, 16/1, 2005.
Joachim Gauck, Die Stasi-Akten. Das unheimliche Erbe der DDR, Reinbek 1992.
Gerd Gigerenzer, Das Einmaleins der Skepsis. Über den richtigen Umgang mit Zahlen und Risiken, Berlin 6. Aufl. 2009.
Ralph Giordano, Die Zweite Schuld oder Von der Last Deutscher zu sein, Hamburg und Zürich 1987
Sigrid Graumann, Diskursethische Regulierung von Ethikberatungsgremien? In: Erwägen -Wissen - Ethik, 16/1, 2005.
Arthur Graf Gobineau, Versuch über die Ungleichheit der Menschenrassen, 4 Bde. Stuttgart 1939.
Tobias Greitemeyer, Schulz-Hardt, S., Brodbeck, F. C., & Frey, D., Information sampling and group decision making: The effects of an advocacy decision procedure and task experience. Journal of Experimental Psychology: Applied, 12(1), 2006, S. 31-42.
Jürgen Habermas, Technik und Wissenschaft als „Ideologie". In der., Technik und Wissenschaft als „Ideologie" (7 Aufl.), Frankfurt a. M. 1974, S. 48-103.
Jürgen Habermas, Transzendenz von innen, Transzendenz ins Diesseits, In: Ders. Texte und Kontexte, Frankfurt a. M. 1991.
Jürgen Habermas, Erläuterungen zur Diskursethik, Frankfurt a. M. 1991.
Jürgen Habermas, Glauben und Wissen, Frankfurt am Main 2001.
Jürgen Habermas, Zwischen Naturalismus und Religion, Philosophische Aufsätze, Frankfurt am Main 2005.
Vaclav Havel, Versuch, in der Wahrheit zu leben, Reinbek 1980.
Arnold J. Heidenheimer/ Michael Johnston/ Victor T. LeVine (Hg.), Political Corruption. A Handbook. 3. Auflage. New Brunswick/ London 2002.
Imke Heitkamp, Borchardt, H., Witte, E. H., Zur simulierten Rechtfertigung wirtschaftlicher und medizinischer Entscheidungen in Ethikkommissionen: Eine empirische Analyse des Einflusses verschiedener Rollen, Nr. 55, Hamburger Forschungsberichte zur Sozialpsychologie, Hamburg 2005.
Imke Heitkamp, Die Entwicklung einer Moderationsmethode für Ethikkommissionen, Hamburg 2007.
Wolfgang Heuer, Couragiertes Handeln, Lüneburg 2002.
Konrad Hilpert, Institutionalisierung bioethischer Reflexion als Schnittstelle von wissenschaftlichem und öffentlichem Diskurs. In: Ders. und Dietmar Mieth (Hg.): Kriterien biomedizinischer Ethik. Theologische Beiträge zum gesellschaftlichen Diskurs. Freiburg i.Br./Basel/Wien 2006, S. 356-379.
Randy Y. Hirokawa, The role of communication in group decision-making efficacy: A task-contingency perspective. Small Group Research, 21, 1990, S. 190-204.
Albert Hirschman, Leidenschaften und Interessen. Politische Begründungen des Kapitalismus vor seinem Sieg, Frankfurt am Main 1987.

Diane E. Hoffmann, Evaluating ethics committees: a view from the outside. The Milbank Quarterly, 71(4), 1993, S. 677-701.
Stephen Holmes, Anatomie des Antiliberalismus, Hamburg 1995.
Karl-Otto Hondrich, Enthüllung und Entrüstung. Eine Phänomenologie des politischen Skandals, Frankfurt am Main 2002.
Otfried Höffe, Strategien der Humanität. Zur Ethik öffentlicher Entscheidungsprozesse, Frankfurt am Main 1985.
Otfried Höffe, Den Staat braucht selbst ein Volk von Teufeln, Stuttgart 1988.
Wolfgang Huber, Auch der katholische Mensch kann irren. In: Frankfurter Allgemeine Zeitung, Nr. 300, 27.12.2007, 29.
David Hume, Über die ursprünglichen Prinzipien der Regierung, in ders., Politische und ökonomische Essays, Hg. Udo Bermbach, Bd. 1, Hamburg 1988.
Samuel Huntington, Political Order in Changing Societies, New Haven 1968.
Michael Ignatieff, Das kleinere Übel. Politische Moral in einem Zeitalter des Terrors, Hamburg und Berlin 2005.
Karl Jaspers, Von der Wahrheit, München und Zürich (3. Aufl.), 1983.
Hans Jonas, „Freiheit der Forschung und öffentliches Wohl" – neuartiges Spannungsverhältnis unter hochtechnologischen, kapitalistischen Bedingungen. In: D. Böhler (Hg.), Leben, Wissenschaft, Verantwortung. Ausgewählte Texte, Stuttgart 1987, S. 184-200.
Hans Jonas, Das Prinzip Verantwortung, 2. Aufl. Frankfurt a. M. 1992.
Annita Kalpaka / Nora Räthzel, Die Schwierigkeit, nicht rassistisch zu sein, 2. Aufl. Leer 1990.
Immanuel Kant, Kleinere Schriften zur Geschichtsphilosophie, Ethik und Politik, Hg. Karl Vorländer, Hamburg 1973.
Immanuel Kant, Kritik der praktischen Vernunft, Hg. Karl Vorländer, Hamburg 1974.
Göran Kauermann und Helmut Küchenhoff, Nach Fukushima stellt sich die Risikofrage neu, FAZ 30. März 2011.
John F. Kennedy, Zivilcourage (Profiles in Courage), München 1983.
Norbert L. Kerr, MacCoun, R. J., Kramer, G. P., „When are N heads better (or worse) than one?": Biased judgment in individuals versus groups. In Erich H. Witte, J. H. Davies (Hg.), Understanding group behavior: Consensual action by small groups, 1996.
Matthias Kettner, Ethik-Komitees. Ihre Organisationsform und ihr moralischer Anspruch. In: Erwägen - Wissen - Ethik 16/1, 2005.
Nikolaus Knoepffler, Realexistierende Ethik-Komitees - meist nicht diskursethisch modelliert. In: Erwägen - Wissen - Ethik 16/1.
Walter Krämer, Statistik verstehen. Eine Gebrauchsanweisung, Frankfurt am Main und New York 1992.
Walter Krämer, So lügt man mit Statistik, Frankfurt am Main und New York 4. Aufl. 1992.
Tanja Krones, The scope of the recent bioethics debate in Germany: Kant, crisis, and no confidence in society. Cambridge Quarterly of Healthcare Ethics, 15, 2006, S. 273ff.
Andreas Kuhlmann, Kommissionsethik und demokratische Öffentlichkeit. Anmerkungen zur Arbeit des Nationalen Ethikrates, 2002.

Josef Kure, Zur Theorie und Praxis von Ethik-Kommissionen in einem diskurs-ethischen Rahmen. Erwägen – Wissen - Ethik, 16/1, 2005.

Willl Kymlicka, Multikulturalismus und Demokratie. Über Minderheiten in Staaten und Nationen, Hamburg 1999.

Will Kymlicka, Testing the liberal multiculturalist hypothesis: Normative Theories and Social Science Evidence, Canadian Journal of Political Science, 43. Jg. 2010 H. 2, S. 257-271.

John La Puma, Stocking, C. B., Darling, C. M., Siegler, M., Community hospital ethics consultation: Evaluation and comparison with a university hospital service. American Journal of Medicine, 92(4), 1992.

Nathaniel Leff, Economic Development through Bureaucratic Corruption, American Behavioral Scientist, 1964, S. 8-14.

Heike Le Ker, Deutsche überschätzen den Nutzen der Vorsorgeuntersuchung, Spiegel Online 11.8.2009.

Walter Lippmann, Die Gesellschaft freier Menschen (The Good Society), Bern 1945.

Niklas Luhmann, Wahrheit und Ideologie, in ders., Soziologische Aufklärung I, 5. Aufl. Opladen 1980, S. 54-65.

Niklas Luhmann, Gesellschaftsstruktur und Semantik, Frankfurt a. M. 1989.

Niklas Luhmann, Ethik als Reflexionstheorie der Moral, in ders., Gesellschaftsstruktur und Semantik, Bd. 3, Frankfurt am Main 1989.

Niklas Luhmann, Paradigm Lost: Über die ethische Reflexion der Moral, Frankfurt am Main 1990.

Niklas Luhmann, Soziologie des Risikos, Berlin und New York 1992.

Niklas Luhmann, Die Moral der Gesellschaft, Frankfurt am Main 2008.

Rosa Luxemburg, Gesammelte Werke, Bd.4 (6. überarbeitete Auflage), Berlin 2000.

Thomas Mann, Betrachtungen eines Unpolitischen, Gesammelte Werke in Einzelbänden, Hg. Peter de Mendelssohn, Frankfurt am Main 1983.

Avishai Margalit, Politik der Würde. Über Achtung und Verachtung, Berlin 1997.

Avishai Margalit, Ethik der Erinnerung. Max Horkheimer Vorlesungen, Frankfurt am Main 2000.

Karl Marx, Das Kapital. Erster Band, MEW Bd. 23, Berlin 1969.

Paolo Mauro, Corruption and Growth, The Quarterly Journal of Economics, Aug. 1995, S. 681-712.

Glenn McGee, Spanogle, J. P., Caplan, A. L., Asch, D. A., A national study of ethics committees. Journal of Bioethics, 1(4), 2001.

John Stuart Mills, Über die Freiheit, Stuttgart 1974.

Montesquieu, Vom Geist der Gesetze, Übersetzt und Hg. von Ernst Forsthoff, 2. Bde., Tübingen 1992.

Armin Nassehi, Die listige Vernunft der Diskursethik. Keine Kritik - nur eine soziologische Lesart. Erwägen – Wissen - Ethik, 16/1,2005, S. 50.

Nationaler Ethikrat (NER) (2002): Zum Import menschlicher embryonaler Stammzellen. Stellungnahme, Berlin.

NER (2003a), Genetische Diagnostik vor und während der Schwangerschaft. Stellungnahme. Berlin.

NER (2003b), Wortprotokoll. Niederschrift über die öffentliche Sitzung 27. März 2003 in Berlin. Berlin.
NER (2003.c), Wortprotokoll. Niederschrift über die öffentliche Sitzung 22. Mai 2003 in Berlin. Berlin.
NER (2003d), Wortprotokoll. Niederschrift über den öffentlichen Teil der Sitzung 12. Juni 2003 in Berlin. Berlin.
NER (2003e), Wortprotokoll. Niederschrift über die öffentliche Sitzung 25. September 2003 in Berlin. Berlin.
NER (2003f), Wortprotokoll. Niederschrift über die öffentliche Sitzung 22. Oktober 2003 in Berlin. Berlin.
NER (2004a), Biobanken für die Forschung. Stellungnahme. Berlin.
NER (2004b), Klonen zu Fortpflanzungszwecken und Klonen zu biomedizinischen Forschungszwecken. Stellungnahme. Berlin.
NER (2004c), Wortprotokoll. Niederschrift über die öffentliche Sitzung 22. Januar 2004 in Berlin. Berlin.
NER (2004d), Wortprotokoll. Niederschrift über die öffentliche Sitzung 19. Februar 2004 in Berlin. Berlin.
NER (2004e), Wortprotokoll. Niederschrift über die öffentliche Sitzung 25. März 2004 in Berlin. Berlin.
NER (2004f), Wortprotokoll. Niederschrift über die öffentliche Sitzung 27. Mai 2004 in Berlin. Berlin.
NER (2005a), Wortprotokoll. Niederschrift über die öffentliche Sitzung 25. August 2005 in Berlin. Berlin.
NER (2005b), Wortprotokoll. Niederschrift über die öffentliche Sitzung 24. November 2005 in Berlin. Berlin.
NER (2006a), Selbstbestimmung und Fürsorge am Lebensende. Stellungnahme. Berlin.
NER (2006b), Wortprotokoll. Niederschrift über den öffentlichen Teil der Sitzung 23. März 2006 in Berlin. Berlin.
NER (2006c), Wortprotokoll. Niederschrift über den öffentlichen Teil der Sitzung 18. Mai 2006 in Berlin. Berlin.
NER (2006d), Wortprotokoll. Niederschrift über den öffentlichen Teil der Sitzung 27. Juli 2006 in Berlin. Berlin.
NER (2007a), Wortprotokoll. Niederschrift über die öffentliche Sitzung 11. September 2007 in Berlin. Berlin .
NER (2007b), Zur Frage einer Änderung des Stammzellgesetzes. Stellungnahme. Berlin.
Huey P. Newton, War against the Panthers: A Study of Repression in America, University of Santa Cruz 1980.
Friedrich Nietzsche, Morgenröte, in ders., Sämtliche Werke. Kritische Studienausgabe,
- Hg. Colli und Montinari, Bd. 3, München 1980.
Paul Noack, Korruption und Demokratie – eine perverse Beziehung, in Internationale Politik, Nr. 4, 1998.
George Orwell, Reflections on Gandhi, (1949), in ders., The Collected Essays, Journalism, and Letters of George Orwell, London 1968, Bd. 4.
Charles Sanders Peirce, Die Festigung der Überzeugung und andere Schriften, Frankfurt am Main Berlin und Wien 1985.

Ingo Pies, Wirtschaftsethik als ökonomische Theorie der Moral – Zur fundamentalen Bedeutung der Anreizanalyse für ein modernes Ethikparadigma, in: Ingo Pies, Moral als Heuristik. Ordonomische Schriften zur Wirtschaftsethik, Berlin 2009, S. 72-95.

Ingo Pies, Methodologischer Hobbesianismus und das Theorieprogramm einer interessenbasierten Moralbegründung, in ders., Moral als Heuristik. Ordonomische Schriften zur Wirtschaftsethik, Berlin 2009, S. 229-235.

Ingo Pies, Gier und Größenwahn? Zur Wirtschaftsethik der Wirtschaftskrise, Diskussionspapier Nr. 2009-18 des Lehrstuhls für Wirtschaftsethik an der Martin-Luther-Universität Halle-Wittenberg, 28 S., Halle 2009.

Iris Pinter, Einflüsse der christlichen Bioethik auf die deutsche Humangenetik-Debatte. Münster 2003.

Helmuth Plessner, Grenzen der Gemeinschaft. Eine Kritik des sozialen Radikalismus (1924), in ders., Gesammelte Schriften V. Macht und menschliche Natur, Frankfurt am Main 1981, S. 7-134.

Tom Postmes, Spears, R., & Cihangir, S., Quality of group decision making and group norms. Journal of Personality and Social Psychology, 80, 2001, S. 918-930.

Robert D. Putnam, Making Democracy Work. Civic Traditions in Modern Italy, Princeton 1993.

Rawls, John: Die Idee des politischen Liberalismus. Aufsätze 1978-1989, Frankfurt am Main 1992.

Rawls, John: Political Liberalism, New York 1993.

John Rawls, Gerechtigkeit als Fairneß. Ein Neuentwurf, Frankfurt am Main 2003.

Walter Reese-Schäfer, Das Begründungsprogramm der Diskursethik und sein Absturz, in: ders., Jürgen Habermas, 3. Aufl. Frankfurt und New York 2001, S.75-90.

Walter Recse-Schäfer, Luhmann zur Einführung, 5. Aufl. Hamburg 2005.

Walter Reese-Schäfer, Richard Rorty zur Einführung, bes. das Kap. Richard Rorty und die Philosophie in Amerika heute, Hamburg 2006.

Walter Reese-Schäfer, Grenzgötter der Moral. Der neuere europäisch-amerikanische Diskurs zur politischen Ethik, Neuauflage Wiesbaden 2012.

Walter Reese-Schäfer, Theorien der Menschenrechte: Ein neuer Blick in ders., Politisches Denken heute, Zivilgesellschaft, Globalisierung und Menschenrechte, München und Wien 2007, S. 233-250.

Carmen Reinhart/Kenneth Rogoff, Dieses Mal ist alles anders. Acht Jahrhunderte Finanzkrisen, München 2010.

Trutz Rendtorff, Ethik. Grundelemente, Methodologie und Konkretionen einer ethischen Theologie. Bd. 1., 2. Aufl., Stuttgart 1990.

Friedo Ricken, Beraten oder Entscheiden? In: Erwägen – Wissen – Ethik, 16/1, 2005, S. 54-56.

Dietrich Rössler, Die Moral des Pluralismus. Anmerkungen zur evangelischen Ethik im Kontext der neuzeitlichen Gesellschaft. In: Reiner Anselm, Ulrich Körtner (Hg.), Streitfall Biomedizin. Urteilfindung in christlicher Verantwortung. Göttingen 2003, bes. S. 191-193.

Jean-Jacques Rousseau, Über den Ursprung der Ungleichheit unter den Menschen (1755), in ders., Schriften zur Kulturkritik, Französisch-Deutsch, Hg. Kurt Weigand, Hamburg 1983.

Peter Schilder, „Assimilierung ist ein Verbrechen gegen die Menschlichkeit", faz-net 10.2.2008.
Carl Schmitt, Politische Theologie. Vier Kapitel zur Lehre von der Souveränität, 4. Aufl. Berlin 1985.
Carl Schmitt, Politische Theologie 2, 5. Aufl. Berlin 2010.
Wolfgang Scholl, Effective teamwork - A theoretical modeland and a test in the field. In: E. H. Witte & J. H. Davies (Hg.), Understanding group behavior: Small group processes and interpersonal relations, 2. Aufl., 1996, S. 127-146.
Arthur Schopenhauer, Preisschrift über die Grundlage der Moral, Werke Hg. L. Lütkehaus, Bd. 3, Zürich 1991.
Hagen Schulze, Staat und Nation in der europäischen Geschichte, München 2. Aufl. 1995.
Gesine Schwan, Grundwerte in der Politik, in Werner Becker/Willi Oelmüller (Hg.), Politik und Moral. Entmoralisierung des Politischen? München und Paderborn 1987, S. 66-74.
Richard Sennett, Respekt im Zeitalter der Ungleichheit, Berlin 2004.
Gene Sharp, Civilian-Based Defense: A Post-Military Weapons System, Princeton und London 1990.
Gene Sharp, Von der Diktatur zur Demokratie. Ein Leitfaden für die Befreiung, München 2. Aufl. 2011 (auch als pdf verfügbar bei der Albert Einstein Institution).
Ludwig Siep, Konsens, Pluralismus und Gewissen. In: Erwägen - Wissen - Ethik 16/1, 2005.
Georg Simmel, Gesammelte Schriften zur Religionssoziologie, Berlin 1989.
Alfred Simon, Gillen, E., Klinische Ethik-Komitees in Deutschland. Feigenblatt oder praktische Hilfestellung in Konfliktsituationen? In: D. v. Engelhardt, V. v. Loewenich, A. Simon (Hg.), Die Heilberufe auf der Suche nach ihrer Identität, Münster 2001, S. 151-157.
Alfred Simon, Ethikberatung als Qualitätskriterium - Qualitätskriterien für Ethikberatung? Erwägen Wissen Ethik, 16/1, 2005.
Anne Slowther, Bunch, C., Woolnough, B., & Hope, T., Clinical ethics support services in the UK: An investigation of the current provision of ethics support to health professionals in the UK. Journal of Medical Ethics, 27, 2001, S. 2-8.
Georges Sorel, Über die Gewalt, Frankfurt am Main 1981 (zuerst 1906).
Garold Stasser, Davis, J. H., Group decision making and social influence: A social interaction sequence model. Psychological Review, 88(6), 1981.
Garold Stasser, Taylor, L. A., & Hanna, C., Information sampling in structured and unstructured discussions of three- and six-person groups. Journal of Personality and Social Psychology, 57, 1989.
Anne T., Die Gier war grenzenlos. Eine deutsche Börsenhändlerin packt aus, München 2010
Klaus Tanner, Ethik und Religion. In: Reiner Anselm, Stephan Schleissing, Klaus Tanner (Hg.), Die Kunst des Auslegens. Zur Hermeneutik des Christentums in der Kultur der Gegenwart. Frankfurt a. M. 1999, S. 239.
Charles Taylor, Amy Gutmann, Steven C. Rockefeller, Michael Walzer, Susan Wolf: Multikulturalismus und die Politik der Anerkennung. Mit Kommentaren von Amy

Gutmann, Steven C. Rockefeller, Michael Walzer, Susan Wolf. Mit einem Beitrag von Jürgen Habermas, Frankfurt 1993.
Charles Taylor, A Secular Age, Cambridge/Mass. und London 2007.
Urs Thurnherr, Ethik-Komitees und die Bestimmung moralischer Richtlinien. Erwägen - Wissen - Ethik, 16/1, 2005.
Lionel Trilling, The Moral Obligation to be Intelligent, Selected Essays, Ed. by Leon Wieseltier, Northwestern University Press 2008.
James A. Tulsky and Fox, E., Evaluating ethics consultation: Framing the questions. Journal of Clinical Ethics, 7(2), 1996.
Reinhard Ueberhorst, Der versäumte Verständigungsprozess zur Gentechnologie-Kontroverse. Ein Diskussionsbeitrag zur Vorgehensweise der Enquête-Kommission. In: K. Grosch, P. Hampe , J. Schmidt (Hg.), Herstellung der Natur? Stellungsnahmen zum Bericht der Enquête-Kommission „Chancen und Risiken der Gentechnologie", Frankfurt a.M. 1990.
Andreas Vieth, Einführung in die Angewandte Ethik, Darmstadt 2006.
Jochen Vollmann, Zwischen Kritik und Legitimierung. Zur Identität des Klinischen Medizinethikers. In: D. v. Engelhardt, V. v. Loewenich, A. Simon (Hg.), Die Heilberufe auf der Suche nach ihrer Identität. Münster 2001.
Kurt Vonnegut, Harrison Bergeron. In ders., Geh zurück zu deiner lieben Frau und deinem Sohn. Erzählungen, Reinbek 1974.
Richard Wagner: Die Kunst und die Revolution; Das Judentum in der Musik; Was ist deutsch? Hrsg. u. komm. Von Tibor Kneif, München 1975.
Michael Walzer, Zivile Gesellschaft und amerikanische Demokratie. Berlin 1992.
Max Weber, Gesammelte politische Schriften, Hg. Johannes Winckelmann, Tübingen 5. Aufl. 1988.
Jürgen Wegge, Führung von Arbeitsgruppen. Göttingen 2004.
Karl-Heinz Wehkamp, Alles Moral - Oder was? Plädoyer für mehr Empirie und Praxisbezug. Erwägen – Wissen - Ethik, 16/1, 2005, S. 68-69.
Almut Wilkening, Zur aktuellen Praxis der Ethik-Kommissionen - Verbreitung, Besetzung und Beratungsinhalte. MedR, 6, 2001.
Eva C. Winkler, Ethische Beratungsorgane - mehr als eine Copingstrategie für moralische Unsicherheit. Erwägen - Wissen - Ethik, 16/1, 2005. S. 71-73.
Norbert Witsch, Lehramt. In: Friedrich Wilhelm Horn, Fnederike Nüssen (Hg.): Taschenlexikon Religion und Theologie. 5. Aufl. Göttingen 2008, S. 723-725.
Erich H. Witte, Lecher, S., Beurteilungskriterien für aufgabenorientierte Gruppen. Gruppendynamik, 29, 1998, S. 313-325.
Erich H. Witte, Preface (Special issue: Motivation gains in groups). Zeitschrift für Sozialpsychologie, 31(4), 2000, S. 176-178.
Erich H. Witte, Die Entwicklung einer Gruppenmoderationstheorie für Projektgruppen und ihre empirische Überprüfung. In: E. H. Witte (Hg.), Leistungsverbesserungen in aufgabenorientierten Kleingruppen, Lengerich 2001, S. 217-235.
Erich H. Witte, Kommentar: Ethik-Räte oder das Lösen komplexer Probleme in Gruppen. Wirtschaftspsychologie, 4(3), 2002.
Erich H. Witte, Heitkamp, I., Die Aufgabe von Ethik-Komitees: eine komplexe Gruppenleistung. Erwägen – Wissen - Ethik, 16/1, 2005, S. 73-74.

Erich H. Witte, Gruppenleistungen: Eine Gegenüberstellung von proximater und ultimater Beurteilung. In E. H. Witte (Hg.), Evolutionäre Sozialpsychologie und automatische Prozesse, Lengerich 2006, S. 178-198.
Ludwig Wittgenstein: Schriften Bd. 3, Wittgenstein und der Wiener Kreis. Aus dem Nachlaß von Friedrich Waismann. Hg. von B. F. McGuinness, Frankfurt am Main 1967.
Volker Zastrow, Die Vier. Eine Intrige, Berlin 2009.

Zu den Autoren 6

Dieses Buch ist ein gemeinsames Produkt. Ziel war es, wesentliche aktuelle, ungeklärte und aufregende Fragen einer politischen Ethik zu diskutieren und nicht zuletzt auch die Grenzen einer praxisrelevanten politischen Ethik abzustecken. Theoretisch und politikphilosophisch ist das in dem Band „Grenzgötter der Moral" geschehen. Aus diesem Grund konnte sich dieser Band voll und ganz auf die praktischen Fragen konzentrieren.

Walter Reese-Schäfer hat das Gesamtkonzept entworfen und die Kapitel Eins, Zwei und Vier geschrieben. Von Christian Mönter stammt das Kapitel Drei über die Ethikkommissionen, in denen sich die konkrete Praxis einer Ethisierung des Politischen manifestiert. Alle Textteile wurden von beiden Autoren durchgesehen und einer eingehenden Diskussion unterzogen, die zu manchen Präzisierungen der Formulierung geführt haben.

Walter Reese-Schäfer ist Inhaber des Lehrstuhls für Politische Theorie und Ideengeschichte an der Georg-August-Universität Göttingen. Wichtigste Veröffentlichungen: Grenzgötter der Moral. Der neuere europäisch-amerikanische Diskurs zur politischen Ethik, Wiesbaden 2012; Klassiker der politischen Ideengeschichte. Von Platon bis Marx, München und Wien 2. Aufl. 2011; Politisches Denken heute. Zivilgesellschaft, Globalisierung und Menschenrechte, München und Wien 2. überarb. Aufl. 2007; Platon interkulturell gelesen, Nordhausen 2009.

Christian Mönter ist wissenschaftlicher Mitarbeiter am Institut für Politikwissenschaft der Georg-August-Universität Göttingen. Veröffentlichung: Tolerante Demokratie. Die Bedeutung der Demokratie für die weltanschauliche Neutralität des Staates, in: Lino Klevesath und Holger Zapf (Hg.), Demokratie – Kultur – Moderne. Perspektiven der politischen Theorie, München 2011, S. 187-200; Mönter/Reese-Schäfer: Funktionen und Funktionalisierungen des Gewissens in politisch-ethischen Kontexten, in: B. Sharon Byrd, Joachim Hruschka, Jan C. Joerden (Hg.), Jahrbuch für Recht und Ethik (JRE), Band 19, Berlin 2011, S. 65-81.

- Ass. Abkommen
- R & P
- Fälschungen
- Regierung - Ausländer
- Pressefreiheit, Fälschungen in TV
- Mobilisierung - 60/10 Jahre Zwangshaft
- de facto
- Autonomie - Kritik von Nayt